诺贝尔奖得主的哲学思考

纪念诺贝尔奖颁发110周年

陈　洪　吕淑琴　著

科 学 出 版 社

北 京

图书在版编目（CIP）数据

诺贝尔奖得主的哲学思考：纪念诺贝尔奖颁发110周年／陈洪，吕淑琴著．—北京：科学出版社，2012．5

ISBN 978-7-03-034237-9

Ⅰ．①诺… Ⅱ．①陈…②吕 Ⅲ．①哲学思想-研究-世界-现代
Ⅳ．①B15

中国版本图书馆CIP数据核字（2012）第088064号

责任编辑：胡升华 郭勇斌 卜 新／责任校对：包志虹
责任印制：徐晓晨／封面设计：黄华斌

科学出版社出版
北京东黄城根北街16号
邮政编码：100717
http://www.sciencep.com
北京凌奇印刷有限责任公司 印刷
科学出版社发行 各地新华书店经销
*
2012年6月第 一 版 开本：B5（720×1000）
2021年8月第六次印刷 印张：17 3/4
字数：338 000

定价：82.00元

（如有印装质量问题，我社负责调换）

追求一种永恒的东西，是引人研究哲学的最根深蒂固的本能之一。科学正像哲学一样，在变化的现象之中寻找某种永恒的基础。

——伯特兰·罗素

几乎对任何科学问题的研究都将必然地引向对其历史的研究。

——恩斯特·迈耶尔

物理研究到了尽头就是哲学，而哲学研究到了尽头就是宗教。

——杨振宁

序

历史和哲学在传统意义上是社会科学的研究对象。但是，“科学史”和“科学哲学”往往成为自然科学和社会科学的交叉学科。在我国，这两个学科以前是“文科”的对象，而现在，很多自然科学的研究者也参与其中。一些诺贝尔奖得主在获奖之后，把注意力转向科学史或科学哲学方面的研究，本书作者对他们的研究成果做了介绍。

与纯粹的哲学研究不同，科学哲学有其特殊性，我理解其主要表现在以下几个方面：

1）研究对象。科学哲学主要以科学成果为研究对象，因此，这种研究是以“实在”（而非逻辑想象）为基础的。

2）和通常意义的哲学相比，科学哲学研究的面较窄，其结论往往带有明显的“科学痕迹”（如用语、适用对象等）。对社会科学而言，科学哲学的结论看上去也许有点“文不对题”。与之相反，基本的哲学原理（如“对立统一”、“否定之否定”）却可以涵盖科学。因此，科学哲学总体来讲应该属于哲学研究中的一个子集。

3）科学哲学虽然已成为哲学家的研究对象之一，但近年来，科学家也参与研究行列，很多诺贝尔奖得主就是在获奖之后进入哲学研究领域的，而他们的研究结论常明显带有各自学科的“遗传基因”。因此，哲学所要求的“普遍性”可能是科学哲学比较欠缺的。

4）关于科学家和哲学家的争论。一般说来，科学家在做研究时，很少考虑哲学问题，他们研究的目的是“证实”或“证伪”自己或他人的科学成果。在取得成果以后，当他们进入哲学研究领域时，自然科学的研究方法随之进入，这种方法是观察、实验，但纯粹的“哲学思辨”似乎少了一些。科学家和哲学家的争论在西方往往成为一道亮丽的“风景线”。有时，这种争论甚至达到白热化的程度。其中，原因很多，当然也不排除所谓“门第之见”。例如，某些哲学家对科学家闯入自己的研究领域感到不悦；科学家则认为哲学家除了“说教”，没有任何可以说服人的证据等。

该书作者在完成《诺贝尔奖和诺贝尔奖学》（李雨民，陈洪．上海科学技术出版社，2008）和《诺贝尔奖的启示》（吕淑琴，陈洪，李雨民．科学出版社，

2010）两部著述之后，从历史和哲学的角度进一步挖掘其中的规律，形成关于诺贝尔奖系统研究的又一新成果，即《诺贝尔奖得主的哲学思考》。

诺贝尔奖自1901年开始颁发至今已经有100多年的历史。在人类历史上，100多年是一个微不足道的时间跨度，人类在文明之前已有200多万年的进化史，而有记录的文明史时代不过七八千年。和宇宙历史、地球史、地质史相比，人类历史一直以加速度前进。地质年代以百万年为计算单位，人类史前时代以数千年为计算单位。自从文明到来，纪年单位不断缩小——以数百年甚至数十年为计算单位。时至今日，每天都有很多的“重大事件”无休止地蜂拥而来，无情地包围着我们，变化速度之快已经或正在引起一个非常严肃和实际的问题：人类究竟能否适应这个迅速变化的世界，以避免被淘汰甚至被灭绝的命运？

诺贝尔奖成果中的哲学思想是人类认识自然的一份最重要的精神财富。事实上，直到20世纪后半叶，人们一直没有充分估计到现代人类对地球影响力的增长。这种增长是由两个因素造成的：一是精心追求科学研究，并将其成果应用于技术的进步；二是为满足人类的需求，对地球无生命因素中现存的或潜在的能量加以利用。对于哲学的追求在我们这个时代似乎成为一种“奢侈”。

人类是一种身心合一的生物，活动于有限的物质世界。人类获得意识以来的活动就是使自己成为环境的主人。在我们这个时代，这种努力已经成功在望。然而，与此相伴的是，自身的灾难可能已经遥遥相望。但人类的另一个家园——精神世界也是全部客观存在的一个组成形态，它是非物质的和无限的。在精神世界的生活中，人类发现它的使命不仅是谋求在物质上掌握环境，而且在精神上掌握自身。人失去了精神，就不再成其为人，因为人类与动物的最大区别就是对自然现象背后精神存在的认识。哲学的目的就是追求物质运动和精神存在的规律性。

诺贝尔奖成果中的哲学应该放在历史和人类文明的大背景下加以考察。

在人类文明史上，技术占有独特的地位，它像一个火车头，带动历史快速前进，使我们得到所谓“高品质”的生活，但同时带来一系列社会问题、经济问题和环境问题。富裕的人为了维持和优化既得的生活方式，贫穷的人为了改变现状，难免疲于奔命，丧失思考。人类几千年的文明成果——科学、文学、艺术、哲学，正在遭受金钱、利益、名誉的侵袭，以至使很多人的生活目标产生迷茫。到底什么对文明社会、人类自身发展更重要？人类的幸福究竟应建立在什么基础之上？什么样的生活方式才是应该追求的？这些问题值得认真思考。作者试图通过该书对这些方面进行一些探索。

科学和哲学是人类所特有的理性思考的结晶，是人类文明进步的重要标志。科学和哲学原为一体，它们一起诞生于公元前6世纪初，那时的自然哲学后来分化出近代自然科学的各个学科。直到1901年诺贝尔奖诞生，使最近100多年重大的科学技术成就的一部分以诺贝尔奖的形态折射出来。由于诺贝尔奖从设立至今只局限在物理学、化学、生理学或医学这些学科，其他自然科学的门类如天文学、地质学、生态学、数学等并没有得到反映。哲学研究世界最普遍的运动演化规律，它涉及自然科学的所有领域，因此不得不说，诺贝尔奖作为自然科学最具标志性的奖种还是有其局限的。尽管如此，诺贝尔奖的成果对现代哲学的影响仍然是巨大的。在科学发展的同时，哲学也得以发展，尤其是 19 世纪、20 世纪，自然科学革命给哲学发展带来了大量的问题和素材，使人们对时间、空间、物质、精神、物质的可分性、宇宙起源及演化、物质的无序到有序、结构的产生以及自组织、复杂性等问题的认识都在发生天翻地覆的变化。哲学家现在开始明白，在用形而上学的方法研究“实在”的时候，科学的方法和成果是现有哲学的最好证据，一种新的实在论的建立必须利用这些科学方法和成果。

与此同时，人们对科学以及科学同其他思想形式相互作用的历史重新产生了兴趣。把科学当做一种思想，并对科学思想与人类其他思想成果之间的相互作用加以研究，正在成为现代思想研究的重要课题。例如，1913 年在比利时开始发行期刊 *Isis*，后来又成立了总部设在美国的国际性组织——科学史学会，都标志着对这个问题的研究进入一个新的时期。科学中的哲学与历史研究的复兴大概是有关联的，因为数学家和实验科学家在解决某一具体问题的时候，一般只需要了解他的直接前辈的工作，但研究科学本身的深刻意义以及科学同其他思想体系关系的人们却不能不去了解该领域科学发展的全部历史，即科学之所以有今天成果的来龙去脉。所需要的不是关于某一时期或某一问题的详细研究，而是科学思想发展的完备轮廓，这种研究的成果将给人带来很多教益。罗素说：

> 在人类全部历史中，最使人感到惊异或难于解说的莫过于希腊文明的突然兴起。构成希腊文明的大部分东西已经在埃及和美索不达米亚存在了好几千年，又从那里传播到四周的国家，但是其中却缺少某些元素，直到希腊人才把它们提炼出来。希腊人在文学和艺术上的成就是大家熟知的，但后来他们在纯粹的知识领域所作的贡献更加不平凡：他们首创了数学（埃及人和巴比伦人已经有了算术和几何学，但主要是凭经验。从一般的前提进行演绎的推理是希腊人的贡献）、科学和哲学；他们最先写出了纯粹编年表的历史书；他们自由地思考着世界的性质和生活的目的，而不为任何因袭的传统观念的枷锁束缚。希腊所发生的一切都是如此惊人，以至于直到最近的时代，人们还满足于惊叹并神秘地谈论着希腊的天才。然而现在已经有可能用科学的观念来了解希腊的发展了，而且的确也值得我们这样去做。

作者还引述了罗素的另一段话：

> 只有宗教和科学同时存在，才能构成哲学的特征。……哲学乃是某种介乎神学和科学之间的东西。它和神学一样，包含着人类对那些确切知识不能回答的事物的思考，但是它又像科学一样诉诸于人类理性而不是诉诸权威。一切确切的知识都属于科学，一切超乎确切知识之外的教条都属于神学，介于神学和科学之间还有一片受到双方攻击的区域，这就是哲学。思辨的心灵最感兴趣的一切问题，几乎都是科学所不能回答的。[1]

对于这段话如何去理解，自然是见仁见智，作者给了读者充分的思考空间。

作者在书中主要涉及这样几个与自然科学发展有关的问题：科学史与诺贝尔奖史、科学和艺术、科学和人、科学和哲学、科学和复杂性等。这些选题都有其独到之处。

科学和艺术是两个在表观上相当不同的领域。然而，如果我们考察历史就会发现，原始科学和原始艺术几乎是同时出现的，并且几乎在同一时期发生变革。只是到了近代，这两个领域才分道扬镳。这个事实告诉我们，科学和艺术必然存在某种内在的联系。今天，科学和艺术开始了新的融合过程：它们用不同的手段研究宇宙的“和谐序”，并以不同形式展现这种“和谐序”。许多科学家和艺术家已经认识到，自己研究领域存在局限性，可以到对方的领域寻求“灵感”。

作者在书中所讨论的“科学和人”主要涉及三方面问题：科学研究的动力是什么、科学研究中个人和团队的关系、科学对“心灵”的研究。

> 20世纪是科学哲学得到迅速发展的时期，在20世纪30年代至50年代逻辑经验主义的统治结束之后，科学哲学的基本问题是什么，以及如何解决这些问题，已没有一致的看法。基本立场不同的各个学派相继出现，霎时间科学哲学成为最活跃、争论最激烈、彼此分歧最大、反传统精神和革命气息最浓厚、提出了最惊人主张的哲学领域。这些学派对于科学哲学主要研究哪些问题，或者什么是科学哲学，彼此的看法就有很大分歧，甚至相反。各个学派的科学哲学在内容上往往差别很大，不仅它们对问题的看法不同，甚至它们研究的也不是相同的问题。[2]

细心的读者会发现，该书并不涉及科学哲学的基本问题，涉及的只是科学哲学的几个具体问题，如“整体论和还原论”、“决定论和非决定论”、“概念——认识事物的积木块”、“科学家和哲学家”等，但这些问题是标志性的。

当前，由于“系统科学”的发展，整体论思想逐渐深入人心，“还原论”被认为有局限性，但问题是，人们经常混淆“还原论”与“分解－重构法”。作者在论述“还原论”和“分解－重构法”的区别之后指出，“还原论”在本质上是一种世界观，“分解－重构”是一种方法论，在我们强调“整体论”而反思“还原论”的今天，不应该忽视“分解－重构”法的作用。事实上，对复杂事物的研究，“分解－重构”法仍然是一种非常重要、非常有效的方法。

在对“决定论和非决定论”进行讨论之后，作者指出，人们在心灵深处喜欢秩序、精确，在追求“有序”和“精确”的过程中，人们发现，“无序”和“模糊”是无法避免的。“有序”和“精确”是“决定论”的基础，“无序”和“模糊”是“非决定论”的基础。我以为，这些见解都相当深刻。

书中关于“积木块论”的解读很有思想性。“积木块”是人类认识事物最快捷、最简单、最重要的形式，它和创新有着直接关系：一种创新是对现存“积木块”的重新组合，以产生新的结构；另一种创新是发现新的“积木块”。上升为理论的科学以及哲学都具有知识体系、思维方式和价值规范这三重内涵，因此它们能够在理论层面规范人们的思想和行为。具体地说，作为理论的科学和哲学，以概念（积木块）的逻辑体系规范着我们的思想内容和思维方式、行为内容和行为方式。在任何一种比较成熟的科学概念框架中，人们都会发现，它总是从最为精练的初始概念（积木块）和初始条件出发，以严密的逻辑手段推演出一系列的定理、定律、公式、方程，形成具有普遍性和预测性的结论，为思维理解、描述、刻画和解释世界提供强有力的逻辑。可以看出，作者对创新的思辨颇具功力。

在对“科学家和哲学家”的讨论中，作者指出两者冲突的历史和根源，这种矛盾不利于两者的发展。互相尊重、互相学习、平等交流才是解决问题的关键。作者引用罗素的话：

> 有两种相反的错误很常见，我们必须警惕。一方面，对书本比对实际事物熟悉的先生们，总爱把哲学家的影响估计得过高。……另一方面，把科学家看成几乎是环境的被动产物，对事态发展根本没有什么影响。按照这个见解，思想好比是深水表面上的泡沫，而那水流是由物质的、技术的原因决定的。河里的水流并非是显示水流方向的泡沫造成的，社会变革同样也不是由思想引起的。在我看来，我相信真理在这两个极端即思想和实际生活之间有相互作用的地方。[3]

20 世纪后半期，“复杂性”研究成为新的“科学热点”。复杂性科学的研究对象是复杂系统，在这种系统中，组成的因素在许多方面进行着错综复杂的相互作用。这些相互作用的结果使整体与其中的组成成分具有不同的性质，使整体产生组织能力，从而获得智能乃至生命。1977 年诺贝尔化学奖得主普里高津曾指出，经典科学不承认演化和自然的多样性，作为科学的一种新范式，演化和多样性思想是在19世纪下半叶生物学革命（达尔文的“进化论”）中诞生的。20世纪初的量子力学革命更淋漓尽致地发挥了达尔文的不确定性思想，20世纪下半叶的复杂科学在本质上与达尔文革命具有一致性，它是以时间不可逆、不确定性（随机性）世界观为特征的。“复杂性”是现代科学研究的一个重要内容，复杂性科学是研究复杂系统的行为与性质的科学，其研究重点是探索宏观领域的复杂性及其演化规律。“复杂性”涉及数学、物理学、化学、生物学、计算机科学、经济学、社会学、历史学、政治学、文化学、人类学和管理科学等众多学科。不同学科的科学家对结构、性质、功能、复杂性等概念的理解往往持不同看法。所以，它们的对象不是纯粹的形式或理念，而是从各学科得到的、带有本学科烙印的感知和经验。“复杂性”研究要求一种普遍性原理，既概括各学科的个别复杂现象，又给具体研究以指导，这就需要一种普适的复杂理论。理论是创造出来的，是普遍的、广泛的，而观察的事实是特殊的、狭窄的。然而，到目前为止，甚至还没有建立一个被普遍认可的关于“复杂”的定义。在普适的复杂性理论走向成熟之前，如同其他科学形成的早期一样，往往多种假说、多种模型并存。理论常以模型的形式出现。模型在科学中的作用是巨大的，它在理论形成之前帮助理论形成，在理论形成之后帮助人们直观地理解理论，使“公设”有了新的意义，并且可以帮助理论扩大它的应用范围，解释更多的东西。然而，复杂性普遍适用的模型是什么？目前还是未知数。

作者撰写该书体现了这样的思路，即在重现科学和技术发展历史的基础上，重点讨论部分诺贝尔奖得主的哲学思考，他们的结论带有“科学哲学”的气息，与纯粹的哲学研究不尽一致。科技工作者对于所涉及的科学和技术内容应该是熟悉的，从这些内容提炼出的科学哲学结论必然会引起他们的再思考，并把这种思考带进他们的研究中。

我虽处“科学”之中，但对科学哲学没有做过专门研究，以上所表达的，是我作为一个“外行”阅读该书初稿后的一些初步体会，权作序，求教于各位专家和读者。

程津培
中国科学院院士

参考文献

[1] 罗素．西方哲学史．何兆武，李约瑟译．北京：商务印书馆，2006：8-26
[2] 江天骥．当代西方科学哲学．北京：中国社会科学出版社，1984：4-5
[3] 同［1］：371

目　录

绪　论

每个实体均是通过独特的创造而产生的。尽管如此，它们均是同一个宇宙、同一个普遍原因及上帝的不同表达。不同之处只在于表达的完美程度不同，如同从不同角度观看同一座城市或者从不同的点观察同一幅画那样。

——莱布尼茨

第一节　历史长河中的奇葩——诺贝尔奖

如果把人类历史比做一条大河，在河中截取某一时刻的一个断面，在这个断面里，我们可以看见宗教、经济、政治、艺术、哲学、科学、技术、文化等一个个小的区间（这种分类是按照当时的对科学认识做的。事实上，这个断面作为一个整体，从来没有被分割过），我们把它记录下来，作为这个时刻的“真实”载入史册，即人类在当时的知识总和。在我们截取下一个断面时，会发现相应学科区间的面积发生了变化。当然，在这个河流的任何断面中还有很多空白我们还没有研究过，或者已经研究过而没有结论。

如果我们截取公元前5000年一个历史断面，我们会发现，科学技术只是其中很小的一个点；截取1300年另一个历史断面，就会发现这个点的面积扩大了，而且越往后，这个点的面积越大。为什么会这样？成千上万的人进行过研究，并给出了不同的结论。如果我们把每一个相应的断面连接起来，就会发现相应学科的运动轨迹——一个类似不规则的圆锥状的轨迹。研究这个轨迹的变化及其原因就成为科学、历史的任务之一。

如果我们认真研究所有的轨迹，就会发现：它们是随时间变化的。有时会相互交融，分不清我们关心的问题是在这个还是那个轨迹中。近代以后，很多知识的新轨迹出现了。

如果我们把今天的这些不同学科的断面面积（即我们已知的科学知识）加起来，就形成一个“知识域”，这个“知识域”的面积与河流的总截面相比，虽然比以前增长了很多，但仍然是很小的，即我们未知的东西还很多。做一个比喻，如果把我们已知的所有面积合在一起，形成一个面积不大的岛屿，在历史的长河中这个岛屿的面积在不断扩大，与此同时，它的边界也在延长。岛屿是我们已知的知识，而边界线就是已知和未知的边界，随着岛屿的扩大，边界线也越来越长，也就是说，我们未知的东西越来越多。这样，科学探索的任务也就永远不会终结。

历史发展到1901年，在科学技术这个断面中出现了一个小亮点——诺贝尔奖，至今这个事件在历史长河中已经流动了110年。和其他历史事件相比，这个小事件可能并不像“革命”那样受到很多人的注意，然而，它正引起了越来越多的人，尤其是科学家的关注，因为它的成果正变成与人类生活密切相关的技术和产品。

我们企图在科学技术这个区间中从古至今地游泳，从中搜寻科学技术成果，当然这种工作很多历史学家都做过，并且给出了非常重要的结论。而我们的工作则更注重在1901年以后的漫游，尤其是对诺贝尔奖进行比较仔细的考察，并把考察结果与历史联系起来，考察什么呢？

1）获奖者的研究动机；

2）获奖内容对现代社会进步的影响；

3）获奖者的哲学思考；

4）获奖内容对现代科学研究目标的指引；

5）对科学研究有影响的宏观因素的思考。

本书主要论述27位诺贝尔奖得主（占目前得奖者总数的约5%）的哲学思考，书中所涉及的其他诺贝尔奖得主有几十位。这个数字似乎不是很大，但他们的哲学探讨以及“结论”给我们留下了一份宝贵的思想财富和一个巨大的思考空间。在功利化日益严重的今天，他们的思想尤其珍贵，因为科学思想不仅涉及对今天地球上人类生活形态的思考，还预测了不久的将来人类可能遭遇的各种灾害，所有这些都值得我们认真学习、研究。

第二节 学科的分化和综合

科学是关于自然现象的有条理的知识，是自然现象的各种关系的理性研究。这种研究的结果是产生了一些科学理论（往往以数学和模型的形式出现），并且在20世纪之前被当做自然界本身的真实翻版。今天，我们已经知道，知识与自然界的真实性不是一回事，知识——科学理论，仅仅是我们对世界的一种认识、一种解释，与自然界本身是两回事。也就是说，不应该错误地把对自然界的分析或认识当做自然界本身。

对于一个具有逻辑头脑又善于思考的人来说，从科学推出哲学原理似乎是一件必然的事。然而，历史的情况恰恰相反：哲学不是源于科学，而科学却是源于哲学。在人类文明的早期，人们从来把自然界和人类社会当做一个整体，对这个整体进行研究是哲学的任务。当历史发展到公元前700年左右，在世界的几个文明中心（如古巴比伦、古埃及、古希腊、古印度、古代中国），几乎同时出现了一批伟大的哲人，这些哲人对人类生存的自然环境和社会环境都进行过整体性的哲学思考。以后，有些哲人偏重于对自然的思考，从哲学中分化出“自然哲学”；有些偏重对社会和人本身的思考，从哲学中分化出“道德哲学”。“自然哲学”成为近代自然科学的母体，而“道德哲学”则成为近代社会科学和人文科学的先驱。在这几个文明中心之一的中国，哲学家把重心放在社会关系和人本身的思考上；印度则把重心放在人的精神层面——宗教上；古巴比伦、古埃及文明被古希腊继承，并发展成灿烂的古希腊文明。几乎现代哲学领域中的所有问题在古希腊都被讨论过，孕育出近代和现代科学技术。因此，对古希腊的关注和研究自然多一些。

近代自然科学诞生以后，由于研究对象的细化，“自然哲学”分化出天文学、物理学、化学、生物学、地质学（以前把它们统称为博物学）等自然科学学科；而伦理学、社会学、人类学、历史学等也从“道德哲学”中分化出来，成为社会科学。哲学作为比“自然科学”和“社会科学”更普遍、更综合的一门独立学科延续至今。从自然科学成果中提炼、归纳哲学原理是当今哲学发展的一条重要途径。历史在走了一条“否定之否定”的路线之后，科学和哲学又重新携起手来，最先是在各种各样的“进化论”思想中携起手来，后来又通过更深刻的分析，依靠数学和物理学的新成果往其他学科的渗透诞生了很多新学科，其中的对现代数学原理和逻辑学原理的研究更清楚地阐明了“认识论”，一种新的“实在论”也应运而生。这种新的“实在论”抛弃了传统的哲学研究方法，而只研究一些有限的哲学问题（正像科学只研究有限的科学问题一样），并且试图寻找科学“现象论”下面的形而上学的实在。

整个20世纪是人类历史上最动荡、科学技术发展最快及人类生活和生产形态改变最大的100年。1901年是开始颁发诺贝尔科学奖（物理学、化学、生理学或医学）的第一年，至今已有110年的历史。这110年诞生了500多位诺贝尔科学奖得主，他们的成就包含了很多深刻的哲理，这些哲理不但成为人类世界观革命的基础，也成为拉动经济增长的要素。我们的工作就是把这些哲理梳理出来，在历史的大背景下，看看20世纪人类对自然的认识发生了怎样翻天覆地的变化。为此，我们必须简要地回顾科学发展的历史。

第三节 自然科学的起源和发展

先说说物理学和生物学。物理学的起源可以追溯到对肉眼可见的天体运行自然现象的观察（发现），可以追溯到早期人们的粗笨器具的发明。同样，生物学也一定是从对动植物的观察以及原始医学和外科开始的。

在古埃及和古巴比伦的记录中，简单的算术、年历、对天象周期性的认识，以至对日食和月食的认识都有记载，经验知识也有了一些条理，如度量的单位和规则。但是，首先对这些知识加以理性考察，探索现象各部分之间因果关系，事实上也就是首先创立科学的，应该是希腊伊奥尼亚（Ionia）的自然哲学家。这种活动中最早也最成功的活动，是把丈量土地的经验规则（大部分是埃及人发明的）变成一门演绎科学——几何学。这些活动（当时还没有“科学”这个词）是哲学家完成的。其中，最重要的有米利都的泰勒斯（Thales of Miletus）和萨摩斯的毕达哥拉斯（Pythagoras of Sámos）。300年后，亚历山大的欧几里得（Euclid of Alexandria）才对古代几何学加以最后的系统化：欧几里得从5个公理出发，逻辑地推导出300多个几何定理，这种演绎方法被以后的哲学家称为“理性主义”，并在科学研究中被普遍采用。

那时的自然哲学家还对“本体论”如物质的组成表现出浓厚的兴趣，他们在物质中寻找“实在”，渐渐创立了关于基本元素的学说，古希腊、中国、印度等地区的哲人对这个问题都进行过研究。其中，最具科学价值的是古希腊的留基伯（Leucippus）和德谟克利特（Democritus）的“原子论”。与此相反，古希腊的毕达哥拉斯学派认为，“实在”不在于物质，而存在于形式和数中，“万物皆数”就是他们的表达。

在苏格拉底和柏拉图的雅典学派兴起以后，形而上学就代替了伊奥尼亚的自然哲学。他们把毕达哥拉斯学派的学说加以发展，认为只有理念才具有充分的实在性，感官对象是不具有充分实在性的。亚里士多德在生物学上虽然重新回到观察和实验（观察和实验方法被后来的哲学家称为“经验主义”），但是在物理学和天文学上仍然遵循着他的老师柏拉图的内省方法。

那时候，哲学家也思考“空间”问题，具体地说，就是思考宇宙模型等天文学问题。在古代中国人眼中，关于宇宙“天圆地方”的直观模型出现了；在古埃及人和古巴比伦人的心目中，宇宙是一个箱子，大地是这个箱子的底板；伊奥尼亚人认为，大地是在空间中自由浮荡的；毕达哥拉斯学派认为，大地是一个圆球，围绕着中央火运行。阿里斯塔克斯（Aristarchus）研究了地球与日月的几何学问题，认为：把太阳看做是中央火，问题就更加简单了。他还根据他的几何学对太阳的大小做了估计。但是，当时的大多数人都不接受这个学说，他们仍然相信地球是宇宙中心，其余各天体都按照均轮与本轮的复杂体系绕地球运行。这个体系通过托勒密（Ptolemy）的著作一直流传到中世纪。

古希腊文明的后期，一个新的文化中心在亚历山大形成。阿里斯塔克斯、阿基米德（Archimedes）和依巴谷（Hipparchus）是其中著名的哲学家，他们并没有去制定完备的哲学体系，而是提出了一些具体的和范围有限的问题（如浮力问题），并且用一些同现代科学方法相似的方法——观察、实验、计算来加以解决。

到了罗马帝国，科学发展几乎停止了。之后，欧洲进入中世纪的“黑暗时期”，经院哲学成为当时的主流意识，并维持了理性的崇高地位。经院哲学断言上帝和宇宙是人的心灵所能把握和理解的，这是哲学“可知论”的前身，它为后来的科学启蒙和发展铺平了道路，因为科学必须假定自然是可以理解的。在文艺复兴创立近代科学时，也以这个假定为前提。

到13世纪，亚里士多德的完整著作被重新发现了，并且被译成了拉丁语。圣托马斯·阿奎那（St. Thomas Aquinas）巧妙地把经院哲学中的基督教义同亚里士多德的哲学、科学融合为一个完整的理性知识体系。阿奎那所阐明的经院哲学保存了关于自然界可以理解的信仰，但也包含了托勒密的地球为中心的天文学和亚里士多德的拟人观的物理学及他的许多错误见解，如物体运动需要不断地向它施加力、物体之轻重在于其本质，并自寻其天然位置（重者下沉，轻者上浮）等不正确理念。

由“理性主义”到“经验主义”经历了上千年的时间，而“经验主义”的兴起应该归功于文艺复兴时代的几位思想大师，其中最重要的当属伽利略。古希腊哲学家亚里士多德在研究自然界时，使用一些诸如起源、本质、形式、因果性、目的之类的概念，这种研究方法也被中世纪的学者使用，这些不能定量化的概念本身带有浓重的哲学味道，并且，用这种方法进行研究，只能模糊地看到自然界的整体，而对其中的细节，尤其现象背后的机理是无法认识的。伽利略选择了一个新目标或新方法，就是寻求对科学对象进行独立于任何物理解释的定量描述。伽利略将运动中能够测量的物质特性分离出来，然后再把它们与数学定律联系上。这些物质特性如空间、时间、重量、速度、加速度、惯性、力和动量等物质特性和物质的运动状态（统称为事实），后来的科学家又补充了能量和其他概念，它们都是能够测量而被定量化的。后来的科学发展证明，这些概念在认识自然界、使自然界理性化的过程中具有伟大的意义。其后，牛顿、麦克斯韦、爱因斯坦等科学家使用这种方法取得了卓越的成就，并在自己的研究过程中发展、强化了这种方法。

事实上，这些差异后面隐藏着更深刻的分歧。阿奎那和亚里士多德一样，认为实在的世界是可以通过感官觉察出来的：这个世界是色、声、热的世界，是美、善、真，或其反面丑、恶、假的世界。按照伽利略的分析，色、声、热可以化为单纯的感觉，而实在的世界只不过是运动的物质微粒而已，同美、善、真或其反面毫无关系，于是，破天荒第一次出现了认识论的难题：一个非物质的、无限展延的心灵何以能了解运动着的物质。

不过，新的实验方法的本质是离开完全理性的体系而把事实作为真理性的裁判，这些事实与当时的任何哲学都毫无关系。自然科学研究的一般流程包括，提出问题（构思）、信息收集（实验设计和运行）、推理（演绎推理——理性主义、归纳推理——经验主义）、结论（假说、洞识）、检验（证实或证伪）。由于科学主要是经验性的，它归根到底不得不诉诸观察和实验，权威在里面不起关键作用。当然，科学也要运用理性（逻辑）来解决问题，并形成唯一可能的综合和学说。经验主义把观察或实验作为研究的起点，也是最后的真理性的裁判。

由伽利略开始的工作，至牛顿集大成。牛顿运动方程是整个经典力学的基础，当已知质点的初始状态，又知其受力情况，根据牛顿运动方程就可以预测质点在以后任何时刻的运动状态，这就是物理学上有名的“因果论”或“决定论”(后来被当做世界观和方法论)。巨大的宇宙机器似乎可以由因果论完全确定，即这个系统的任何一部分的未来完全可以预测。这种严格决定论的哲学基础就是可以把我（主观）和世界（客观）分割开来，并由于这种分割而对世界做出客观的描述。牛顿证明：物体靠相互引力而运动的假说足以解释太阳系中一切规律的运动。结果，就形成了物理学上的第一次大综合。虽然牛顿自己也指出万有引力的原因仍然不得而知，不过，他的门徒们，尤其是18世纪的法国哲学家，把牛顿的科学变成了“机械论”的哲学，根据这个哲学，人也就变成了一架机器。

存在的整体太大了，当人们观察、研究它的一个局部的时候，是无法窥知它的全部秘密的。有些哲学家认识到科学不一定能揭示实在。很多科学家一方面接受了当时唯一的哲学——“决定论”，作为科学上便利工作的假说；另一方面在日常生活中把人看做是自由的、负责任的主动者，并用其宗教信仰排除“机械论”的阴霾。在他们身上，“科学、理智和信仰”和谐地统一起来——实验得出的科学结论是人们理智的胜利，并且和信仰没有矛盾。为了逃避“机械论”，康德和黑格尔走了另外一条道路，他们建立了一个归根结蒂溯源于柏拉图的哲学，即德国“唯心主义”，这个哲学同当代的科学差不多完全脱离了关系。牛顿力学的巨大成功既加强了朴素唯物主义，又加强了“决定论”的哲学信仰，还随着物理学的每一个进步得到强化。作为宏观世界的人，他感官接受的都是来自宏观世界的各种信息，而对微观世界和宇观世界的运动规律在当时还是空白。

在化学方面，拉瓦锡（Lavoisier）把物质不灭定律推广到化学变化，道尔顿（Dalton）建立了原子说，焦耳（Joule）证明了能量守恒定律，之后，热力学的建立使化学逐渐由“实验科学”往“理性科学”的过渡成为可能。统计热力学的建立，使人确定了这样一种信念：每一个别的分子运动的确是无法测定的，但是，在统计上，千万个分子的集体行为却是可以计算和预测的，这实际上成为打破“决定论”世界观进而建立“概率论”世界观的前奏。

19世纪下半期，有些人觉得这种“机械观”可以扩大运用到生物学中。达尔文搜集了地质学的和物种变异的种种事实，提出了“自然选择”的假说，“进化论”使人相信：进化论揭示了生物由简单到复杂、由无序到有序、由有序往更有序的发展历程，与热力学第二定律揭示的封闭系统自发地由有序到无序，直至最无序——熵极大（平衡态）的发展产生了矛盾，这一矛盾直到100多年以后才被“自组织”理论解决。进化论也否定了“神创论”，还把人类从宇宙的尊贵地位上拉了下来：仅次于天使的人类本来是从宇宙中心的地球上俯览万物的，如今却变成了围绕着太阳旋转的一个小行星上有机发展链条中的一环。进化论的另一个结论就是，人类是一个微不足道的存在物，是宇宙进化中的一个概率极小的偶然事件，是盲目的、不可抵抗的造化力量的玩物，这些力量与人类的愿望和幸福是毫不相干的。自达尔文之后，“进化”已经成为一种思想方法和哲学，渗透到自然科学、社会科学的各个分支，而对于进化论本身的研究、争论至今仍在继续着。

与进化论几乎同时产生的一种哲学思想是“还原论”，“还原论”认定，生命机体的功能可以用物理和化学的原理来解释，这当然没有问题。然而，如果把它推广到人的心理、精神、感情、动机乃至社会性等问题，把所有这些问题都还原为物理和化学的原理，就产生了问题。在有些生物学问题上，有机体必须被当做一个整体来看待，这个事实是有其哲学根源的。但是，科学按其本性来说，是分析的和抽象的，它必须尽可能用科学术语表述科学知识。因为物理学是一切自然科学中最基本的和最抽象的科学，当用物理学术语表述的东西愈来愈多时，就更加信任“还原论”的方法了，结果就产生一种信念，认为一切存在都可以从物理和机械的角度加以解释。“还原论”后来变成了一种世界观和方法论达100多年之久，直到20世纪中叶“系统论”出现。

力学、声学、热学、电磁学、光学等物理学分支在19世纪末都取得了巨大的成就，这使物理学变成最基本、最普遍、最理性的一门学科，并成为其他学科的效仿对象。因此，科学家赋予某些物理概念以极大的重要性，而哲学家采用这些概念是以后的事情。19世纪的德国唯物主义者把他们的哲学放在力和物质的基础上，而当时的物理学家却认识到“力”只不过是质量-加速度的一个等价量，同时，物质也由德谟克利特和牛顿的坚硬微粒上升到太阳系式的原子模型。光则由杨（Young）与菲涅耳（Fresnel）的机械波变成了麦克斯韦在某种未知介质中的电磁波。这些理念对数学家来讲，是把问题简单化了；但对实验物理学家来讲，却失掉了可理解性。

19世纪的大多数科学家，尤其是生物学家仍然信仰常识性的唯物主义，相信物理学揭示了事物的实在。但是，在1887年，马赫（Mach）用熟悉的语言，重申古来的哲学学说：科学只能把我们感官所领会现象的信息告诉我们，“实在”的最后性质不是我们智力所能认识的，这就是哲学上的“现象论”。持相反观点的人则认为，虽然就科学证据所能证明的而论，我们只能走到“现象论”为止，但是，科学毕竟把自然现象合成一个前后一致的模型，可以证明有某种和模型一致的“实在”存在于背后，这个事实后来成为形而上学的论据。举例来说，力学所产生的“决定论”只不过是我们的处理方法和力学的各种定义的结果而已；同样，对于物质不灭和能量守恒原理，哲学家认为，从表面一团混乱的现象中抽象出自然科学规律时，心灵为了方便，总是不知不觉地挑出那些守恒的量，并围绕它们构成模型。直到19世纪中叶，科学家费了千辛万苦，用实验才又重新发现质量和能量的守恒性。从以上事实可以发现，哲学思考的结论有时会走到科学发现的前面。19世纪的科学家很少对哲学发生兴趣，他们大都认为他们所研究的就是事物的实在，而科学探讨的主要框架已经规定好了，物理学家的工作仅仅在于增加测量的精确程度和发明一种容易理解的方法来说明“实在”的性质。

1895年，物理学有了一个惊人的发现：“刚性”的原子被击碎了，汤姆孙（J. J. Thomson）把原子分解为更微小的质点：原子分为两种带电的单位（电子和原子核），“电”仿佛可以对物理学中的一切现象给予了最后的和充分的解释。在物质结构方面，卢瑟福提出了原子的“太阳系模型”，并从原子分裂的角度来解释放射现象。按照他的模型，原子是一个带正电的原子核，周围有一些带负电的电子围绕它运行的实体。由此可以推论，物质不是密实的、被填满的东西，而是一种空疏的结构。

20世纪初，对原子结构的研究使人们发现了一个恼人的问题，这个问题使人们对于物理学的真理性发生了动摇。因为物理学在过去始终是一切实验科学中最彻底的没有矛盾的和最能自圆其说的知识体系。由于量子力学的产生，我们在一些问题上必须用古典的理论来解释，在另一些问题上不得不用量子理论来解释。这两种理论似乎是彼此矛盾的，这样一个折中的办法对物理学家来说是少有的。“量子”是由普朗克（Planck）首先提出，表示一定量的“作用”，这个量相当于能量和时间乘积（“能量和时间”像“速度和位置”一样被后来的“测不准规则”认定是另外一对不能同时准确测量的物理量）。这个学说因为在其他物理学领域中获得成功，而得到科学家的承认。但是，量子学说也像古典的光的连续波动说一样，并不能解释光的衍射和干涉而产生的其他现象。人是一种宏观生物，20世纪以前科学研究的各种自然现象也都是宏观的，因此，在这样一个物质层次中形成的各种观念无不带有那个层次物质运动规律的痕迹，用这种世界观认识微观和宇观世界运动的特殊规律必然是错误的。

时间－空间既是一个自然科学概念，又是一个哲学概念。20 世纪初，科学遇到的另一个困难是，不论观察者怎样运动，所测量出的光速总是一个常量。这个困难由爱因斯坦的“相对论”解决了。爱因斯坦指出，不论空间还是时间都不是绝对的量，而总是与测量者的运动状态有关。相对性原理的发现，不但是物理学的一场革命，而且是对早先的物理学思想所包含假定的一场革命。爱因斯坦把物质和万有引力解释成四维时空连续区中曲率一类的东西，同时，物质－能量是可以互相转换的。在哲学上，不但有质量的坚硬的质点消失了，而且把物质看做是在空间中延展、在时间上连绵不断的形而上学概念被摧毁了，因为不论是空间还是时间，都不是绝对的，而只是想象的臆造，质点只不过是时空中的一串事件而已。爱因斯坦的革命性发现，使他被美国《时代周刊》评为 20 世纪最伟大的人物。

由玻尔加以详细阐释的原子，有一个时期，似乎是最可信赖的原子结构模型。但是，1925 年，在解释氢元素光谱中的某些比较细微的谱线时，它却失败了。次年，海森伯（Heisenberg）的研究成果在物理学上揭开了新的一页。他指出，任何关于电子轨道的学说，都没有事实根据。我们研究原子时，只能观察什么进去，什么出来——辐射、电子、放射性粒子等，至于别的时候发生什么情况，我们是不知道的。电子运动轨道是用牛顿的动力学作类比，建立起一种没有理由的假设。因此，海森伯用微分方程式（$H\Psi = E\Psi$）来表达他的原子结构学说。其中，H 为哈密顿算符，E 为系统能量，Ψ 为波函数，但他并没有给出这个方程的物理学解释。

后来，薛定谔（Erwin Schrödinger）根据德布罗意（de Broglie）的波动力学，提出一种新学说，说电子具有微粒的一部分特性，又具有波动的一部分特性。这个见解后来得到实验的证明。薛定谔的学说是用与海森伯方程相当的方程表达出来的，所以，从数学上来说，这两种学说是完全一样的。我们无法根据海森伯学说构成一个物理模型，也很难根据薛定谔的学说构成一个模型。人们很难从直观的认识来理解海森伯和薛定谔的工作。

事实上，海森伯最重要的贡献是提出了所谓的“测不准原理”。这就是说，我们无法同时准确测定一个电子的位置和速度。“测不准原理”后来被用于非常广泛的领域，包括现代宇宙学、人的认知和某些社会科学的分支。物理学陆续地发现过许多物质终极的要素，如质点、原子、电子等，每一次又都发明了一些新的模型。但是，“量子”以及测不准的微粒和波动方程离我们的“直观”太远，它们是心灵难以想象的一些概念。或许一种新的原子模型可能会再一次建立起来，但是，我们所遇到的“基本”东西不是机械术语所能表达的。

1901年诺贝尔奖开始颁发，1901～1932年，每年的获奖者基本上是一个人。劳伦斯·布拉格（1915年诺贝尔物理学奖得主）1932年提出三个科学家共享一项诺贝尔奖的建议，他向诺贝尔物理学委员会提议，把第二年的诺贝尔奖授予推翻和重建量子力学的薛定谔、海森伯和狄拉克。事实上，海森伯独得了1932年诺贝尔物理学奖，薛定谔和狄拉克获得了1933年的诺贝尔物理学奖。第一次由三人分享1934年诺贝尔生理学或医学奖。

第二次世界大战以后，出现了一种新趋势，很多持不同哲学观点的诺贝尔奖得主在获奖后开始了科学哲学的研究，也开始参与哲学问题的争论，如在对“决定论”、“活力论”和“目的论”的争论中就有他们的身影。在他们看来，科学上的“决定论”似乎是科学的抽象方法产生的。科学概念，即柏拉图理念的现代翻版，只与科学的抽象推理及学说有关；但是，科学上的“决定论”却是一种谬误，它把逻辑上的决定论转移到感官对象上去了。此外，“活力论”认为，在活的生物中，物理和化学定律都由于某种更高的作用力而失效了，这个观念今天已被证明是不正确的。有些生理学家还指出，生物机体的物理机能和化学机能所表现出的“调协和一体性”仍然是纯机械论今天所无法解释的。与此相反，另外一些生理学家还是认为，在物理学和化学研究的每一阶段，都曾经不得不接受“机械论”，因此，正如薛定谔所指出的，到头来，也许会有一些目前还不得而知的新的物理和化学定律可以从根本上解释生命现象。“目的论”要想令人信服，必须把存在的整体考虑在内，而不能只考虑单个的机体。当我们用力学的观点来考察宇宙的时候，它可能完全是机械性的，但是，当我们从心灵方面来考察宇宙的时候，宇宙可能完全是精神性的、有目的的。例如从星体而来的一条光线，科学可以从它遥远的发源地一直追寻到它对感光神经的效应，但是，当意识领悟到它的明亮、色彩和感受到它的美时，视觉的感觉以及对美的认识肯定是存在的，然而感觉和认识既不是机械的，也不是物理的。

物理学所描绘的是“实在”的一个可分析层面的特性。经验告诉我们，“实在”使我们能够预测，有时还能控制自然界。知识的大综合是经历一段时期后由科学革命完成的，不同的孤立的概念由某一个伟大的科学家融合起来，这时就会出现科学思想的转变，例如牛顿创立天体演化学，麦克斯韦把光和电统一起来，爱因斯坦把万有引力归结为空间和时间的一个共同特性，都是这样的情况。一切迹象都说明，还会有这样一次综合，相对论、量子论和波动力学可能会归入某一个包罗万象的、统一的、单一的基本理论。

第四节　科学成果和文化的交流和扩散

人类的历史证明，一个社会集团，其文化的进步往往取决于它是否有机会吸取邻近社会集团的经验。一个社会集团所获得的种种发现可以传给其他社会集团。彼此之间的交流愈多样化，相互学习的机会愈多。换句话说，如果地理因素相同，那么人类取得进步的关键就在于各民族之间的可接近性。[1]最有机会与其他民族相互影响的那些民族，最有可能得到突飞猛进的发展。实际上，环境迫使他们迅速发展，因为他们面临的不仅有发展的机会，而且有被淘汰的压力。如果不能很好地利用相互影响的机会求得发展，这种可接近性就常会带来被同化或被消灭的危险。相反，那些处于闭塞状态下的民族（如生活在南美洲亚马孙河流域的原住民），既得不到外来的促进，也没有外来的威胁，因而，被淘汰的压力对它们来说是不存在的，它们可以按原来的生活方式过上几千年而不危及其生存。

从世界史的角度看，不应把欧亚大陆看做由欧洲和亚洲这两块大陆组成，而应看做由中东、印度、中国、欧洲和欧亚大陆中部草原地区这五个具有深远历史意义的地区组成。中东、印度、中国和欧洲这四个地区肥沃的大河流域和平原孕育了历史上最伟大的文明。这些文明使欧亚大陆成为起重大作用的世界历史中心地区。更明确地说，中东的文明中心包括尼罗河流域、底格里斯河和幼发拉底河流域及位于印度河流域和恒河流域的印度文明中心；中国的文明中心是黄河流域和长江流域；欧洲的文明中心在地中海北岸——这一地区从米诺斯文化时期至中世纪末期，经过了一个 U 形发展过程，这里所说的欧洲包括北非。[1]

从以上的科学发展脉络中，我们注意到有关科学和哲学的几个现象。

1）哲学、科学方法论对科学发展和科学家的影响是深刻的，每个科学家都自觉、不自觉地被这些规则指导，当然，有时也被这些规则束缚。这是因为科学研究必须在接受先前已有知识的基础上才能进行，而这些知识是通过教育灌输给民众的。

2）思想实验（科学基础的哲学思考）对伽利略物理学、牛顿力学、相对论和量子力学的产生都起了关键作用。思想实验是指那些应用逻辑原理（矛盾律、排中律、同一律等）找出现存理论（或现存理论与新现象）的矛盾，并以这个问题为起点，提出一个新理论并设计实验以证实新理论。伽利略、爱因斯坦、玻尔的著作中有大量的思想实验报告和哲学分析，其目的是搞清危机产生的根源，突破旧的世界模式，建立新的宇宙图像，并在哲学层次上进行总结，提炼出新的原理，这是实验室做不到的。

3）观察、思考、建立理论模型、检验、再观察、修正模型、哲学提升直至接近真理，科学就是在不断地改错中建立起自己的理论体系，而科学家也有足够的思想准备，接受新体系的诞生。杰出的科学家不仅注重本学科的科学发明、科学理论和模型的建立，更注重支撑这些知识的哲理精神。优秀的科学家需要有哲学思考的自觉性。

4）科学研究的目的之一就是建立一个反映现象本质的模型。模型在自然科学发展的历史上，对推动学科的发展起着非常重要的作用。科学理论是一种模型，它能描述和整理我们进行观察（观测）所得的信息，一种好的理论模型可在一些简单假设的基础上描述大范围的现象，并能做出可以被检验的、准确的预言。

5）当一个新现象被发现，科学家做的第一个工作就是制定专门的术语以说明该现象的特指性，严格地定义概念以说明其内涵和外延；第二个工作就是把这个现象纳入一个知识体系或一个理论中。如果没有一个现成的理论可以容纳这个现象，科学家就创建一些新概念和新理论（新模型）。任何概念、科学理论都必须基于最可操作的科学哲学之上，这就是卡尔·波普尔提出的实证主义的方法。

6）20世纪后半叶的科学已经远远地脱离了“常识”和直观的束缚，越来越多的科学正借助复杂的数学探索本领域的问题。在科学研究中，应该克服直觉的偏见，而代之以稳固的思想支柱，但是这种支柱又是建立在某些更深的，或许是定义更不清楚的知觉基础之上的。这可能是海森伯和薛定谔无法给出关于量子力学的直观模型的原因。

7）知识的归纳和综合是不可避免的，这当然包括自然科学各个学科知识的归纳和综合，也包括社会科学知识的归纳和综合，甚至包括自然科学、社会科学、历史、艺术等知识的归纳和综合，以前是这样，今后还是这样，这是人类理性的表现。人类的理性偏爱“简单”、“秩序”、“规律”，这也许是人类大脑的特殊结构造成的。

21世纪，世界范围的科学技术正以先前不可比拟的速度飞速发展，然而，科学只不过是一个抽象的理论体系（按照它的固有本性和基本定义），不论它有多么伟大和不断增长的力量，也永远不可能完全反映出整体的特征。科学建立的理论体系，只有用现代科学哲学的眼光才能清晰地洞察到它的意义。英国哲学家罗素说得好：

> 在各种科学技术进步下产生的哲学向来是“权能哲学”，它把人类以外的一切事物仅仅看成是有待加工的原材料，目的不在于探究，而在于功利，因此只崇尚方法的巧妙，这是今天最危险的一种病症，而理智健全的哲学是治疗这种病症的一剂良药。[2]

参考文献

[1] 斯塔夫理阿诺斯．全球通史．吴象婴，梁赤民译．上海：上海社会科学院出版社，1988
[2] 罗素．西方哲学史．何兆武，李约瑟译．北京：商务印书馆，2006：308-309

第一章　诺贝尔奖产生的背景

第一节　20 世纪前世界科学成就概述

诺贝尔奖从 1901 年开始颁发，到现在已经有 100 多年的历史。这 100 多年，人类社会发生了深刻的变化，人的思想也发生了深刻变化。所有这些变化与科学技术的历史和发展有着千丝万缕的联系。从根本上讲，科学是一个国际性的事业。因为科学原理没有国界，科学的思想和技能也没有国界，尽管某些技术受到专利的保护。事实上，世界各国的科学家都渴望思想交流，渴望及时了解其他国家科学研究的最新动态与成果。因此，今天的科学新成果以惊人速度传播，科学理论和实验上的每一个新成果很快就受到各国本专业研究者的关注、借鉴、引用和评价。所有这些变化可以追索到早在 17 世纪的科学成果的国际交流，尤其是 20 世纪初的诺贝尔奖的颁发，科学技术成果很快成为各国科学家的研究热点。因为跨越国界的学术团体和机构遍及所有领域，一些著名的大学和实验室为世界各国培养大学生和研究生，或者把某一领域的各国学者汇聚在一起，交流研究信息，开展共同合作。这位科学成果的交流提供了场所。可以说，这些实验室、会议和学术机构对全世界科学的发展做出卓越的贡献。

从科学思想方法看，欧洲是近代科学的发源地，在科学的长期发展过程中，人们形成了一种普遍看法，即认为反映自然规律的科学理论，都是由大量经验资料通过“归纳法”得出的，这在 19 世纪表现得特别突出。但是，现代科学的发展，使人们逐渐认识到“演绎法”的重要性。19 世纪的欧洲，科学发展已经为人类积累了大量的试验数据，20 世纪初，爱因斯坦等科学家为“演绎法”的应用树立了楷模。

一、欧洲科技

随着罗马帝国的灭亡，欧洲进入“黑暗的中世纪”。事实上，中世纪的科学是一个回归和蜕变的过程。公元 5 世纪末，西罗马帝国结束。公元 529 年，“柏拉图学园”被东罗马帝国的查士丁尼（Justinianus）大帝封闭，西方古代的数理传统就此结束。自此之后，西方科学经历了1000年的沉寂，这1000年，科学经历了流放、回归、蜕变、新的酝酿和突破等一连串复杂的变化。

首先，由于柏拉图学园被取缔，以数学家辛普利修斯为首的一群学者、医生来到波斯，为了讲课授徒的需要，开始将希腊哲学、科学、医学经典翻译为当地通用的叙利亚文。同时，印度的数学包括记数符号和运算方式也传入巴格达。在9~11世纪的两三百年间，由于这种学术气氛的感染和刺激，伊斯兰的数学（特别是代数和三角学）、光学、天文学、医学获得了飞速的发展，随后，这些成果逐渐西传，使得开罗、西西里、科尔多瓦、托莱多成为蓬勃活跃的学术中心。古希腊的学术成果经过了继承、充实、深化之后又回到了它的发源地。

中世纪，教会的教士们把基督教教义、新柏拉图主义的哲学和从东方宗教得来的要素融合起来，形成基督教教义的第一次大综合。在这个综合中，柏拉图和奥古斯丁的哲学居于主导地位。在整个中世纪黑暗时代，西方人仅仅知道希腊学术的一些提要和注释。之后，阿拉伯人承继了古希腊人的衣钵，使很多具体自然科学知识（而不是哲学）有了发展。阿拉伯半岛崛起的伊斯兰国家于公元641年征服了埃及，给亚历山大的古希腊文明最后一次打击。阿拉伯帝国成了中世纪科学文化的中心，他们在巴格达、开罗和科尔多瓦（西班牙境内）等地设立机构、延揽人才，翻译、注解、研究古希腊和印度等地的科学遗产。公元800年左右，他们从东罗马拜占庭帝国，获得一部手抄《几何原本》，很快就把它翻译成了阿拉伯文，并把它奉献给当时的国王。

中世纪是中国技术发明的完善、传播时期：指南针、火药、印刷术和造纸术等技术通过战争或商业首先传到阿拉伯，继而传到欧洲，为欧洲的科学技术起飞奠定了物质基础。

到13世纪，亚里士多德完整的著作被重新发现，最初是从阿拉伯语，后来又直接从希腊语翻译成了拉丁语。在圣托马斯·阿奎那的经院哲学中，他把基督教义同亚里士多德的哲学和古希腊科学融合为一个完整的理性知识体系。这是一件非常困难的任务，但他却巧妙地完成了。经院哲学维持了理性的崇高地位，并断言上帝和宇宙是人的心灵所能把握，甚至能理解的。这样，经院哲学就为科学发展铺平了道路（因为科学必须假定自然是可以理解的。文艺复兴时期的人们在创立科学时，应该感谢经院哲学的这个假定。）

不过，新的实验方法的本质，是离开完全理性体系而诉诸事实的裁判——这些事实与当时可能的任何哲学都毫无关系。自然科学在其探讨的中间阶段，可以使用演绎推理，但主要是应用归纳推理，由于科学主要是经验性的，它归根到底不得不诉诸观察和实验。观察和实验不像中世纪的经院哲学那样凭借权威接受一种哲学体系，然后再依据这个体系来论证种种事实应该怎么发展。人们有时认为中世纪的哲学和神学不是充分运用理性的，其实不然，它们的结果是运用逻辑方法从前提中演绎出来的。什么是这些权威的和肯定的前提呢？答案就是教会所解释的《圣经》以及柏拉图和亚里士多德的著作。另一方面，科学则依靠经验，它所用的方法是试探、纠错、经验。当然，科学也要运用理性来解决问题（例如理论物理学），并形成可能的、有限的综合和学说（在被验证之前称为假说），但是，观察或实验既是研究的起点，也是最后的裁判，这些观点在19世纪得到普及。

中世纪，托马斯·阿奎那所阐明的经院哲学保存了关于自然界可以理解的信仰。但是，托马斯派哲学也包含了托勒密的地球为中心的天文学和亚里士多德拟人观的物理学及许多错误见解，如运动需要不断施加力量、物体轻重在于其本质，它们自发地寻找其天然位置，等等。因此，经院哲学家反对哥白尼的学说，不肯使用伽利略的望远镜，甚至当史特芬、德·格鲁特和伽利略的实验被证明之后，仍然不肯承认轻重不同的物体以同样的速度下落。

事实上，在哲学观点差异后面隐藏着更深刻的分歧。从古希腊开始，哲学家就以为实在的世界是可以通过感官觉察出来的：这个世界是色、声、热的世界；是美、善、真，或其反面丑、恶、假的世界。色、声、热世界完全是物理世界，伽利略认为，色、声、热可以化为人的单纯的感觉，而如果没有科学仪器，人的感觉只限于宏观世界。借助于仪器人们可以观察微观世界和宇观世界，这种观察同美、善、真或其反面毫无关系。从类人猿到猿人到早期人类再到现代人类，破天荒第一次出现了认识论的难题：一个非物质的、无展延性的心灵何以能了解宏观、微观和宇观运动着的物质？

事实上，从文艺复兴到诺贝尔奖颁发之前，科学家和历史学家都笼统地认为，现代科学是从文艺复兴开始萌芽，以哥白尼的《天体运行论》为革命的先声。但到20世纪初，法国物理学家和科学史家迪昂对此提出了挑战，他在划时代的十卷巨著《宇宙系统》中，分析了自柏拉图至哥白尼2000多年间浩如烟海的古典和中古文献，他在大量的中世纪哲学著作中发现，物理学、天文学、宇宙论的研究从未停止过，而这些成果正是16～17世纪物理学革命的基础，因此，他认为科学进步基本上渐进的和连续的。[1]

二、中国科学技术的大发展

欧洲的中世纪，正是中国的隋唐至明晚期，这是一个封建社会由强盛走向衰败的时期。这个时期，中国的科学技术尤其是技术取得了巨大的进步，其成果对世界文明产生了深远的影响。虽然，中国的成就主要以技术为主，而且并没有成为中国近代科学革命的动力。但是，这些技术成就对世界文明、欧洲文艺复兴都起了关键作用。医学、植物学、天文学、地质、生物、气象、医药、工程技术等中的印刷术、火药和指南针在传入欧洲以后引发了巨大的历史后果——为工业革命提供了物质基础。

虽然整个中世纪欧洲被历史学家认为是“黑暗时代”，然而，事实上，欧洲的科学技术并没有停止前进，只是进展缓慢，但为新的近代科学的勃起奠定了基础。而在中国，中世纪却是技术蓬勃发展的时代，这些发明对世界文明的贡献有着不可估量的价值。开始于古代，蓬勃发展于中世纪的东西方文化和技术交流，为西方的文艺复兴奠定了坚实的物质基础。这种物质基础与希腊的思辨哲学一起使近代科学发端于欧洲成为可能。

从文艺复兴开始，一种新的世界观开始兴起，这种世界观是开普勒、哥白尼、伽利略、牛顿等一大批自然科学家用观察、实验方法建立的，它可以被总结为：

第一，在科学研究方法上取得了突破，归纳法从伽利略开始至牛顿最后完善成为新的实验科学的研究方法。演绎法虽然还在应用，但退居到次要位置。实验科学以观察、分解、分析为基本手段，数学为基本工具，逐渐成为研究的主流，并延续到今天。

第二，在这个时期，科学研究逐渐发展成为一种社会行为，功利化的倾向逐渐强化，但还没有成为主流。

第三，科学从哲学分离出来，并按照研究对象的不同分解为物理学、化学、生物学、生理学、心理学等学科，这些学科又可以分解为具有更小的特定研究对象的分支学科。例如，物理学分解为力学、声学、热力学和统计力学、光学、原子物理等。如果说文艺复兴以前和文艺复兴时期的科学家是“全才”，这个时期的科学家则是“专才”。

第四，科学哲学从哲学中分离出来，逐渐发展为一个独立的学科。科学哲学基本上以自然科学的成就为基础，并在哲学上进行提炼。19世纪三大自然科学成就——“进化论”、“能量守恒与转化定律”、“细胞学说”不但是科学成果，也是唯物主义哲学的成果。

科学研究方法的转变（从综合到分解）使我们逐渐看清了自然界各种现象和过程的细节，但对整体画面的研究却减弱了。

19世纪是科学时代的开始，此时，我们对自然的认识比17世纪不但更广泛而且更深刻。首先，对于宇宙的整个观念改变了，因为我们认识到人类与其周围的世界，一样服从相同的物理定律与过程，而观察、归纳、演绎与实验的科学方法，不但可应用于纯科学，而且在人类思想与行为的各种不同领域里都可以应用。其次，19世纪在科学思想和科学成就上有着承上启下的关键作用。20世纪的科学革命就是在19世纪末物理学遇到不可逾越障碍的情况下发生的，而20世纪的科学成就（包括诺贝尔奖成果）也是延续了19世纪的研究课题并不断深化取得的。

中国科学技术的发展，走了和欧洲不同的道路。事实上，从人类认识、利用自然开始，中国人和欧洲人就形成逐渐形成了两条不同的发展道路：欧洲道路和东方道路，这在19世纪以前就已经表现的非常明显。例如，数学的发展，19世纪以前，欧洲人只是把数学看做是描述自然规律的一种工具；通过20世纪物理学理论的发展，人们认识到，仅仅把数学看做一种外来的工具是远远不够的。在中国，数学的发展始终与生产实践结合在一起，没有更深刻、更广泛的抽象。科技发展的两条道路——欧洲的分解和东方综合一直到今天还深刻地影响着他们的生活和思考方式。从历史的角度讲，西方和东方的科技思想轮流掌控着世界。

三、19世纪欧洲的科学成就

19世纪欧洲的科学成就可以大致归纳为以下14个方面：数学、热和电、统一科学计量单位、原子论的复活和实验证实、电化学的产生、电流的其他性质和电磁感应、热本质与能量不灭定律的发现、气体分子运动论和统计热物理学的发展、热力学、光谱分析、电磁波的发现、化学动力学的进展和催化剂的发现、溶液理论、心理学。现代科学的这些成就是诺贝尔奖成果产生的基础。以下分别予以概述。[2]这些成就已经成为今天教科书的主要内容，也成为20世纪初诺贝尔奖的对象。

1. 数学

19世纪，出现了许多新的数学分支：数论、形论（拓扑学）与群论；三角学发展成为不同周期的函数理论以及一般的函数论；综合与分析的方法创造出一种新的几何学；数学方法大量地被应用到物理学问题上，成为物理学大踏步前进的最大推动力。傅里叶、泊松、高斯、拉格朗日、哈密顿在数学的各个分支都取得了很大的发展。尤其是罗巴切夫斯基、黎曼创立的“非欧几何学”使我们对于物理空间的认识发生了革命性的改变，并为20世纪爱因斯坦创立“相对论”准备了条件。

2. 热和电

如今电和热被两个物理学分支——电学和热学研究。19世纪，热流和电流被称为不可称量的流体。1840～1850年，亥姆霍兹与焦耳证明热和功等价，确立了热是运动的一种形式，并最终为热力学第二定律的建立准备了条件。对另一种流体——电流的研究，把人们的注意力引向电学。与引力相同，电也可以越过空间而作用于远处。在数学家看来这不需要进一步的解释，但物理学家很快就开始推测这个空间的性质。因为这个空间竟能传播两种表面上不同的力（引力和电磁力），这就引发了现今叫做“场物理学”的现代理论。

3. 统一科学计量单位

众所周知，计量单位对于科学发展有着极其重要的意义。约1870年，达成一项国际协议，一致同意采用一项科学的量度系统，对厘米、克和秒做了明确的规定，作为力学系统的基本单位，即常说的“厘米、克、秒（CGS）制单位”。

4. 原子论的复活和实验证实

19世纪，复活的原子论和化学作为一种科学进入人们的视线。德谟克利特的“原子哲学”在文艺复兴以后，重新活跃起来。伽利略赞同这个哲学，玻意耳和牛顿在他们关于化学和物理学的思辨中也使用了“原子哲学”的观点和结论。但此后原子论又被搁置，虽然它已经渗透在各种科学思想中。到19世纪初，原子论又被重新提出以解释物质固、液、气三态的物理性质以及定量的化学变化。根据化学定量分析，拉瓦锡、普鲁斯特与李希特等人发现，一个纯的化合物始终丝毫不差地由等量的成分所组成，这个定量化合的观念在化学发展中起了重要作用。气体性质可以用原子论去解释，后来约翰·道尔顿把原子论应用到化学上，指出，每一元素的质点都有其特定的重量，可以把化合现象解释为具有确定重量的相异质点的结合，而化学的分解与化合不过是这些质点的分开或联合。

化合价的观念，是19世纪和20世纪化学思想的基础。到19世纪，已知的化学元素已经由20个增加到90多个。此外，电流的电解能力使戴维爵士在1807年分离出碱金属的钾与纳。稍后光谱分析发现了铷、铯、铊、镓等元素。放射性使我们发现了元素镭以及它的同族元素，阿斯顿的摄谱仪又发现了许多同位素。门捷列夫发现每隔八个元素都有一些相同的性质出现——元素化学性质的周期性，并制成了有名的元素周期表，从周期性规律他预言了一些未知元素的存在及其性质，其中一些后来被证实。

门捷列夫认为元素周期表只是纯粹经验事实的叙述，它的意义在于使原子不再是一种哲学论述而成为一种客观事实，也使“原子论”成为一种科学思想。元素周期表中最轻的元素是氢，这使人们又回到物质有共同基础的老观念上去，这个共同基础可能就是氢（占宇宙总重量的99%），他们企图证明，如果以氢的原子量为单位，其他元素的原子量应该全都是整数。虽然许多元素的原子量接近整数，但有几个元素如氯（Cl = 35.45）不遵从这个规则，这一事实暗示了原子可能是由更小的“基本粒子”组成的，并为20世纪物质结构的探索埋下了伏笔。

5. 电化学的产生

当伏特电池的发现在1800年传到英国时，不但进行了广泛的研究，而且促成了电化学的诞生。1833年，法拉第在惠威尔的建议下，创造出一套新概念如电极（electrode）、阳极（anode）、阴极（cathode）、阳离子（cations）、阴离子（anions）和电解（electrolysis），这些概念至今还在使用。经过一系列巧妙的实验，法拉第把实验结果归纳为两个简单的结论——法拉第定律：①不管电解质或电极的性质是什么，电解产物的质量与电流强度及通电时间成比例，换句话说，即与通过溶液的总电流量成比例。②一定电流量所释放出物质的质量与这个物质的化学当量成比例。后来亥姆霍兹说：法拉第的工作表明，如果接受元素是由原子组成的假设，我们就不能不断定：电也分成一定的单元，其作用和原子一样。因此，法拉第的实验是现代原子与电子科学的基础。20世纪电子的发现、原子结构模型的产生都是法拉第工作的延续。

6. 电流的其他性质和电磁感应

电流的其他性质尤其是电磁感应在19世纪也被发现：电流的热效应（焦耳－楞次定律）、电流的磁效应（安培－奥斯特定律）、电流、电压、电阻三者关系的确立（欧姆定律），并经过安培和欧姆等人的努力，电学的基本量已经确定，因而给电学量的数学表达奠定了基础。

由静电感应而生的静电荷以及磁石对于熟铁的类似作用，使早期实验者想到，利用伏特电池发出的电流也许可以得到同样的效果。1831年11月24日，法拉第完成了具有历史意义的电磁感应实验，他的第一个成功实验（把一根磁棒插入线圈，磁棒的运动使线圈产生电流），在电学史上开辟了一个新纪元。法拉第电磁感应的发现为后来工业的大发展、为电气化时代的到来奠定了基础。目前，差不多所有的电力机器，都是根据感应电流的原理制成的。此外，法拉第还研究了电磁力场和电介质的问题。

因为法拉第的见解超过了他的时代，而且他用来表达这些见解的术语，也不是当时科学界所熟悉的。所以30年后，当麦克斯韦将这些见解翻译成数学公式，并发展为电磁波的理论时，法拉第见解的重要性才被人认识。这样，法拉第就奠定了实用电学的三大部门，即电化学、电磁感应与电磁波的基础，而且，他认为的在科学上具有极大重要性的电磁力场，成为现代“场物理学”的起点。

7. 热本质与能量不灭定律的发现

18～19世纪，由于蒸汽机的发展，热学成为一门重要的、具有应用价值的科学，反过来又引起人们对于热学理论的重新关注。

到1840年，人们就开始了解自然界里各种能量至少有一些是可以互相变换的。1842年，迈耶主张由热变功或由功变热均有可能。迈耶在压缩空气的时候，假定所有的功都转换为热的前提下，算出了热的机械功当量的数值。同年，英国科学家格罗夫爵士在1846年出版的一本书《物理力的相互关系》，论述了自然界中能量相互关系的观念。这本书和1847年亥姆霍兹根据独立研究写成的《论力的守恒》，各自论述了今天所谓的“能量守恒”原理。1840～1850年，焦耳以实验方法测量了用电和机械功所生的热量，他发现，不管用什么方式做功，等量的功产生等量的热，根据这个等值性，他断定热是能量的一种形式。焦耳的实验证明，在他所研究过的体系里，能量的总量是守恒的，功所耗失的能量作为热出现。能量守恒的更一般的证据引导我们把这个结果推广到其他的变化上去，到19世纪末，所有已知的事实都适合于这样一个规律：在一个孤立的体系中，总的能量是守恒的。

能量守恒定律可以和较早建立的质量守恒定律相媲美。约1853年，汤姆孙首先将能量守恒的原则应用于化学。他认识到在化学反应里所发出的热是这个系统的总能量在反应前后差异的衡量。因此，利用这种度量就有可能预言这个系统的最后状态，而不必顾及中间的步骤，即不必探究达到目标的过程，这就为“物理化学”这门新学科奠定了基础。

能量守恒定律和质量守恒定律有哲学上的危险性，由于它们在当时可以研究的一切情况下都有效，这两个原理就很容易被引申为普遍的定律：成了永恒不灭的量；宇宙里的质量和能量分别成了守恒而不变的。这些原理到20世纪不再是科学研究的向导，而变成了一种哲学教条。直到爱因斯坦指出，质量和能量是能够互相转换的，即著名的质－能关系式 $E=mc^2$，这两个定律被合成为“质能守恒定律”。

8. 气体分子运动论和统计热物理学的发展

1845～1848年，沃特斯顿和焦耳也研究了气体分子运动论。他们各自独立地计算出分子运动的平均速度。1857年，克劳修斯首先发表了正确的物质运动说。麦克斯韦与玻尔兹曼将高斯的概率理论应用到现在仍然具有十分重要的意义的气体分子速度分配的问题上，这个理论认为，在一个元素数目巨大的体系中，系统整体的行为是可以预测的。这个结论是哲学的“统计决定论”的基础，并代替了以前的“机械决定论”。

玻尔兹曼等查明，各种速度运动的分子有向麦克斯韦－玻尔兹曼分布回归的倾向，因为这是最可能的分布。他们证明，这种倾向与热力学中称为“熵”的物理量趋于最大值的倾向是一致的。对于熵的讨论引发了时间箭头——现实过程方向性的结论，这对后来的科学和哲学，都有极大的重要性。在第二章中将进一步讨论。

根据气体分子运动论，计算出气体的黏滞度、分子的平均自由行程、温度、分子总能量与其自由度数目的关系等一系列有价值的结果。

1827 年，植物学家布朗在显微镜下看见极微小质点（如花粉粒子）的不规则运动，即布朗运动，从而直接证明了分子的运动；1879 年，拉姆齐在解释这个现象时认为，这是液体分子冲击悬于液体中的花粉粒子而造成的。物理学家克鲁克斯注意到，如果将很轻的风车翼一面涂黑，装置在高度真空管中的旋转轴上，再把它放在日光中，它必然朝光亮一面的方向旋转。麦克斯韦在解释这种旋转时认为，这是由于黑的一面吸收了较多的热而以较高的速度跳跃，碰撞风车翼并将黑面向后推动造成的。到 20 世纪，这种解释变成了“光压”存在的证据。

9. 热力学

热力学是从热机研究开始的，1824 年法国工程师卡诺指出，每一个工作的热机（或热引擎）必须有一热源和一冷凝器（冷源），当机器工作时，热即从较热的物体传到较冷的物体。卡诺从理论上推导出热机的效率，经验证明：热机工作时从热源取来一定量的热 H，而把其中的一部分热量 h 传给冷凝器。这两个热量之差（$H-h$）就是可变为功 W 的最大热量，而实际完成的功与所吸收的热量之比 W/H，为这个机器的效率 E。“卡诺循环”的现代形式是克劳修斯与汤姆孙完成的，当功－热相互转换的时候，它们的关系可以用焦耳的热功当量来表示。不过虽然永远有可能把一定量的功全部变成热，但是，反过来要把一定量的热全部转变为功是不可能的。

在研究热、功的相互转换时，汤姆孙定义了一种称为“绝对温标”的热力学温标（K），这种温标与机器形式或工作介质的性质无关。如果冷凝器的温度是绝对零度，那就是说所有吸收热都转变为功，没有热到冷凝器去，这时效率是 100%。因此，这种温标的零度是绝对零度，即没有比这更冷的温度了。

同时，焦耳也研究了气体自由膨胀，其结论是气体自由膨胀将吸收热量，这个热量可以来自环境。在一个绝热系统中，这个热量也可以来自系统自身的内能，其热效应可以计算出来，这成为现代制冷机的基础。

热力学理论，不但使工程师可以把热机设计放在坚实的基础之上，而且还大大推动了现代物理学和化学的进步。

气体液化对于研究物质的形态有很大作用。法拉第等仅仅利用压力，就在一个简单仪器中将氯气液化了。经过一系列的研究，终于使一切已知气体都液化，并且最后证明各种类型的物质都可以在三种状态下存在。气体液化的研究促进了低温技术的发展，而使超低温物理变得可能，不少人研究过超低温对于物体性质的影响，最显著的变化是电阻趋于零，电导率急剧增大；例如铅在液态氦的温度（-268.9℃）的导电率，比在0℃时增大10亿（10^9）倍，并且电流在这种超低温的电路里，很长时间不衰减。

克劳修斯、开尔文、亥姆霍兹、吉布斯与能斯特等是物理化学这一新学科的创立者。物理化学是用物理学的方法研究化学过程，例如，用物理学的一些概念——“熵”、“焓”、“自由能”研究化学，使化学这门实验科学向理性科学迈进了一步。所有的自然科学大致可以分为三类：经验科学、实验科学和理性科学。随着科学的发展，所有学科的发展不断向右移动，同时，数学在科学研究的作用也被强化了，现代物理化学以及许多工业重要的技术应用都不过是热力学方程式的一系列的结果而已。例如，勒夏特列把它应用到化学反应上，提供了化学反应方向的一般理论。这个理论的哲学意义为：外界对系统的作用在系统内一定会造成一种与之对抗的反作用。在这些物理化学的创立者中，热力学第三定律的创立者——能斯特荣获1920年诺贝尔化学奖。

开尔文、兰金和克劳修斯还研究了用于合金结构的相律方程。近年来研制出了许多具有各种特殊性质、适合各种用途（例如火箭、卫星等）的新合金，特别是铁的合金，都含有少量的镍、铬、锰、钨等金属。这些金属经过适当的热处理之后，可使铁的硬度或坚韧度增大或具有其他特殊的性质，冶金业的发展就是建立在相律理论与实验基础之上的。

10. 光谱分析

整个中世纪人们都相信，天和地是不同的，它们遵从不同的规律，况且“天”是上帝居住的地方。但伽利略和牛顿却把这种看法打破了，他们用数学方法与观察方法证明，通过实验确立的落体定律、力学定律、万有引力定律在整个太阳系一样适用。

但是要最后证明天地同一，不但需要证明天地的运动规律是类似的，而且还需要证明天地在结构上与组成成分上也是类似的，最后还需要证明构成地上物体的化学元素，在太阳、行星与恒星的物质中也一样的存在。这好像是一个无法解决的问题。可是在19世纪中叶找到一个解决的办法——光谱分析。

光谱分析是从牛顿开始的。他证明了日光通过棱镜所形成的彩色光带，是由于白光分解成物理上比较简单的成分的缘故。此后，光与色的关系、光谱与物质的关系成为物理学和化学研究的一项内容。光谱学的发展对于发现新物质、新元素、检测物质性质等方面都起了不可估量的作用。起源于 19 世纪的光谱学研究，到了 20 世纪无论在理论还是应用两方面取得飞速的进步，实验证明，不但金属元素有自己的特征光谱，就是某些无机化合物和有机化合物（如芳香化合物）都有自己特征的光谱。现在用于物质鉴定、检测，其光源为紫外线（UV）、红外线辐射（IR）、可见光的各种仪器已经成为科学实验和工业生产不可或缺的硬件设备。现在的工业生产（尤其是化学工业）是离不开仪器分析的。分析仪器和分析方法的发明在诺贝尔奖中占有重要的位置，例如，阿斯顿因用质谱仪发现多种同位素和原子结构及原子量的整数规则而获得了 1922 年诺贝尔化学奖。

1842 年，多普勒指出，当一个震源与观测者作相对运动时，所观测到的波的频率便会发生改变（多普勒效应）：当震源朝向观察者运动时，每秒达到观察者的波数必定增多，结果是声或光的频率变高。反之，当震源离观察者而去时，声或光的频率降低。在快车穿过车站时，汽笛声音由高而低，就是多普勒效应的体现。如果一颗星向地球而来，其光谱线必向紫色一端移动，如果离地球而去，则向红色一端移动。这种多普勒效应虽然很小，却可以量度，经过哈金斯等利用多普勒效应研究恒星，使我们对恒星运动有了进一步的了解。

麦克斯韦从理论上证明，辐射对它所照射的面施加一种压力，这个压力虽然极其微小，但可用实验方法检测得到。1875 年，巴托利证实了这种压力的存在。1884 年，玻尔兹曼证明，黑体的总辐射与其绝对温度的四次方成正比，即 $H=aT^4$。史蒂芬在 1879 年就已经凭经验发现了这个定律。这个结果不但对于辐射理论很有用，而且可以利用这个结果测量温度。

11. 电磁波的发现

法拉第的电磁感应和许多电学实验都应该归功于他对电介质或绝缘质本能的理解。他假想在“电介极化”里有一些力线或一些质点链（电力线和磁力线），并提出了“场”的概念。他甚至想象“场”在离开来源后，仍然可以在空间里自由行进。现在的研究指出，“场”（field）是物质的一种形态。

19 世纪初，光的波动说这一个古老的观念复活并确立起来。17 世纪，只有胡克等模糊主张过光的波动说，后来惠更斯才给予它一个比较确定的形式。牛顿主张光本质的“微粒说”并根据两个理由反驳光的“波动说”。第一，它不能解释物体的影子，因为如果光是波动的话，光波也如声波那样，会绕过阻碍之物，就不能生产影子。第二，冰洲石的双折射现象说明光线的各向不同性，而波动不能有这样的差异。托马斯·杨与菲涅耳通过试验（针孔干涉实验和光线通过冰晶石的平面偏振光实验）对光的“波动说”赋予了新解释，从而克服了牛顿提出的两个责难。

菲涅耳利用数学将光的波动说发展到圆满的境地。他和他以后的人如格林、麦克卡拉、柯西、斯托克斯、格莱兹布鲁克等经历一个世纪，才把古典的光波动说确立起来。

麦克斯韦把法拉第的想法写成数学公式。他指出法拉第“电介极化”的改变即相当于电流。既然交变电流产生交变磁场，而交变磁场又产生交变电场，显然磁场与电场在绝缘介质中向四面传播时，必然作为电磁波行进，电场与磁场与波的前进方向正交，这两者也相互正交（右手定则）。

麦克斯韦和几位物理学家测定了电磁波运动的速度，数值为 3×10^8 米/秒，和光的速度相同，于是，麦克斯韦断定光的电磁本质，原来光波与电磁波的差别只是波长不同而已。如果把电磁波、太阳光、其他辐射按照波长由长到短排成一个谱系就是：长波—中波—短波—微波—红外线—红—橙—黄—绿—蓝—靛—紫—紫外线—X 射线—γ 射线。

1887 年，赫兹用感应线圈上的电火花所发生的振荡电流，在空间产生并检验到电磁波，而且用实验方法证明电磁波具有许多与光波相同的性质。赫兹是德国物理学家，量子力学的先驱，1925 年诺贝尔物理学奖得主。他是电磁波发现者海因里希·鲁道夫·赫兹的侄子和卡尔·赫尔穆特·赫兹的父亲。

光的“波动说”的成功，在牛顿物理学中打开了第一道缺口，牛顿把光看做是在空间中运行的微粒的学说与他的哲学思想很吻合，可是这些微粒为什么只以一个不变的速度运动，就很难令人理解。如果假定以太无所不在，它已经在某种意义上与空间本身合而为一了。但法拉第指出，空间也有电和磁的性质，到麦克斯韦证明光是电磁波时，以太的存在就成为多余的了。法拉第和麦克斯韦的工作把光与电磁波联系起来，而光的“波动说”也揭开了今天的“场物理学”。

12. 化学动力学的进展和催化剂的发现

物理化学有两个分支：化学热力学主要研究化学反应的平衡问题；化学动力学主要研究化学反应的速度和机理问题。1877 年，温策尔通过测量化学反应的速度，估计酸对金属的化学亲和性。他发现化学反应的变化率与酸的浓度，即与试剂的有效质量成比例，贝托莱也独立得到这个结果。

1850 年，威廉森研究了蔗糖加酸时的“反旋”，即蔗糖分子分解成为较简单的左旋糖和右旋糖的过程。他发现，在任何瞬间离解的分子数与当时存在的分子数成正比，只要这个关系对于某一化学变化有效，我们便可推断分子是单个地起作用，这种变化便称为单分子反应，也叫做一级化学反应。

另一方面，如果两个分子互相起作用（双分子反应），变化率显然决定于分子碰撞的频率，而频率又与两种反应物的分子浓度的乘积成正比例，即二级化学反应。

如果反应是可逆的，当两种化合物 AB 与 CD 互相作用而成 AD 与 BC 时，AD 与 BC 同时也互相作用，回到 AB 与 CD；当正反应与逆反应 $AB + CD \rightleftharpoons AD + BC$ 的反应速率相同时，即达到平衡状态。1850 年威廉森首先提出化学反应的动态平衡的观念。1864 年，古德贝格与瓦格对化学反应的质量作用定律进行了完满的表述；杰利特于 1873 年、范托夫于 1877 年重新发现了这个定律，它在许多化学反应中都得到实验的证明。

1812 年基尔霍夫在研究蔗糖水解时首先发现了酸对于蔗糖水解的催化作用。他还发现在稀硫酸溶液中，淀粉可转化为葡萄糖；淀粉是一种天然的大分子，而葡萄糖是一个小分子，这种化学反应间接地证明了动物消化、吸收的化学过程。此外，化学反应催化剂的研究也提到日程上，戴维注意到，铂能使醇蒸汽在空气中氧化；多贝赖纳发现，铂粉可以使氢气和氧气化合成水。微生物对化学反应的催化作用也受到注意，1838 年，德拉托尔与施万各自独立地发现，糖之所以发酵生成酒精与二氧化碳，是由于一种微生物的作用；柏采留斯更指出，发酵与铂粉所促成的无机反应有相似性，他把这种作用叫做“催化”，加速化学反应的试剂叫做“催化剂”。他指出，生物体中无数种化合物，可能是由类似催化剂催化普通物质、植物液汁或血而生成的。1878 年，库恩把这些有机催化剂叫做“酶”或酵素。对于酶的研究一直持续到今天，在早期的诺贝尔化学奖中，就有因为酶的工作而获奖的。例如，由于在酶化学上的杰出贡献，切尔平与哈登一起获得 1929 年度诺贝尔化学奖。

催化剂的发现经历了漫长的过程，它对化学平衡不产生影响，最后平衡时的比例是相同的，却可以同时对正向和反向的反应产生加速作用，这是 1862 年拜特洛与圣吉勒斯的发现。1887 年，阿伦尼乌斯发现酸类的催化作用与其导电率有关。在催化剂方面有重大贡献的还有奥斯特瓦尔德。他曾在莱比锡大学开展过规模宏大的研究工作，由于他从很多方面研究了催化过程，顺利地完成了使氨发生氧化提取氧化氮的研究工作，为氨的合成创造了条件使他在这一领域中的成就得到世界科学界的高度评价。由于在催化研究、化学平衡和化学反应率方面功绩卓著，1909 年他获得了诺贝尔化学奖。

19 世纪最后几年发现了几个新的惰性元素。1895 年，拉姆齐发现了门捷列夫周期表内叫做零族元素的一种惰性气体，命名为氩；接着又发现了氦、氪、氖与氙，这是四年间从空气里发现的五个新元素。阿斯顿等后来对于原子量与同位素的研究，使惰性气体在理论上的价值比以前更加重要。拉姆齐由于发现了这些惰性气态元素，并确定了它们在元素周期表中的位置而荣获了 1904 年的诺贝尔化学奖。

13. 溶液理论

溶解及其热效应，经过许多化学家研究，认识到溶解这种反应很复杂，包括混合与化合两种情形，但在 19 世纪以前没有人将溶液现象当做一个课题进行研究。

首先有系统地研究溶解物质扩散的人是格雷姆，他发现很多胶体化合物（主要为有机化合物），并对它们的化学性质进行了研究。但后来才知道许多无机物如硫化砷，甚至金属如黄金，经过特殊处理，也可以呈胶体状态。

伏特电池的发明以及随之而来的关于溶液电解性质的研究，对于认识物质结构有着重要影响。1833 年，法拉第指出，使一定电量通过电解液时，总是有一定量的离子在电极上析出。这个结论意味着，分子不是物质的最基本的形态，它是由更小的粒子组成的。

溶液的电性质在 19 世纪得到了很好的研究，1859 年希托夫、1879 年科尔劳施对电解质电阻、离子运动速度、溶液电导率等问题都有过深入的研究，并给出了科学的结论。

荷兰物理学家范托夫对于溶液有另外一种看法。19 世纪以前就已经知道，经过细胞膜而渗入植物细胞的水，可以产生一种压力（渗透压），植物学家佩弗用人工薄膜（即在无釉陶器上用化学方法造成沉淀而制成的薄膜）量度过这种渗透压。范托夫把热力学的理论应用到溶液上去，从而开辟了一个新的研究领域。他将溶液的渗透压和其他物理性质如凝固点、蒸汽压等联系起来，这样，通过测量凝固点，就可以计算出渗透压。他从理论上证明稀溶液的渗透压必与同浓度的气体压力相同，然后他又用实验证明了这个结果。1885 年，范托夫又发表了使他获得诺贝尔化学奖的另一项研究成果，他写作的《气体体系或稀溶液中的化学平衡》出版。所有这些成果使他荣获 1901 年诺贝尔化学奖。

1887 年，瑞典阿伦尼乌斯证明渗透压与溶液的电解性有关：电解质的渗透压异常之大。例如，氯化钾或任何类似的二元盐类溶液，其压力为同分子浓度的糖溶液压力的两倍。科尔劳乌施、范托夫、阿伦尼乌斯等人的工作成了物理化学理论的重要部分，他们研究电在气体中的传导，并把热力学与电学结合起来，使理论知识不断地增加，并且愈来愈广泛地实际应用于工业。阿伦尼乌斯认为强电解质只有部分离解，而后来的研究表明强电解质全部电离。至于浓溶液里相对电离度的减少，那是由于离子运动速度变缓的缘故。在生物化学领域，阿伦尼乌斯也进行了创造性的研究工作。他发表了《免疫化学》、《生物化学定量定律》等著作，并运用物理化学规律阐述了毒素和抗毒素的反应。阿伦尼乌斯是当时公认的科学巨匠，为发展科学事业建立了不可磨灭的功勋，因而也获得了许多荣誉。他被英国皇家学会接受为海外会员，还获得皇家学会大卫奖章和化学学会法拉第奖章，并获 1903 年诺贝尔化学奖。

对于溶液理论的研究一直持续到 20 世纪。其中包括：20 世纪初，美国的莫尔斯与怀特尼以及英国的贝克莱与哈特莱，对高浓度的溶液中的渗透压进行了很困难的直接测定。1923～1927 年，德拜、休克尔与昂萨格指出，由于离子间的作用力，离子周围形成一种异性的离子大气，离子运动时，它须在前面建起一个新的大气，而其背后的大气消散——“离子氛模型”。这一作用形成一种阻挡的电拖曳，使离子的运动速度与其浓度的平方根成反比，并导出一个相当复杂的方程式。如将离子的缔合考虑进去，这个方程与实验数据大致符合，对强电解质的浓溶液来说也是如此。此外，因德拜提出的极性分子理论确定了分子的偶极矩，对电子的衍射和气体中 X 射线的研究做出贡献，1936 年被授予诺贝尔化学奖。

14. 心理学

心理学在 19 世纪以前基本上是宗教和哲学的研究范畴，19 世纪起，科学闯进了这个“禁区”。起初，心理学可以分成两个流派：①法英流派，法英两国注重使用科学方法——观察、假说、推论的演绎，并且把推论与进一步的观察及实验加以比较。②德国流派，虽然黑格尔的唯心主义哲学威信扫地，但对心理学家的影响仍然存在，他们仍然想在一个形而上学体系的基础上有所建树。另一方面，由于弥勒和利比希把生理学与化学应用到医学与工业上而大见成效，因此，心理学家不但采用了科学方法，而且开始采用科学概念。他们企图把自然科学中的所谓基本概念，如物质与力，抬高到心理科学的基本原则的地位，甚至抬高到新的信条的地位。那时候，心理和心灵被认为是一个概念。

本节介绍了 19 世纪重要的科学成果，所有这些成果使人们认识到：

第一，19 世纪是一个科学分化时代，近代科学的基本框架在 19 世纪已经形成，每个学科都已经明确了自己的研究内容、研究方法，即在知识空间中划分出属于自己学科的边界。

第二，19 世纪的科学成果不是单一学科的，而体现在各个学科中，所有这些成果使人们认识到自然界是一个整体，其间的各种现象都有一种内在的联系，这种联系体现在 19 世纪的三大科学发现中：“能量守恒和转化定律”、“细胞学说”和“进化论”。

第三，19 世纪的科学成果必定在哲学上有所反映，丰富的科学成果也使 19 世纪的哲学理论和哲学斗争异常丰富多彩，而唯物主义和唯心主义的斗争从来没有如此激烈过。

本节概述了 19 世纪西方科学研究的成就，这些成就不但对当时的社会进步产生了巨大的推动作用，而且也成为 20 世纪科学技术进步的基础。诺贝尔奖成果的出现无疑是 19 世纪成指数增加的科技成果的继续。回顾 19 世纪的科学成果，我们可以清晰地了解现代科学发展的历史轨迹。第一届诺贝尔物理奖——伦琴 X 射线的发现（1901），正式拉开了现代物理学革命的序幕，诺贝尔奖的早期成果无疑就是 19 世纪科学成果的深化。以物理学为例，1903 年的获奖者——居里夫妇关于天然放射性的研究、1906 年汤姆孙关于电子的发现（这些发现被称为 19 世纪末物理实验的“三大发现”）、1902 年的关于塞曼效应的发现、1905 年阴极射线的发现和研究、1911 年维恩辐射定律的发现等都可以看做 19 世纪相应科学研究的继续。20 世纪初的科学革命（由物理学革命所引发）的很多成果，如 1918 年获奖的普朗克的量子论、1921 年获奖的爱因斯坦的相对论和光电效应、1909 的卢瑟福的原子有核模型、1922 年玻尔的原子模型等成果掀起了第二次科学革命的浪潮（第一次革命是牛顿力学掀起的脱离神学束缚的科学革命）。所有早期的诺贝尔奖获奖工作都与 19 世纪的科学研究有着千丝万缕的关系，并成为科学革命的纪录。

在 20 世纪的第二个 25 年，这一时期的诺贝尔物理学成果对量子力学和原子核物理的建立有着重要贡献，其中包括 1929 年奖励的电子波动性的发现、1932 年奖励的海森伯矩阵力学和中子的发现、1933 年奖励的薛定谔波动方程和狄拉克量子力学的相对论方程、1936 年的正电子的发现、1937 年的电子波动性的证实、1945 年发现的泡利不相容原理等。

以后，在凝聚态物理、天体物理、“基本粒子”等方面的成就，我们不一一列举，但如果挖掘这些成果的根源，我们都可以在 19 世纪的科学研究中找到它们的源头。

如果 19 世纪的科学家足够长寿，他们的研究成果很可能在 20 世纪获得诺贝尔奖。

科学从来不是在真空中运行，人们的生产实践、科学实验不断发现新的问题需要回答，对这些问题的正确回答构成了科学的全部内容，而诺贝尔奖对某些问题的答案是其中最精彩的部分。

第二节　19 世纪欧洲哲学发展概述

在诺贝尔奖颁发前的承前启后的 19 世纪，人类的科学成就也必然在哲学上有所反映，本章第一节介绍 19 世纪巨大的、多方面的科学成就，相应的哲学争论也呈现出“百花齐放”的局面。

19世纪以前，托马斯·阿奎那的哲学观点“温和实在论”（也译“唯实论”），对自然科学中影响较大。“实在论”是西欧中世纪经院哲学的两大派别之一。同唯名论相反，认为“共相”（一般）先于个别事物而存在，是独立于个别事物的客观“实在”。“共相”是客观事物的本质，个别事物不过是由“共相”派生出来的个别情形、偶然现象，并不真实存在。实在论有两种类型：①极端实在论，以安瑟伦、香浦等为代表，认为“一般”是上帝创造个别事物时所依照的原型，即上帝所具有的“理念”。② 温和实在论，以托马斯·阿奎那等为代表，认为“一般”是一种“实体形式”（亦称“隐蔽的质”），它既存在于个别事物之内，又存在于上帝与人的概念之中，实在论把“共相”看做是独立存在的精神实体，并把它看做是第一性的东西，显然是一种客观唯心主义观点。19世纪以前，自然科学在生产、科学实验上已经取得了巨大的成功，为19世纪的科学进步打下了坚实的基础，哲学在此基础上也非常繁荣。

19世纪被称为“科学时代”，其主要原因是我们对自然的认识有了迅速的发展，19世纪不但自然科学的各个学科已经成熟，而且人类对整个自然界各种现象之间的联系也有了新的认识，“细胞学说”、“生物进化论”把生物学带进了理性，把早期的神话、寓言创立的世界和人类起源的“理论”彻底推翻；而“能量守恒和转化定律”把自然界连成了一个整体。19世纪，人们认识到人类与其周围的宏观世界一样，都服从相同的物理定律与过程，神学的世界观逐渐衰败，但没有消失。到20世纪，神学不断地调整自己的教义以适应人类对于自然、宇宙整个观念发生的革命性的变化。观察、归纳、演绎与实验的科学方法，不但可应用于纯科学研究，而且在人类思想与行动的各种不同领域也都可以应用，社会科学、人文科学从此启动了自然科学化的过程。

在19世纪以前，技术发明是偶然的，那时候人们对发明的认识，除了应用功能之外，仅仅是“知其然”。但在19世纪，我们就看见为了追求纯粹的知识而进行的科学研究，即追求“知其所以然”的科学活动开始走在实际应用与发明的前面，科学原理启发了实际应用和发明。这种趋势越来越强化，一直持续到现在。发明出现之后，又为科学研究与工业发展开辟了新的领域。这样，科学研究－技术发明就形成了一种良性循环。例如，法拉第的电磁实验促成了发电机和其他电磁机器的发明，这些发明又向科学家提出了新问题并给予科学家解决这些问题的新动力和新工具。麦克斯韦对于电磁波的数学研究，50年后带来了无线电报与无线电话，这些技术又给物理学家提出了一些新的问题，并引起20世纪初的“紫外灾变”问题的探讨，从而促使“量子力学”的诞生。伟大的工业革命的主要动力之一——蒸汽机在新世纪已经落伍，信息时代前夜产生了使世界发生革命性变化的另一大发明——电报通信，电报是纯粹科学研究直接用于实际的结果。可以认为，电子计算机、互联网等现代发明是通信发明的继续。生物学方面，巴斯德发现发酵、腐败以及许多疾病都是由于微生物的作用引起的，以这个基础上，工业、医药与外科方面等都取得了重要的成果。同时，微生物学也从生物学中分化出来，成为一门独立的学科。孟德尔的豌豆遗传实验带来了系统的植物栽培以及小麦和其他谷类的品种改良，使单位面积的产量大幅提高，养活了迅速膨胀的人口，并且促使人们认识到动植物某些特性的遗传原理。这些知识在今后对人类的物质生活产生了不可估量的影响。总之，19 世纪以前，尤其是 17 世纪的科学家是躲在经验技术的隐蔽角落里辛勤工作的（有的是在家中实验室工作的），当其走到科学技术的前面，并且高举而且传递火炬的时候，科学时代开始了。19 世纪的科学发展起着承上启下的重要作用，奠定了 20 世纪科学大发展的基础。

科学理论无非只是揭示现象背后的不可见的机制和原理，一旦理论用于指导实践，现代技术如虎添翼，所创造财富的数量极大地增加，它对自然的改造不再局限于盲目的试错法或暗箱操作，而是理论先行、方法可靠、效率倍增。人们从科学发展的历史中，认识到科学技术的社会意义，从而加大投入、培养人才、改变观念，使科学持续不断地加速发展。

20、21 世纪的各种科学思想、各种科学哲学的命题，有许多在 19 世纪就已存在了。有些人看来，科学的实际应用代表了它的主要成就。这些活动对人类思想的影响虽然很大，却是间接、缓慢和积累的。人类控制物质资源的能力主要依靠应用科学，因此，在一般人的眼里，应用科学的重要性远远超过纯科学。事实上，没有纯科学发现的原理、方法作为指导，应用科学就成了“无本之源”，即使在他们看来，科学胜利虽然缓慢却是所向无敌的。人类控制自然能力的扩展似乎没有止境，然而 19 世纪的人们都毫无理由地认为，机械原理足可以解释整个宇宙的奥秘。这种错误的认识导致 19 世纪对科学的崇拜，以至于到了 20 世纪和 21 世纪，当技术的滥用引起大量负面效应的时候，人们又把它归因于科学的发展，甚至在西方出现了“反科学主义”的潮流。我们必须用实事求是的态度，仔细分析每一种负面效应产生的源头、发展过程以及现实和潜在的威胁，用各种新技术、新方法努力消除这种威胁。

从科学方法论看，19 世纪是把实验方法与数学方法逐渐推广到其他学科中去的时代，例如化学和生物学。诞生于古希腊自然哲学的科学在 19 世纪与哲学分道扬镳：多数科学家都有意识地或无意识地抱有一种常识性的见解，以为科学所揭示的物质、它的性质及其间的关系就是终极的实在，而人的身体就是机械结构，也许偶尔为心灵所控制或影响。许多物理学家在考虑科学的基本概念时，认识到“机械论”是一种便于工作的假设，但在科学实验与实际生活中，人们没有时间从哲学的角度对“机械论”表示怀疑。

19世纪，在牛顿与拉瓦锡奠定的基础上，物理学与化学建立起各自的理论大厦，虽然理论抽象要比思考具体事物困难得多，但它却有一个最突出的优点——获得“一般性”。19世纪的科学家认为，抽象概念是永恒的、理想的和完美的，而物质实体是短暂的、不完善的和易腐朽的。当时的多数哲学家都认为，物质世界除了能提供一个理性的模式外，没有其他意义。19世纪的科学成就使人们觉得，科学的总路线图已经一劳永逸地规划好了，此后不会再有什么惊人的新发现了，剩下来的工作不过是把科学的度量弄得更加精密，填补几个明显的空隙加以罢了。这就是19世纪末、20世纪初科学革命前夜人们的信念。然而，科学发展提出的问题向以上的传统观念提出了挑战。

科学研究是人类进行的活动之一，然而这种活动在各种条件影响下呈现出动态性，而最主要的特点是科学成果产生的集中性，即在某个特定历史时期，科学成果在某一个（或某一些）特定国家产生。其后，经过一段时间的传播，科学成果的应用在全球开花、结果。因此，科学中心是流动的。

一、科学中心的转移

科学始终处于运动中，到19世纪前半期，由于英国人巴贝奇、赫歇尔与匹考克组织的学生团体的推动，牛顿的数学又回到剑桥大学。这种数学虽然是牛顿发明的，在欧洲大陆上反而得到更大的发展。19世纪中叶，牛津大学与剑桥大学都进行了改革，这两个大学不但恢复了传统的古典学术研究，而且在现代学术研究方面也卓有成效。1871年，在麦克斯韦、雷利爵士与汤姆孙、卢瑟福诸人的倡导下，建立的卡文迪许实验室对科学的发展起过非常重要的作用，创立了驰名世界的卡文迪什实验室的实验学派，至2000年，先后培养出26名诺贝尔奖得主。数学、物理学，在剑桥取得巨大成就。其后，经实验室主任福斯特、兰利与贝特森等倡导，又创立了生物学学科，这样剑桥就成为今天我们所知道的科学研究的重要中心之一。

19世纪初，世界科学的中心由伦敦转移到巴黎，法国科学在这一时期取得了很多成果。18世纪的1793年法国革命政府封闭了科学院。但不久法国执政者发现，国家发展需要科学人员的帮助。在“为了保卫国家，一切都是需要的”口号下，1795年法国科学院重新开张，并成为法兰西学院的一部分。当时在法兰西学院工作的科学大家有拉普拉斯、拉格朗日与蒙日等。拉瓦锡倡导的新化学与阿雨创立的几何晶体学，一起形成了科学进步的新起点。

世界科学中心在近代科学产生之后就不断地转移。什么是科学中心？一些科学哲学家曾给出不同的定义，汤浅光朝以下述方式定义“科学中心”：当一个国家在一定时段内的科学成果数超过全世界科学成果总数的25%，则称该国家为此时段内的科学中心，该国家保持世界科学中心的时段称为它的科学兴隆期。这是一个量化的科学中心概念。由此，他指出，近代科学中心按意大利—英国—法国—德国—美国（—×国）的顺序转移，其转移原因和科学兴隆期简述见表 1-1。[3]

表 1-1 汤浅光朝关于科学中心及其转移学说（据汤浅光朝论文制成）

国家	时段	地点	原因	科学兴隆期/年
意大利	1540～1610	佛罗伦萨、威尼斯、帕多瓦	文艺复兴	70
英国	1660～1730	伦敦	社会革命（如考虑技术，则科技兴隆期至 19 世纪末）	70
法国	1770～1830	巴黎	兴于法国大革命，止于科学家年龄老化	60
德国	1810～1920	柏林	德国 1848～1849 年革命处在科技兴隆期，止于希特勒上台	110
美国	1920～2000	新英格兰、加利福尼亚	科技政策和人才引入	

一个国家能否成为科学中心受到很多因素的制约，例如，历史传统（包括民族兴趣）、科技政策、人才的培养和使用等，因此，成为世界科学中心不是一件容易的事情。如果用汤浅光朝的标准衡量中国能否成为世界科学中心，我们认为还有很长的路要走。

二、19 世纪的科学哲学

由表 1-1 可知，19 世纪正是科学中心由德国向美国转移的时期。这一时期科学发展的总趋势、科学思想和科学哲学是一种什么情况呢？

1. 学科的分化

19 世纪科学开始了分化过程，这一过程由于一门学科分化为几门学科而加速，每一门小学科的知识范畴只占原科学的一部分，不同学科的知识积累以指数形式增长。这是人类知识总量大爆炸造成的。19 世纪之前的所谓实验室，只是个别自然哲学家（科学家）的私人房间，19 世纪以后已经转移到各个大学，结果，不但科学家掌握了科学研究方法，也使初学者学得了这种方法。这种方法就是伽利略建立，又经牛顿等科学家发展的经验主义方法（观察、试验、解剖、归纳、数学分析）。这样，分解式、比较透彻地研究每一客体不同侧面的机会增多了，整体的一般性研究机会减少了，科学家虽然脱离了哲学的“束缚”，但在研究中也犯了“只见树木，不见森林”的错误。科学与哲学渐行渐远，只有少数概括性的结论，如“能量守恒和转化定律”例外，它不但在物理学上有效，而且在化学和生物学上也同样有效。这种学科各自为政的倾向一直持续到19世纪末。

19世纪科学的进步不但表现在数学和物理学的具体研究成果在数量上比以前多得多，而且还表现在科学精神和科学方法往心理学和社会科学的渗透。然而从哲学的发展来说，19世纪在物理学上却没有像哥白尼和牛顿的成果那样，深深地改变人们对于世界与人本身在宇宙中的位置与重要性的观念。19世纪，富有革命性的科学成果来自生物学，生理学与心理学开始研究的“心与物”的关系，尤其是达尔文在自然选择的基础上创立了进化论，这一理论不但把生物学从神学的束缚中解放出来，使它变成一门在统一理论指导下的描述性科学，并且很快在社会科学中也得到应用。

2. 自然科学原理向社会学和非科学的渗透

自然科学方法在19世纪已经深入人心，这多半归功于自然科学家的工作，例如数学家帕斯卡与费马在17世纪所发明的概率理论，到19世纪由拉普拉斯发展成为一个体系，不但用来估计物理测量的误差，而且用来从理论上说明牵涉到大数目的问题，如保险、政府管理和商业统计。生物学家和医生居维叶对比较解剖学进行了精密的研究，并且以科学院常任秘书的身份，力推科学精神在各学科的应用，主要表现在如下几个方面：

首先，科学和文学开始交织，这主要表现在法国。尽管文艺复兴时期，如达·芬奇等做过这样的努力，但随后逐渐衰落了。19世纪，科学重新开始了这个过程：科学往文学的渗透，这在法国表现得尤其突出，像丰特列尔、伏尔泰、布丰不但是科学家也是文学巨匠。在世界上中，当时没有一个国家有像法国那样的人才。由于科学院成为法兰西学院的一部分（法兰西学院是一个融自然科学、社会科学、文学艺术为一体的研究机构），到19世纪初，科学与文学的这一联系，仍然维持着相当高的水平。

其次，除文学外，科学和科学方法也开始了往语言学、历史和哲学中的渗透，这主要表现在德国。德国大学，虽然以研究古典学术和哲学著名，但在研究科学时依然讲授一种混杂的“自然哲学”，这种自然哲学的结论，并不是研究自然现象得来的，而是根据哲学理论得来的。到1914年，德国学术研究的系统组织工作居于世界领先位置，主要表现在德国对于世界科学研究成果的摘要与分析（如著名的《化学文摘》（*Beilstein*）），这些百科全书式的巨著成为世界最早、最权威的工具书。德语 Wissenschaft（科学）一词是一切有系统的知识之义，既包括科学，也包括语言学、历史与哲学。因此德国的科学研究，事实上就使得这些学科互相保持接触，从而极大地扩大了社会科学的眼界。

19世纪，科学的社会地位提高了，与以前不同，科学研究作为一种职业在社会上有了立足之地。便利的交通增进了个人接触的机会，科学的社会建制也开始萌芽，科学期刊与学会会议，使科学家随时都可以得知最新的科学成果，因此，到19世纪上半期的欧洲各国学术活动各自为政的现象，到后半期已不复存在，科学研究变成了一种社会活动，科学像雅典时期一样再度实现了社会化。似乎，科学走了一圈又回到了起点，事实上，这次在新形势下的科学社会化与古希腊不可同日而语，19世纪的科学社会化上了一个台阶。

另一方面，虽然科学的国际壁垒被打破了，但知识的分化愈来愈加强，并且各学科的知识愈来愈多，愈来愈专门化，但其隔阂反而在增加，以至于一个学科的人根本搞不懂其他学科的概念、术语等，知识的统一性和完整性受到破坏。这种情况在德国稍好一些，19世纪初期，德国各大学还讲授百科全书式的课程，知识的统一与完整，可以在这些课程里找到。在康德、费希特与施莱尔马赫等的影响下，德国的哲学仍然把各种知识包罗在内，并把他们的哲学思想渗透到自然科学中。

三、科学和哲学的斗争

在文艺复兴时代与其后的牛顿时代，由于科学家创立了研究自然新的归纳方法和实验方法，科学与哲学间的联系逐渐变得松散。哲学家企图维持他们对整个知识领域法律上的宗主权，而事实上，他们已经丧失了对一大部分知识领域上的主权。在康德时代以前，哲学家仍然设法使他们的体系把物理科学的成果包括在内。到19世纪，主要由于黑格尔学派的影响，哲学与科学的分离愈益明显。

科学家讨厌黑格尔派，最后干脆不理会他们。就连亥姆霍兹也认为，哲学的功能只限于它的批判功能——阐明认识论，它没有权力去解决自然科学中其他更富于思辨性的问题，如实在的本性和宇宙的意义等更深奥的问题。

哲学家也不择手段地攻击科学家。黑格尔派对实验科学家的轻视，同希腊的哲学家有些相像。仅举一例说明哲学家攻击科学家如何不择手段。诗人和哲学家歌德认为，白光一定比有色光更简单、更纯粹，因此，牛顿关于光的色散的理论一定错了。他不愿思考周密的实验所揭示出的事实，也不愿接受由牛顿实验的事实得出的推论。他认为感官一定可以揭示出自然的真相，至于事物的内在本性，可以由直接的审美想象所揭露。因此，他创立了一种以白光为基本色的色彩理论。这种理论经不起最简单的物理学实验验证，而支持这种理论的除了歌德自己，就是黑格尔派的师生。因此，无怪乎科学家不屑读哲学家的著作，这种科学和哲学互相分离的状况，历时约半个世纪，在德国尤其是如此。

新鲜的科学成果与哲学的争论从来没有停止过，20 世纪诺贝尔奖得主也参与了这一争论。本书展示的他们独特的科学视角，使哲学研究增加了新内容。

到 19 世纪末，“紫外灾变”、“放射性”等的科学发现把科学家的乐观情绪又带入了悲观。20 世纪初诺贝尔奖开始颁发。第一，重大的科学技术成果（尤其是开创性成果）可以获奖，诺贝尔奖获得了一般群众越来越多的关注。第二，这些成果很快就形成一个“研究热点”，使全世界的科学家迅速聚集到这些研究中。第三，科学研究分化为理论研究和应用研究，因此使科学技术成果应用的速度比以往任何时候都快得多，技术创新产生的新产品（例如 IT 产品）也进入了人们的消费视野。

19 世纪，科学哲学在自然科学取得巨大成就的同时也获得了巨大的发展，各种哲学流派纷呈，尤其是唯心主义和唯物主义的争论非常激烈尖锐，但在科学哲学领域，总的说来，唯物主义流派占上风。

四、19 世纪欧洲哲学成就概述

1. 经验主义哲学的诞生

19 世纪的科学成就直接导致了经验主义哲学。这种哲学认为，感性经验是知识的唯一源泉，主要特点是轻视理论，夸大感性经验，否认感性经验向理性认识飞越的必要性，把局部经验误认为是普遍真理。因为对经验的本源与内容的看法不同，形成唯物主义的经验论和唯心主义的经验论。前者如洛克的经验论，他认为感性经验是客观事物的反映，是人类知识的来源，只承认感性经验在认识上的可靠性。后者如贝克莱、休谟、马赫等的经验论，他们根本否认外界事物是感性经验的源泉，认为经验即人的内省体验，是纯主观的东西。欧洲的经验主义哲学的兴起是他们科学成就的直接反映。

2. 机械唯物论的形成

19 世纪以前的哲学把物质看做是在空间里延伸、在时间里延续的东西。到 19 世纪，这种观念由拉瓦锡证明，物质通过一切化学变化，虽然在表面上物质有改变与消灭的现象，但系统中物质的总质量保持不变，这就是著名的“质量守恒定律”，物质的最重要的属性之一是具有质量，质量的守恒大大加强了把物质认为是“最后实在”的看法，因为人们凭借常识觉得，物质不灭乃是实在的标志之一。从哲学观点看，物理学最早的和唯一的重要影响，是由触觉得来的物质概念而产生形而上学的哲学和唯物主义的哲学。继拉瓦锡的工作之后，又有一大批科学成就出现：道尔顿的原子理论、安培对电磁现象的数学表达、光的波动学说的实验验证、通过光谱分析揭示出太阳与恒星的组成成分、凯库勒的化学结构理论以及形式化的结构式解释有机物的性质、新化合物甚至新元素的发现等。这些成就都使人产生一种错觉，觉得人类解释自然现象（物质与力是最后的解释，后来又相信物质与运动是最后的解释）和控制自然的能力在不断地增加，人类可能成为这个物质世界的主宰。

19世纪，“力”的观念已经渗透到自然科学和社会科学的一切领域，出现了机械力、电磁力、生命力、生产力、历史推动力等等。因此，“力”上升为一个哲学概念，它的含义事实上是指物体之间的一种相互作用。如果物体不存在，相互作用自然也不存在。这种思想是产生唯物主义哲学的基础。

唯物主义哲学是18世纪法国哲学思想的主流，到19世纪，唯物主义思想又在德国兴起。早期摩莱肖特、毕希纳与福格特都把他们的哲学建立在科学成果上，特别是生理学与心理学的成果上。在毕希纳1855年写作的书《力与物质》中，他在哲学上把力与物质看作是最终的实在，这种观念构成了唯物主义哲学的核心。在黑格尔唯心主义盛行半个世纪以后，自然科学的成果使人们不得不承认唯物主义更合理，这种哲学用有确切定义的量——“质量”代替了物质，并且指出“力”一词具有“力”或“能量”的双重含义。事实上，物质与力支配一切是机械论的主要观点，在18世纪与19世纪初期，许多哲学家和少数物理学家都认为，牛顿的万有引力与超距作用有关（牛顿创立万有引力假说时，从来没有承认引力是物质固有的终极本性，也没有把超距作用当作它的物理解释），他们想用某种可以了解的机械方式解释物质间的相互作用。例如，法国物理学家安培和数学家柯西根据牛顿的平方反比律用数学方法来研究电力（库仑定律）；在英国，法拉第、威廉·汤姆孙、麦克斯韦则研究了电磁力的中间介质的效应，他们企图证明，电磁力在介质中的传播是由于一种机械作用。

这种机械论的哲学也体现在原子、分子的研究上。伽桑狄与玻意耳认为，原子只能靠冲撞与接触相互作用。他们甚至假设原子有粗糙的表面，甚至有齿与钩，以解释物质的黏着和其他性质。但如果原子的相互作用可以是超距的，这些概念就都不必要了。对于分子，则必须把它看作具弹性、有结构并由更细小的粒子（原子）组成的颗粒。即使原子在当时认为不可分割，但在想象中可以对原子作无限分割，最后就可以得到一个无限小的质点，这个质点因为可以影响其他类似的质点，必定是一种力的中心。19世纪的具有逻辑头脑的法国物理学家如安培认为，原子已经成为没有广延性的力的承载者了。

3. 热寂说和宇宙过程的不可逆性

热力学的第二定律是迄今为止从来没有被证伪的自然界的运动规律。这一定律最重要的意义在于指出了自然过程的方向性，即时间箭头：由热量而来的机械功，只有当热量从一个较热物体传到一个较冷物体的时候才能得到，这一过程总是倾向于减少温度的差异，即温差因为热的传导、摩擦与其他不可逆的过程而减少。在体系达到平衡时，各处的温度相等，温差等于零。在不可逆的体系里，可用的能量总是愈来愈少，而其相反的量（熵）则总是倾向于达到一个最大值。所以，人们这样设想，宇宙的能量渐渐转化为热，宇宙各处的温度趋于相同，宇宙必将变得静寂而没有运动。这就是汤姆孙等人的著名的“热寂说”。

1865 年克劳修斯在引进了熵的概念并建立了热力学第二定律和熵增原理之后，将宇宙视为一个热力学的孤立系统，然后将熵增原理推广到整个宇宙，断言宇宙的总能量值不变，宇宙的熵值将趋于极大，宣称整个宇宙最后总要达到热平衡状态，一切能量将退化为无用能量，一切变化将停止，宇宙也将死亡。

汤姆孙和克劳修斯的研究成果像牛顿的一样，把自然模型与终结实在混为一谈，同时也把物理科学与机械哲学混为一谈。“宇宙的寂灭”被看做是无神论与哲学上的决定论的另一证据。把从这样有限的例证中推导出来的结果，应用到无限的宇宙上去是没有道理的，尽管利用这些结果去预言有限的、独立的或等温的体系的情况很有成效。

我们现在知道，热寂问题比最初提出时人们所认识的要复杂得多。不但如此，即使今天存在的关于太阳与地球的起源和衰亡的过程基本上已为科学所阐明，我们也必须指出，这一结果对于整个宇宙的起源、意义与目的这一形而上学问题，也没有很大关系。在探究太阳与地球，甚至银河星系的生命时，我们或许可以从最初的星云一直探索到最后的寂灭境界，但是，我们只是探究了宇宙演化历程的几个阶段。也许人类相对于宇宙太渺小了，根本无法知晓这个伟大宇宙的、全部秘密。

能量守恒定律和热力学第二定律是物理学史中最重要的发现。这两个定律对于自然过程朝什么方向演化提出限制。深刻理解这些思想，将使我们深入物理学和哲学的核心问题——时间的本质。人类在 19 世纪就认识这两个定律了，对它们的诠释和应用对 20 世纪物理学、对于不可逆过程以及熵与信息之间的联系有了全新的认识。

4. 进化论的传播和在社会学中的应用

达尔文的进化论经过激烈的争论之后，于 1856 年正式发表。虽然它诞生于生物学，但在各类社会科学部门（社会学、宗教、伦理道德等）同样引起了不小的震动。这种震动不是来自进化论对生物学的结论，而来自进化论对人类和社会进化的思考。

● 自然选择和进化论在社会学中的应用

达尔文的进化论自问世以来，到19世纪末期，进化哲学深刻地改变了人们对于社会的看法，它永远摧毁了“终极目的论”的观念，政治制度亦如生物，必须适应环境。政治制度和环境都在变化中，在一个种族中有成效的制度，在另一个种族中可能遭到悲惨的失败。在人类身心先天的差异得到证明以后，“人人生而平等”的见解也被摧毁了。

自然选择理论获得公认使培根开始和规划的哲学工作得以完成，因为培根认为达到认识自然的唯一道路是经验的实验方法。达尔文证明，大自然在动植物世界所用的方法也是经验的实验方法：大自然尝试了一切可能的变异，经过无数试验，只有少数成功的物种完成了它们与其环境之间新的和更大的和谐，并由此进化不息。

自然选择是对一切“目的论”的否定。进化论认为：个体的变化与环境的偶然变化事相关的；二者有时偶然一致，从表面来看，好像有某种终极目的。

高尔顿的研究成果证明，在今天文明的情况下，自然选择最有力的因素大概是疾病。凡是特别容易感染某种疾病的往往早死而无后，这样就从种族中消除了容易感染这种疾病的遗传特性。但环境变化，不管是法律造成的，风俗造成的，还是经济压力造成的，在混合的种族中，必然对于某些特性特别有利，这样就改变了居民的平均生物特性。高尔顿的研究可以帮助人们更清楚地了解社会问题：生物学的知识也适用于政治学、经济学与社会学。但他的见解直到19世纪末，才得到部分的承认。

● 进化论与宗教的斗争

如果说达尔文对社会学的影响十分巨大，那么他对神学和宗教的影响就更深刻了。到18世纪时，《圣经·创世纪》第一章所载的有关创造的细节，被视为正统看法。1859年《物种起源》发表以后所引起的争论，开始动摇了人们对于物种被分别创造的普遍信仰。自然选择是进化的一个因素的证据逐渐增多，自然选择的原理给基督教教义以沉重的打击并引起各国知识界的注意。不久以后，神学家和教士们都认识到，必须把世界的创造看做是一个连续不断的过程，而生命的创造比《圣经·创世纪》所描述的更加奇妙和神秘。进化论虽然可以说明人类用什么方法从早期的形态发展到有复杂的生理与心理特点的物种，但对于生命起源以及基本意义、意识、意志、道德情绪与审美观点等现象，却不能加以说明。

● 进化论和伦理道德

伦理道德是人类社会特有的规范，它是如何产生的？影响伦理道德的因素有多少？这不但是一个自然科学而且是一个社会科学的问题。进化观念使科学同道德发生了密切的联系。科学地分析道德律（如《圣经》中的十戒）使人们怀疑"道德律"是否真像《圣经》所记载的那样，是上帝传授给人的，并且一成不变。从19世纪开始，我们有两种方法研究这个问题：其一，赞成康德的主张，把道德律看做天赋的一种"无上的命令"，人们只能把它看做不可解释、不能怀疑的最后事实而加以接受。其二，我们就必须寻找某种自然科学的解释。自然科学解释的主要的论点是说，道德的本能是经过自然选择而保存和深化的偶然的变异。具有这种本能的家族和种族能够团结一致，互相合作，因此胜过没有这种本能的家族和种族。经过遗传，道德的本能就在人类身上发展起来了。这只是根据自然选择的假说，说明道德本能一旦存在，力量就不断增强。然而，生存竞争不但在种族之间进行，在个人之间也存在，而生存竞争所必需的自私性，与道德律恰恰相反。自私和道德的这种矛盾比社会团结给人的印象更深刻。他们以为"自然的齿爪上都染着鲜血"，道德成功的机会很小。例如，赫胥黎认为宇宙秩序与道德秩序在永恒冲突之中，而善良或美德，与使人在生存竞争中可以获得成功的特性，是截然相反的，自然科学的解释得出了人们意想不到的结论。

● 进化论与哲学

人们的思想随着时代前进，在解释宇宙的问题上，机械论与唯灵论轮番更迭。每当科学有巨大的进展的时候，每当一个新发现被置于自然律之下的时候，人类心灵就不可避免地夸大新发现的力量，总以为马上就可以对宇宙提出完备的机械解释了。新发现的这种解释逐渐被人们理解，并形成一种"范式"。"范式"有助于梳理和理解复杂的自然现象，但有时也禁锢人们的思想，直到更新的发现使这种"范式"陷入矛盾，矛盾深化到不能解释科学现象时，科学革命发生，另一种新"范式"产生。

达尔文的进化论第一次把生物学带进科学的范畴，因为每一门学科必定有自己的公理体系，"自然选择"就成为生物学最高层次的公理。进化论的确立大大加强了自然界可以被了解的信念，并且增强了那些把他们的生命理论建立在科学基础上的人们的信心。达尔文的成功的第一个主要结果就是促使机械论哲学的再度兴起。机械论哲学是17～18世纪在欧洲形成的，它是用机械力学原理揭示世界一切现象的形而上学观点。后来又泛指认识的绝对化，否认对立面的转化、思想僵化和教条主义。进化论的确立，加上生理学与心理学的研究成果，从生物学方面补充了物理学出现的不足，使人觉得，用永恒不变的质量及能量，就可以对无机世界给予完满的说明了，由于可以把质量与能量守恒原理应用于生物现象，人们就产生了一种过分的信心，以为生物机体的各种活动，不论是物理的也好，生理的与心理的也好，都可以解释为分子运动的方式，及机械的或化学的能量的表现。进化论的流行，造成一种错觉，使人以为既然我们已经懂得进化通过什么方法进行，问题也就完全解决了；正是在德国，达尔文主义的发展最为流行。这是一种典型的机械唯物主义哲学的观点。机械唯物主义是一种以机械观点揭示自然界、人和认识问题的唯物主义哲学，是形而上学的唯物主义典型形式，以17世纪英国的霍布斯、荷兰的斯宾诺莎以及18世纪法国的拉特利、狄德罗、爱尔维修、霍尔巴赫等为代表，其形成与当时的自然科学中只有力学发展比较完善有关。在欧洲资本主义上升时期，机械唯物论有其进步作用，但它的自然观具有形而上学性，社会观是唯心的。

斯宾诺莎的“唯理论”是19世纪哲学的一个代表。唯理论亦译“理性主义”，与“经验论”相对，是认识论的一种学说。只承认理性认识的可靠性，否认理性认识依赖于感性经验。因在认识对象上的看法不同，形成唯心主义唯理论和唯物主义的唯理论。前者如柏拉图的唯理论，根本否认客观物质世界是认识的对象和来源，认为认识等于回忆，不过是唤醒灵魂中早已存在的理念而已。后者如斯宾诺莎的唯理论，承认规律是客观的，但认为只有理性才能把握规律，而感性认识是靠不住的。唯心主义“唯理论”主张理性是第一性的，把理性当做主宰世界、派生自然的东西，因而是一种客观唯心主义。唯物主义的“唯理论”虽然在承认认识对象即自然界的客观性这一点上是唯物主义的，但它片面夸大理性的作用，在认识论的全体上是错误的。但唯理论哲学在研究人的理性认识过程中有过贡献。

用机械唯物论的观点看待人，生命是宇宙过程的一种表现。原形质单细胞的生命与人等多细胞生物之间，各个部分都有着进化上的联系。目前，这个问题是不能完全用科学的分析方法来研究，科学在19世纪留下的问题林林总总，因为科学的分析方法总是要连续地从不同角度对客体加以研究，而且无论在哪个角度上，都要设法把它简化为最简单的成分。这个问题还需要哲学上的综观全局的观点，利用这种观点，我们就可以看到生命的整体；我们如果能解答这个问题，其他附属的问题也就迎刃而解了，我们也就可以了解真、善、美的内在意义，从而为伦理学、美学与形而上学找到一个稳固的基础。解答这个问题的一个线索，便是用达尔文的自然选择原理加以说明的进化理论。

达尔文是一个一元论哲学家，他所创立的用自然选择说明人类起源的学说，为我们科学地认识宇宙、人、人类社会铺平了道路，并且他还把他的学说和自然主义的人类学联系起来，使我们有了“自然选择”、“进化”这一最高的、最普遍的概念。

人类起源的问题、人的本性问题是一个更困难的问题，我们是无法预言它是否可以在将来得到一个自然主义的解决，但有一点是肯定的，这个问题至今尚未得到解决。

5. 马克思、恩格斯对科学哲学的贡献

19 世纪是马克思、恩格斯生活、从事科学理论创造（政治经济学、辩证唯物主义和历史唯物主义、科学共产主义）和革命活动的时代。19 世纪自然科学的成就也同时纳入他们研究的范畴。他们对自然科学的主要贡献在于他强调自然科学的社会特征，认为科学、技术只有放在历史过程中考察才能正确理解。

在马克思之前，很少有人提及科学和技术的社会性质，也很少有人提及科学在变革世界中的作用，正是马克思和恩格斯分析了工具和机器在历史进程中的作用，并把科学理解为历史意义上的科学。马克思和恩格斯虽然不是自然科学家，但他们对于当时的自然科学的每一个重大进展都给予高度的关注，直到马克思晚年，他仍然保持对科学技术的敏锐洞察力。马克思、恩格斯对科学技术的贡献主要表现在如下几个方面。

1）马克思、恩格斯对于科学技术的论述和著作是给我们留下的丰富的思想遗产：《资本论》、《政治经济学批判》、《反杜林论》、《费尔巴哈》和《自然辩证法》，这些著作表明的他们对科学技术的基本观点，至今都闪烁着真理的光辉。

2）强调科学、技术、哲学、宗教与作为社会因素之间的相互关系；追求科学知识的最主要的动机在于应用（商业和工业）。

3）他们把历史、经济与政治领域的研究方法带到科技史研究，这是对科学方法论的一个重要贡献。《政治经济学批判》，尤其是恩格斯的一些著作，分析了自然科学的基本概念，如原因、必然与偶然、归纳与演绎以及一些术语，如自然定律、力、能量的意义。我们从中还可以找到适用于历史和当今科学思想评判的工具。

4）除了方法论、哲学，马克思和恩格斯对不同历史时期的科学技术也有精彩的见解。

① 史前史。

劳动使猿变人：首先利用双手、改变体形，进而制造和利用工具改变大脑以及对世界的认识。劳动产生了交流、语言和社会。火被利用以后，新的技术产生了。继打猎、捕鱼之后，掌握了动物的驯养、农业、纺织、制陶和水上航行。当村落发展形成城市时，阶级产生了。

② 早期文明。

阶级社会的发展总体来说形成四种社会形态：亚细亚、古代、封建与资本主义。这些社会形态由低级向高级发展，他们预言，在资本主义以后将出现共产主义社会。每一种社会形态都影响科学与技术，同样科学与技术也以它们独有的方式影响社会发展。

③ 恩格斯考察了封建社会与早期资本主义社会大量的技术发明，如水磨对于提高生产力的作用、马镫对于作战方式的革命。

④ 文艺复兴时期。

恩格斯在《自然辩证法》导言中，精辟论述了随着经济的巨大变化，科学观念也产生了革命性变化。科学从神学中解放出来，哥白尼的著作“宣告了自然科学的独立”。

⑤ 对于17、18世纪的论述。

这一时期是工业制造时期，科学与哲学的模式是时钟和磨坊；这一时期，牛顿、莱布尼茨已经结束，在自然科学的许多学科中，在地球与天体力学中，以及新数学中，科学革命居中心地位。18世纪末期，物理、化学、地质学与植物学都有了发展。对当时的科学哲学来说，最典型的是相信自然的绝对不变性：不管自然界的起源是什么，一旦存在就永远不变。这一信念使以革命方式开始的自然主义面对一个从根本来说保守的自然界——机械唯物主义（起源于培根和笛卡儿）。机械唯物主义用古代的、永恒的定理和概念来思考世界，它影响着这一时期的科学。

这一时期最显著的突破是数学：笛卡儿对于变量的研究以及牛顿、莱布尼茨发明的微积分，有限与无限的关系引起了马克思和恩格斯的兴趣。这一时期最具革命性的变化，正如恩格斯指出的，是康德和拉普拉斯的宇宙起源说，他们的学说把历史的发展引进了天文学。

马克思和恩格斯创立辩证唯物主义与机械唯物主义作斗争。机械唯物主义作为唯物主义发展的第二个历史形态，它在反对唯心主义和宗教神学上的斗争中起过积极作用，亦称形而上学唯物主义，它是以形而上学的观点解释世界的唯物主义学说，在17~18世纪的欧洲科学界非常流行。由于社会历史条件和自然科学发展水平的限制，有以下局限性：①机械性：即把一些运动都归结于机械运动，用力学观点解释一切现象；②形而上学性：以孤立、静止、片面的观点看世界，不是把自然界看成一个不断发展变化的过程；③用唯心主义观点观察和解释社会历史现象。在认识论上，把认识看成是直观的消极的反映，忽视认识的能动作用。恩格斯特别批判：德国福格特等宣扬的庸俗唯物主义是法国18世纪唯物主义的一个肤浅产物。恩格斯指出，科学中的伟大进步都有辩证的特点，并列举了细胞的发现、能量守恒原理的建立，以及达尔文的进化论。这些使恩格斯成为19世纪的强烈批判机械论哲学的少数几位思想家之一。一直到晚年，马克思和恩格斯都在关注自然科学的成就，他们建立的以当时最新的科技成就为基础的辩证唯物主义克服了机械唯物主义的局限性。马克思主义哲学指出，形而上学的特点是用孤立、静止、片面、表面的观点看世界，否认唯物辩证法用事物内部矛盾引起发展的学说。形而上学的思想在古代即以产生，在欧洲流行于15世纪下半叶至18世纪。当时科学家将自然界划分为各个部分，并从外部分门别类地加以考察。这种思想方法由培根到洛克从自然科学移植到哲学上，造成了当时哲学的形而上学的局限性。马克思、恩格斯的辩证唯物主义正确地、科学地、准确地反映了自然界物质运动、演化、发展的过程，成为指导自然科学发展的哲学思想[4]。

五、心理学研究进入科学视野

心理活动是人类特有的，19世纪以前是宗教和哲学的研究对象。19世纪以后，这种研究进入科学的视野。

1. 心理学的研究方法

心理学主要有“理性”与“经验”两种研究方法。理性研究方法是，先接受某种形而上学的宇宙体系，然后凭理性推出人的心灵在这个体系内的地位，以及人的心灵和这个体系的关系，用这种方法研究的心理学被称为“理性心理学”。经验研究方法是，不接受任何这样的体系，而通过经验的观测与实验，研究心灵的现象。经验研究又可以分两种方法：即我们自己心里的内省和对自己或别人的心灵加以客观地观察与实验。这种心理学被称为“经验心理学”，正是后一种方法，心理学才变成自然科学的一个分支。19世纪初叶，理性心理学是德国特有的，在大学里，并同宇宙论与神学结合成为一门广泛的形而上学的学问。经验的心理学最先在英格兰与苏格兰出现，詹姆斯·穆勒与贝恩采用内省的方法研究心理学则是20世纪后半叶的事。在法国，人们开始把心理的外在表现当做生理的与病理的问题加以研究，并且开始研究心理的外部符号，如语言、文法与逻辑。

当科学方法（观察、试验）推广到其他学科的时候，理性心理学在各国就很快为经验心理学所代替。海尔巴特在德国利用经验心理学成果对抗当时流行的唯心主义哲学，虽然他的心理学不但建立在经验基础上，而且建立在形而上学的基础上；另一方面，特别是在洛采的著作里，经验心理学却成为唯物主义哲学的基础，它比福格特、摩莱肖特与毕希纳等著作中的观点更为深刻。因自莱布尼茨以来，德国思想界总想在研究宇宙以前，就制定出一个关于宇宙的广泛的理性理论。而经验心理学派在英国遵循着这样一条理念：只要证明它在实践上有用，毫不顾及这种理念对其他学科的影响。当他们把经验方法变为实验的时候，“实用”的态度更加鲜明。在法国，研究心理学的主要是生理学家和医生，因此，法国的心理学在科学实验方法方面走在德国和英国的前面，当心理学变为一门国际性学科的时候，法国的贡献最大。

2. 生理学和心理学

19世纪初，托马斯·杨修正和改进了牛顿的三原色理论，亥姆霍兹首倡生理声学，阐明了音乐与言语的生理基础；亥姆霍兹还研究了生理光学，不但增进了我们对于视觉和色彩感觉的知识，而且帮助分析了我们对于空间的知觉。在他所使用的方法中，有惠斯通所发明的体视镜。由于各种物理学方法的采用，心理学也发生一场革命。这场革命起源于伽伐尼的发现（用两种金属接触蛙腿时，蛙腿产生痉挛）。这一发现不但成为电学的肇始，而且在生理学与心理学上也引起许多怪诞的想法。没有科学素养的狂热者利用伽伐尼的发现与麦斯麦关于催眠现象的研究（他们说这种现象是“动物的磁性”），把关于电在生理学中的作用庸俗化。几十年以后，亥姆霍兹和杜·博瓦·雷蒙才重新采用了科学方法。

现代实验心理学的创始者，当首推德国人韦伯。他的贡献在于他对于感觉极限的观察。例如，他用两根针同时触刺皮肤的不同部分，在我们感觉有两处受到压力，测量两点间的距离，他还研究了刺激必须增加多少，才能使感觉有所增加。在这里，他发现有一种确定的数学关系，即刺激的强度按几何级数增加。利用数学研究心理学在当时成为一种时髦。例如，贝内克在1833年发表的《自然科学的心理学》中就认识到这一点，洛采在1852年承认数学的方法适用于心理学。德国人米勒与韦伯的著作《生理学手册》首先把科学方法应用于生理学。以后受到法国的影响，特别是在大脑与神经系统的生理学以及建立在此基础上的精神病的心理学和治疗上。再往后奎特勒又把统计学应用到人的行为上。费希纳在1860年首先使用“心理物理学”一词。冯特进行了许多测量，如测量了我们对时间的感觉，而且还把许多研究的线索整理成一个条理分明的体系。冯特虽然充分认识到分析方法在特殊问题研究中的作用，但他也没有忽略人的内心生活的统一性。在这个问题上，达尔文的研究成果揭开了一个新的纪元。达尔文对人与动物情绪表现的研究，是现代比较心理学的先河，这种研究对认识人的心理有很大的贡献。

到19世纪后期，对于心理学的“身与心”关系的研究结果是心理物理学的“心身平行”的理论，即“身”和“心”是各自独立的，平行的、是二元的。这个理论是笛卡儿首先提出的，并且得到一大批哲学家、科学家、心理学家，如斯宾诺莎、莱布尼茨、韦伯、洛采、费希纳和冯特的认同。这个理论认为，意识是伴随神经系统内复杂却可以研究的变化而产生的外部现象。因此，意识具有不断发展的能力，它表现在语言、文学、科学、艺术与一切社会活动上，这是一个心理价值变化和增长的过程。因此心理学不但可以和语言、科学、语文学、语音学等联系起来，而且给予这些科学以新的力量，并且通过这些科学可以由外面的物质世界深入内心的思想世界。

结　　语

在茫茫宇宙中，地球是多种偶然因素同时出现形成的，这是一个小概率事件，而生命、人类起源和进化比地球在宇宙出现的概率更小。整个宇宙充满了突现的结构，如银河、云彩、雪花这类仅是物理的、没有生命的物体，它们的结构和行为可以被相关的物理、化学理论解释。然而，在相同的条件下，还存在生命、心智现象。研究复杂现象的著名科学家朗顿（Langton）指出：使生命和心智起源的这个神秘的东西，就是介于有序之力和无序之力之间的某种平衡。对于生命起源的探索是一个现在还没有解决的科学问题。生命是一个活的复杂系统，同时也是一个能够学习、适应和进化的系统。如果这个系统完全“刚性”，进化就不可能；如果完全混沌，结构会在短时间破坏，生命也不可能存在，因此，生命必须在一种即非完全有序，又非完全无序的环境下才能产生。朗顿把这种状态称为“混沌边缘”。对混沌的系统研究起源于20世纪80年代，混沌是宇宙和地球最普遍的运动形态，它不仅涉及物理系统、化学系统，也涉及生命起源。

我们的祖先从树上走下来至今已有500万年的历史，在大约99%的时间里，人类社会及其环境是在一个封闭的系统中。只有太阳的能量进入这个系统，而发散到空间的热量则离开了这个系统，其他一切事物都在这个系统内部循环和再循环。人类所做的一切都没有打断自然界的生成循环和再生成再循环。

现代人类起源的研究分为两大学派：一是“多地区连续进化说”，二是“非洲起源说”。“多地区起源说”主张非洲、欧洲和亚洲的现代人类从各地区原有的直立人独自演化而来，他们身上一直保持着各自地区化石人类解剖学一系列连续性特征。它建立在对古人类化石材料形态研究的基础之上，萌芽于20世纪30年代，明确提出于80年代。“非洲起源说”认为，现代人类有一个共同的起源，即来自15万年前的非洲，他们在6万~10万年前走出非洲，并取代了世界各地原有的早期智人。这个学说建立在用现代分子生物学手段对不同种族胎盘DNA变异的分析模型上[5]。

当一批批早期的人类学会了应付自然环境时，情况就发生了变化。食物开始从一个有目的地改造过的环境里生产出来。同时，自然的力量和威力以及恐惧自然和美好生活的愿望使人们虔诚地相信，一定有某种“神灵”与他们的生活有关，所以宗教成了社会生活及其与自然界的关系中的一个重要因素。宗教信仰往往由人们虔诚相信的东西所构成，甚至大多数彼岸世界的神话也反映了此岸世界的现实。

本章第一节主要论述19世纪科学大发展时代的成就，从牛顿开始到19世纪的200多年，由于大量的科学研究成果对于人们理解和改造社会的作用日益显现，科学的社会地位也被最终确立。这些成果不但是技术的，也是思想的和哲学的。至1901年，诺贝尔奖出现，这是科技发展史上的一件大事，诺贝尔成果使人类对物质世界运动规律的认识越来越深刻。由科学衍生出的技术在生产领域的成功和对人类生活方式的改变使人们逐渐忘记了技术的源头——科学的作用，功利化的倾向开始出现并越演越烈。然而，人类除了物质生活，还有精神生活，两者缺一不可。物质变精神（从实践提炼出理论）、精神变物质（理论对实践的指导）是永恒的真理，这个过程永远不会终结。

19世纪的科学成果可以归纳为14个方面，19世纪也是哲学百花齐放的时代，科学哲学从哲学中分化出来，并且有了自己的研究范畴，并逐渐从自然科学中独立出来，此时唯心主义和唯物主义的斗争也日益激烈。19世纪末的一些科学成果在诺贝尔奖诞生之后获得了此奖，它们可以认为是19世纪科学研究的继续。

本章第二节主要论述19世纪的哲学成就，尤其在科学上，唯物主义和唯心主义的斗争从来没有停止。19世纪的唯心主义哲学家以康德为代表，他的三部主要著作：《纯粹理性批判》、《实践理性批判》、《判断力批判》已经完成。康德哲学首先在德国科学家，随后在欧洲科学家中传播，他们致力于在康德的哲学框架里搞清当时的科学基础、方法论等方面的问题。

唯物主义在当时有贝克莱、休谟、马赫等的经验论，唯物主义的经验论虽然在对感觉经验作唯物主义说明这一点上是正确的，但它片面夸大感性经验的作用，不懂得感性认识到理性认识能动的飞跃。另一位唯物主义的代表是费尔巴哈，他在唯心主义统治德国哲学界几十年之后，恢复了唯物主义的权威。然而，他在批判黑格尔唯心主义的同时，也抛弃了黑格尔的辩证法。费尔巴哈哲学主要针对社会而非自然科学，是马克思主义哲学的来源之一。作为科学社会主义创始人的马克思和恩格斯对唯物主义哲学的贡献是把辩证法加入进去，并形成科学的辩证唯物主义哲学体系。

19世纪与康德几乎同时的科学哲学家的著作包括叔本华的《附录与补遗》（1851）、马赫的《力学》（1883）和《热学原理》（1896）、朗格的《唯物主义史》（1873）、杜林的《力学原理史评》（1887）、罗森伯格的《牛顿及其物理原理》和阿伦尼乌斯的《纯粹经验批判》（1888）、戴德金的《数的意义》（1893）、休谟的《人性论》（1895）、马赫的《感觉的分析以及生理到心理的联系》（1900）、密尔的

《逻辑的体系》（1887）、皮尔逊的《科学的规范》（1900）、庞加莱的《科学与假设》（1902）等书，大都是在19世纪下半叶完成的。

用短短的一章把人类在科学技术和哲学上的成就叙述出来难免有遗漏，但本章所简述的应该是19世纪人类最主要的科学技术成果和哲学思考，所有这些都是人类在认识和改造自然过程中产生的成果，也成为诺贝尔奖产生的背景。

本章第二节介绍19世纪欧洲哲学成就，这些成就与20世纪产生的诺贝尔奖成果有着不可分割的联系，不管19世纪的科学成果正确与否，它们还将接受进一步的科学检验。然而，我们看到20世纪及以后的科学成果就是以19世纪的成果为出发点，往更深、更广的地方进行探索，这种探索的结果，使人类认识自然的能力大为提高。这在20世纪产生的诺贝尔奖成果中有充分体现。

参考著作

[1] 斯塔夫理阿诺斯．全球通史．吴象婴，梁赤民译．上海：上海社会科学院出版社，1988
[2] [美] 拉兹洛 E. 决定命运的选择：21世纪的生存抉择．李吟波，张武军，王志康译．北京：生活·读书·新知三联书店，1997
[3] [美] 洛依斯·Z. 玛格纳．生命科学史．刘学礼主译．上海：上海人民出版社，2009
[4] 冯克诚，田晓娜．世界通史．西宁：青海人民出版社，1998
[5] 梁隆炜．中国通史．北京：中国档案出版社，1999
[6] 伯兰特·罗素．西方哲学史．何兆武，李约瑟译．北京：商务印书馆．2006
[7] 李少林．中国文化史．呼和浩特：内蒙古人民出版社．2006
[8] 史蒂芬·霍金，列纳德·蒙洛迪诺．时间简史——史蒂芬·霍金精品文集．吴忠超译．长沙：湖南科学技术出版社，2006
[9] 休斯顿·史密斯．人的宗教．刘安云译．海口：海南出版社，2006
[10] 丹皮尔 W C. 科学史及其与哲学和宗教的关系．李珩译，张今校．长沙：湖南科学技术出版社，2006
[11] 阿诺德·汤因比．人类与大地母亲．徐波，徐钧尧，龚晓庄等译，马小军校．长沙：湖南科学技术出版社，2004

参考文献

[1] 陈方正．在科学与宗教之间——超越的追求．科学文化评论，2005，2（1）：53
[2] 梁隆炜．中国通史．北京：中国档案出版社，1999：231-296
[3] 袁江洋．科学中心转移规律再检视．科学文化评论，2005，2（2）：60-75
[4] 斯特洛伊克 D J. 马克思与恩格斯对科学史和技术史的贡献．徐义保译．科学文化评论，2006，3（6）：50-60
[5] 杜靖，刘金梅．中国古人类学“多地区连续进化说”的产生与发展．科学，2011，63（2）：48-51

第二章　诺贝尔物理学奖得主的哲学思考

物理学被认为是自然科学中最基础的一门科学，它研究自然界最广泛、最普遍的物质运动规律，这门科学在古希腊包含在哲学中。在古希腊人看来，哲学和科学是一个东西；到中世纪，两者又和神学合为一体。文艺复兴以后，采用实验方法研究自然，哲学和科学才分道扬镳；因为自然哲学开始建立在牛顿力学的基础上，而康德和黑格尔的追随者则引导唯心主义的哲学离开了当代的科学。19世纪以后，尤其是20世纪的科学，物理学研究一方面表现为对各种哲学思想的依归，另一方面也对形而上学采取了不加理会的态度。不过，进化论的生物学以及现代数学和物理学，除了科学成果，它一方面使科学思想臻于深邃，另一方面又迫使哲学家对科学不得不加以重视，因为现在的科学对哲学、神学、宗教有了新的意义。与此同时，物理学本来有很长时间就一直在寻找，到19世纪，最终找到了所观察现象的机械模型，然而20世纪初量子力学和相对论的发现使人们又接触到一些新概念，在这些概念里，机械模型是不中用的。同时，现代宇宙学、现代生物学的成果也让科学家和哲学家接触到一些根本的东西，这些东西，用牛顿的话来说，“肯定不是机械的”。因此，20世纪和21世纪前10年科学的大发展，使科学家和哲学家在思考一些科学的共同基础。

20世纪的物理学革命大大改变了我们对于时间、空间和物质以及我们自己在宇宙中存在形式等问题的思考方式。20世纪的物理学也试图对一些哲学问题，如事物的终极本质、宇宙起源等问题做出解答，它动摇了我们关于牛顿宇宙和宿命论的观念，并提出了有关平行宇宙、时间旅行和万物起源的问题。同时，20世纪物理学也努力追求“统一理论”，使20世纪下半叶科学哲学领域发生了深刻的变化。以前的科学哲学几乎仅专注于现代理论的演化及主要科学家的思想，如今转变为关注社会、文化、经济和政治背景下的新问题，而科学和科学家们都包括在这些背景之中。新的科学哲学家们除了关注具体的科学成果，还深受源自社会学、人类学和人口统计学的概念和技术的影响。尽管大量错综复杂的背景有时看起来是以牺牲具体科学内容为代价的，但是近年来科学哲学的研究确实提供了很多有价值的见解，这些见解很可能与21世纪的各门学科达成某种共识。

20世纪向21世纪物理学提出了如下的问题：三代夸克和轻子的起源是什么？四种相互作用力能否归结到一个大一统理论？真空的结构和对称性是什么样的？

相变和对称性破缺是怎么发生的？宇宙中暗物质的性质是怎样的？黑洞的结构和命运是怎样的？宇宙和时空是怎么起源的？所有这些不但是物理学关心的问题，也是哲学关心的重大问题。事实上，这些问题只是古代哲学问题的现代翻版，在古希腊虽然没有现代科学知识，但对于宇宙和物质结构的渴求却是一样的。

很多诺贝尔物理学奖得主的成果本身就具有深刻的哲学意义，在得奖之后，他们又把研究重点放到具有哲学意义的课题上，并且同样取得了巨大的成果，这在西方似乎成为一种趋势：在某一领域从事科学研究→取得成果→获奖→从事自己感兴趣的、目标更大的、有哲学意义的课题研究。本章以部分诺贝尔物理学奖得主的哲学思考为线索，探讨科学哲学发展的轨迹，并从中总结一些对我国科学研究有益的启示。

第一节 思想实验

20 世纪初的物理学革命是从思想实验开始的。思想实验是设计一个想象的实验场景——想象的实验条件、想象的变量、想象的试验过程和想象的实验结果，以逻辑为工具，找出其中的悖论或在理想状态下的结论。从事思想实验的很多科学家是诺贝尔奖得主，他们在科学革命时期的思想实验为人们打开了眼界，并把人们的思想带入新的境界。事实上，思想实验在古希腊非常发达，其大部分成果都是用思想实验完成的。古希腊的思想实验代表了人类的抽象思维的发展、逻辑能力的提高和理性推理能力的进步。例如，古希腊的巴门尼德认为，感官不能发现真理，只有思维才能发现真理。感官知觉是不实在的，是“非存在”，只有思维才是实在的，是“真存在”。要接触到实在，我们必须除去一切形体上的差异，只留下单一的本质。思想实验可以导致哲学思考，也可以导致科学革命。

古希腊哲学家思索的是宏观的、本体论的问题，如世界的本原是什么？有没有一些先验的规律可以解释宇宙？为什么会这样？这些规律能否解释物质和能量是如何形成和组构的，并最终产生有意识的生命？为什么会这样？世界是它原本的样子吗？它为什么会存在？它是否有其所依赖的附随物？所有这些思考都成为近代思想实验的先导。到了近代，伽利略的思想实验导致了“惯性定律”的产生；爱因斯坦的思想实验导致了两个相对论的产生。

一、麦克斯韦妖与香农的信息论

麦克斯韦妖与香农（Claude E. Shannon）的信息论都起源于对热力学第二定律的研究。热力学第二定律禁止将热量孤立地从低温物体传入高温物体，也禁止热机将热量全部转化为功。这个定律对于 20 世纪以前习惯传统科学思维的人是不可思议的。麦克斯韦假想出一个系统，却可以实现上述两个过程。这个思想实验被称为麦克斯韦妖，是 1872 年在麦克斯韦的著作《热理论》（*Theory of Heat*）一书中提出的。他指出，如果有一个微观智慧生物，它具有足够的信息保证自己沿着单个分子的路径前进，并能巧妙地控制这些分子运动，就有办法绕开热力学第二定律。

麦克斯韦妖是一个假想的妖魔，它控制一个气体容器两半之间隔板上的一个阀门。考虑一个容器，其内部气体处于平衡态。容器中间有一个隔板，隔板当中有一个无摩擦的小门，小门旁边有一个微小的智慧生物（麦克斯韦妖），一直在门边注视着分子，它能够跟踪分子运动并能快速地、选择性地开关阀门，把高能量分子过滤到一边，把低能量分子留到另一边。这样一来，就建立了一个温度梯度，并可用以运转一台热机。这种妖魔可以破坏热力学第二定律，创造一种条件，使得一台机器能够以 100% 的效率把热转换为功。麦克斯韦知道处于平衡态的气体分子数量巨大，它们的速度分布范围很宽（麦克斯韦 - 玻尔兹曼分布），所以有些分子到达小门的速度很快，而另一些很慢。小妖的工作就是当快速分子从左向右运动，到达隔板，或慢速分子从右向左运动，到达隔板，打开小门。在其他时间，小门都是关闭的。这样右侧的分子平均能量就会增加，而左侧则降低，热量就可以从冷的地方流向热的地方，使得系统从平衡态转化为非平衡态：一侧高温，另一侧低温。这样，系统的两侧就可以当成热源和冷源来驱动热机对外做功。当然，这台热机的效率受卡诺定理的限制，有废热排到冷源；但小妖却可以使废热源源不断地输送到热源，这样的系统就可以将热量百分之百地转化为功。人们曾经从经典的和量子的观点对这一思想实验分析很多次，讨论中还产生了很多重要的思想，特别是熵与信息的联系。

只有当该小妖观察到分子，并以某种记忆形式存储有关它们的信息时，小妖才能操作那个阀门，然后它必须擦除这一记忆，才能存储下一个分子的信息。为了把整个系统恢复到初始条件，擦除过程是必不可少的，但是这又会引起熵的增加，这种熵的增加至少要平衡掉小妖动作所造成的熵的减少，麦克斯韦的结论是：

> 热力学第二定律与下面的事实具有相同的真实性，即如果你向海里倒了一杯水，你就再也无法得到这同一杯水了。[1a]

麦克斯韦认为，不可逆性不可能从微观的结构中推导出来，它不是系统的内在性质，而是统计结果。但麦克斯韦妖也引起了一些其他问题，成为贯穿 20 世纪重大原理之争的根源。

1929 年，齐拉（Leo Szilard，匈牙利 - 美国物理学家，1959 年和平应用原子能奖得主）提出了一个简化的思想实验模型，它只涉及一个容器，内部只有一个分子。它这样工作：

1）将体积为 V 的一个容器与温度为 T 的热源接触；

2）将一个很轻的隔板将容器分成相等的两部分；

3）麦克斯韦妖观察这个系统并判断一个分子处在容器的哪一侧；

4）小妖将隔板通过滑轮连接到一个与分子同侧的质量可变的物体上；

5）分子作用于隔板，使隔板向后运动，物体升高而做功 W，同时热量 $Q = W$ 流入容器，使之与热源保持热平衡；

6）拆除机械装置，使系统复原。

这个循环过程的净效应是将热量 Q 转换为功 W，同时显然减少量为 Q/T 的熵值，这可能违背了热力学第二定律。齐拉并不相信这一结论，他认为与这个循环过程有关的某种变化必然会产生熵。他主要关注小妖，唯一的附加过程就是小妖得到了这个分子的信息，并将这个信息储藏在小妖的记忆中。齐拉认为，获得1比特信息（这个分子是处于容器的左边还是右边），就必然产生一定量的熵（$\geq k\ln 2$），这个量与分子被限制在原来那一半空间里时所减少的熵相等。齐拉说：

> 你也许有理由假设：从根本上说，测量过程与平均产生一定量的熵有关，而这又恢复了与热力学第二定律的一致性，测量过程所产生的熵当然总是大于这个基本量，不会比它小。[1b]

20年以后，布里渊（Leon Brillouin）和伽博（Dennis Gabor，1971年诺贝尔物理学奖得主）重新分析了齐拉机，认识到要想确定分子的位置，麦克斯韦妖就必须与这个气体分子相互作用。但因为这个体系与温度为 T 的热源处于热平衡状态，所以小妖也处于一个具有黑体辐射谱的热辐射环境中。为了“看见”这个分子，小妖必须在这种背景下用“手电”照亮这个分子。他们指出，这要求光子的频率要显著高于这种黑体辐射的峰值频率，否则就不能将这个分子与背景相区别。这样就对测量过程设置了一个最小的能量传输量，同时也使得系统的熵增加，从而抵消了齐拉机将热转换为功时熵值的减少量。

1949年，香农重新分析了齐拉机，并由此奠定了信息论的基础。假设一个物理体系可有 N_0 个状态，而处于每个状态的可能性都相等，香农认为，如果我们对于体系的微观状态一无所知，则对体系的信息量 I 就等于零。但是如果我们对体系进行测量，情况就会发生改变。我们得到了信息，而体系这时则处于 N_1 个状态中的某个状态，$N_1 < N_0$，体系的熵值由

$$S_0 = k\ln N_0$$

减小到

$$S_1 = k\ln N_1$$

熵值的改变量为

$$\Delta S = S_1 - S_0 = k\ln(N_1/N_0)$$

于是，我们对于该系统的信息增加了，香农通过与熵变类比，定义了信息的改变量：

$$\Delta I = -K\ln(N_1/N_0) = -\Delta S$$

如果设定 $K = k$，获得的信息量显然等于熵的减少量，而这种信息的作用就好像负熵一样。20 世纪 60 年代和 70 年代，一些科学家继续就此问题进行讨论，其中包括兰德尔（Randall）和贝内特（Bennett），他们尤其关注小妖存储和删除信息的方法。这个小妖大概至少有一个二进制的物理系统，来存储它的信息比特。这就是说，当小妖与这台装置相互作用时，其内部有某种作用与齐拉机很相似。这个系统在每次循环结束时必须复位，否则整个体系就不会回到初始状态，针对热力学第二定律的种种论据也就不能成立。但是要删除记忆，小妖就不得不丧失信息。它怎样做呢？细节取决于实际的记忆实体，但原则上很像从齐拉机中去掉隔板（事实上，齐拉机的行为就像麦克斯韦小妖的记忆），而去掉隔板的效用就是增加记忆状态的数量，同时使系统的熵值至少增加 $k\ln 2$。后来茹雷克（Zurek）和卢伯林（Lublin）完全应用量子论研究这个问题，得到了相同的结论。[1c]

二、爱因斯坦的思想实验

爱因斯坦是一个理论物理学家。在爱因斯坦看来，思维过程是一种个人单独进行的独立活动。换句话说，科学的成果必须首先从个人的思考中产生。作为理论物理学家的爱因斯坦，特别重视思想实验在科学进化中的作用。事实上，“狭义相对论”和“广义相对论”都是他从思想实验中得出的结论。对狭义相对论问题，他思考了 10 年之久；而对于光的本性问题，他苦苦思索了 50 年。他最著名的思想实验有以下 4 个：

1）以光速追赶光线；

2）对着导体移动磁体与对着磁体移动导体；

3）在引力影响下自由下落并感觉没有受力；

4）通过引力波对一个弹性物体的影响把引力波形象化。

前两个实验与狭义相对论有关，后两个实验则与广义相对论有关。爱因斯坦怎样描述这 4 个思想实验呢？[2]

对第一个思想实验，他说：

经过十年的沉思以后，我从一个佯谬中得到这样一个原理，这个佯谬我在16岁时就已经无意想到：如果我以速度c（真空中的光速）追随一条光线运动，那么我应当看到，这样一条光线就好像一个在空间里震荡着而停滞不前的电磁场。可是无论是依据经验，还是按照麦克斯韦方程，看来都不会有这样的事情。从一开始，在我直觉看来就很清楚，从这样一个观察者的观点来判断，一切都应该像一个相对于地球是静止的观察者所看到的那样，按照同样一些定律进行。因为，第一个观察者怎么会知道或者能够判明他是处在均匀的快速运动状态呢？

人们看得出来，这个佯谬已经包含着狭义相对论的萌芽。今天，物理学家都知道，只要时间的绝对性或同时性的绝对性还留在人们的潜意识里，那么任何想要令人满意地澄清这个佯谬的尝试，都注定是要失败的。

对第二个思想实验，他说：

大家知道，麦克斯韦电动力学……当应用到运动的物体上时，就要引起一些不对称，而这种不对称似乎不是现象固有的。例如，设想一个磁体同一个导体之间的相互作用，在这里，可观察到的现象只与导体和磁体的相对运动有关。可是按照通常的看法，这两个物体之间，究竟是这个在运动，还是那个在运动，却是截然不同的两回事。

爱因斯坦在这里指出了运动相对性原理的存在。

对第三个思想实验，他说：

于是，我想到我一生中最幸运的、取如下形式的思想：引力场只有……相对的存在，就像由电磁感应产生的电场一样。因为对于一个从屋顶自由下落的观察者，当他下落时——至少在他的最接近的附近——不存在引力场。确实，如果观察者观察任何一种物体，那么相对于他，物体仍处于静止状态或匀速运动，与物体的特殊化学和物理性质无关。因此，观察者把他的状态解释为静止的，是正当的。

对第四个思想实验，他说：

我工作时更着重想象力……我从来不想走这种形式主义的路线，我的想象力与实在紧密相关。我借助一个弹性体把引力波形象化，好似压一个印度橡皮球……

空间在引力作用下发生弯曲，这是广义相对论的一个重要论点。

爱因斯坦的这四个思想实验直接导致了狭义相对论和广义相对论的产生。他曾经告诉恩斯特·施特劳斯：

我们这类工作需要两点：不知疲倦地坚持，准备研究人们已经花过很多时间和精力而后又放弃的问题。

三、EPR 佯　谬

EPR 佯谬是指 1935 年发表的一篇论文中的观点，论文作者是爱因斯坦－波多尔斯基－罗森（Einstein-Podolsky-Rosen，EPR）。爱因斯坦认为，原子、电子和光子物理世界本身是独立于我们而存在的，粒子的任何一种性质在客观真实世界中都是独立的要素。他抨击哥本哈根学说，主要就是想说明量子论不可能支持这类实在，因此它肯定是不完备的。为了捍卫实在，爱因斯坦不得不给实在下定义：

> 如果不以任何方式干扰系统，我们就能确定地（即概率等于 1）预言物理量的值，这时就存在一个物理实在要素与该物理量相对应。（Einstein et al. EPR Paper. Physical Review，1935，47：777-780）

EPR 的思想实验企图证明：一对粒子在发生相互作用之后分离，如果用这样一对粒子进行实验，就可得到有关这两个粒子的共轭变量的精确信息。如果这是可能的话，那么依 EPR 标准，没有任何独立的波函数成分与这些特性（实在要素）相对应。因此，量子论不是描述物理实在的完备理论。[3] EPR 设计了一个思想实验：当粒子 A 和粒子 B 从源发射出来时候，它们的性质之间是相关的。如果测出 A 的 x-动量，我们就可以利用这一结果求出 B 的 x-动量。如果这时测量 B 的 x-位置，我们就能以任意精度求出它的位置和动量（虽然这种说法看起来无懈可击，但却是错误的）。这篇 EPR 文章使玻尔目瞪口呆，但他的反应也是很高明的。他同意，对粒子 B 的测量绝不意味着对 A 产生机械扰动，但它确实使整个系统受到了影响。如果不是把 A 和 B 作为独立的系统来处理它们的波函数，而将系统当做一个整体来考虑它的波函数，那么对 B 的测量就一定会影响到它。在测量 B 的动量时，系统波函数便坍缩到一个新的状态（相应于由该测量所揭示的状态）。这样再对 A 进行测量时，结果可能发生变化。事实上，在发射的那一刻，A 和 B 就产生相互作用了，这一事实已经使它们的性质如此紧密地纠缠在一起，以至此时谈论与任何一个单个粒子相关联的物理实在要素都是毫无意义的。这种“纠缠”就是量子论的基本特征。从这个意义上讲，量子论已经是尽可能完备了。因为相关特性确实可在理论中找到相应的要素，并且可以由系统的波函数推导出来。[4]

20 世纪 20 年代诞生的量子论从根本上改变了 2000 多年来人们传统的观察、思考世界的模式，一种量子论的世界观开始建立，并由此引发了对于微观世界和宇观世界认识的革命。

四、薛定谔猫

1935年，薛定谔发表了一篇文章，谈到了量子事件的放大对一个有知觉的生物——猫的影响，猫的命运取决于波函数坍缩的详细过程。哥本哈根诠释认为，将猫放在一个箱子里，该猫一定是“存在”于“生”与“死”两种状态的叠加中，除非另一项观察发生，即实验人员打开箱子观察猫的状态。在量子论中，薛定谔猫的思想实验是最著名的。薛定谔说：

你至少可以设想一个极为荒谬的实验。将猫关在一个钢室里，里面放一个魔鬼装置（必须保证该装置不会受到猫的直接干扰）。在盖革计数器中放一点放射性物质，质量非常少，使得一小时之内，它也许只能衰变掉一个原子，但也有相同的概率不衰变。如果原子衰变了，计数管就会放电，经过一段延迟时间之后，就会有一个锤子将放有氢氰酸的瓶子打破。假如你已经让这个系统放置了1小时，你可能会说，如果没有任何原子衰变的话，这猫还活着；如果第一个原子衰变了，猫就被毒死了。整个系统的函数表达式必须包括活猫和死猫（请原谅这种说法）在内，为猫的死、活两种状态的叠加，它们或者混合在一起，或者是一个状态把另一个状态完全掩盖掉。

这是一个典型的例子，将原子领域的不确定性转换到宏观世界的不确定性，而宏观世界的不确定性则可通过直接观察解决。这可防止我们天真地接受一个简单的思想，即认为一个“模糊的模型”来代表实在是合适的。模型本身并没有什么模糊或者矛盾的地方，一个抖动或离焦的照片与一张拍摄阴云雾堤的快照之间是有差别的。

真实反对用模型来模拟，因此人们应该抛弃朴素的唯实论，而直接依赖这样一个确定无疑的主张，即在实际上……只有观察、测量。[5]

霍金说：

依我的意见，对于模型无关的实在所隐含的信仰是科学家在对付量子力学和不确定原理时，遭遇到困难的基本原因。对于薛定谔猫的量子力学解释：一个对象不仅有单独的历史，而且有所有可能的历史。在大多数情况下，具有特定历史的概率会和具有稍微不同历史的概率相抵消；但在一定情况下，邻近历史的概率会相互加强。在薛定谔猫的情况，存在两种被加强的历史。猫在一种历史中被杀死，在另一种历史中存活（薛定谔提出的量子力学产生的悖论）。两种可能性可以在量子理论中共存。因为哲学家隐含地假定猫只能有一个历史，所以他们就陷入死结而无法自拔。[6]

五、拉普拉斯妖和决定论混沌

如我们所知，经典力学取决于两个因素：决定论法则和初始条件。这就是说，如果知道了所有粒子当前的坐标和速度，就可以计算出未来乃至过去的粒子位置和速度。拉普拉斯妖（Démon de Laplace）是由法国数学家皮埃尔－西蒙·拉普拉斯（Laplace）于1814年提出的一种科学假设。此“恶魔”知道宇宙中每个原子确切的位置和动量，能够使用牛顿定律来展现宇宙事件的整个过程，过去以及未来。

这个思想最初是由博斯科维奇（Ruggiero Boscovich）于1763年提出的，后来由于拉普拉斯的论文，才使这一思想为更多人了解。拉普拉斯坚信决定论，他在概率论（*Essai philosophique sur les probabilités*）的导论部分说：

> 于是，我们必须把宇宙的现状看做是它以前状态的结果和以后状态的起因。如果有这样一种智能，能在给定的时刻知道使自然界生机盎然的各种力量，知道作为自然界组成的各种生物的各种情况，此外，这种智能还必须能够提供足够的数据以供分析，那么这种智能就可能把宇宙中最大的天体以及最小的原子的运动都包括在同一个公式中。对于这种智能来说，没有任何东西是不确定的，而未来，就如同过去一样展现在我们面前。[1d]

拉普拉斯这里所说的“智能”（intelligence）便是后人所称的拉普拉斯妖。

拉普拉斯的观点是决定论世界观的最好的一种表达。但到20世纪，有两个发现改变了决定论世界观的观点：

1）量子论——一个用二元方法描述的物理过程。未受到观测的体系按照决定论法则（如薛定谔方程）演绎，而相互作用或观察的效应可能使体系随机地坍缩为几种（或无限多种）不同状态中的一种状态，这就摧毁了决定论。

2）混沌理论描述对初始条件极为敏感的体系的行为。混沌体系初始条件的微小变化可导致未来状态呈指数型发散，这就严格地限制了我们对这类体系做长期预言的能力。

19世纪末法国数学家、物理学家、科学哲学家庞加莱（J. H. Poincaré）最早研究混沌。混沌是一类广泛存在于自然界但与牛顿力学揭示的完全不同的现象。例如，在一个湍急河道，在水流中选两个相邻的粒子，然后观察它们的运动

(在急流水面的相邻点放两个小纸片)。尽管水流遵循以牛顿力学为基础的决定论法则，但两个粒子还是很快就分开了，相似的初始条件导致截然不同的结果。这就是说，如果急流中粒子的初始坐标和速度有一点小小的偏差，就会使对粒子未来运动预言的数量呈快速增长，即混沌体系的特点——误差随时间呈指数型增长。

非常简单的动力学规律也可以导致混沌。例如，能在两个方向上自由振动的单摆，当悬挂点受到很小的周期性外力的作用——但要求作用力频率限定在一定范围之内——摆的运动便会混乱起来。而在这个范围之外，摆的运动是非混沌的和可以预言的。

混沌这个课题直到20世纪下半叶才得到快速发展，其原因在于混沌动力学中涉及非线性方程，而解这些方程所有的迭代方法需要高性能计算机，这在以前是无法实现的。

普里高津（Ilya Prigogine）在这些发现中看到了科学新哲学的开端。经典热力学与宏观平衡态（他用“being”——“实存”来描述平衡态）相关，但某些情况涉及流动、状态的过渡以及演化（用“becoming”——“将然”描述演化），它们涉及远离平衡态的体系（比如活的生物或工作时的大脑），它们因为将能量耗散到环境中而存在。在普里高津看来，20世纪最重要的发现就是认识到对测量过程存在着根本性的限制——我们不得不考虑观察者以及他们的仪器。

柏拉图说，宇宙是创造而来的，是一个有形体，有灵魂、有理性的、活着的有机体。只有“理式”或理念才具有充分的存在和实在，而个别的东西是没有充分的存在和实在的。自然界的一切对象都处在经常变化的状态，只有类型是实在的和保持一成不变的。然而，相对论、量子论以及混沌体系已经证明柏拉图的观点是错误的。普里高津说：

> 在最近的演变中，我们已经丧失了经典科学的基本要素吗？由决定论法则所增加的限制表明，我们正在从一个封闭的宇宙（其中一切都是给定的）走向一个新宇宙——一个对起伏变动和新事物都开放的新宇宙。
>
> 对于大多数经典科学的创始者来说——甚至包括爱因斯坦——科学是由表及里地研究世界的努力，以达到永恒的极度理性的世界——斯宾诺莎的世界。或许实在还存在更微妙的形式，既涉及规则和游戏，又涉及时间和永恒。我们的世纪是蓬勃发展的世纪，新的艺术、音乐和文学形式以及新的科学分支如雨后春笋般地涌现出来。在20世纪行将结束之时，我们仍不能预言人类历史的新篇章将朝什么方向发展，但这里可以肯定的是，人类和自然之间新的对话已经开始了。[7]

六、维格纳的思想实验——守恒量的守恒性

宇宙处于不断流动的状态，尽管所有的事物均处在不断变化的过程中，但某些量似乎保持不变。质量 - 能量、线动量、角动量和电荷都是守恒量。这些量及对称性列于表2-1。

表2-1　物理学中的守恒量及对称性

守恒量	对称性
质量 - 能量	物理定律在任何时刻都是相同的，即它们不随时间起点的变化而变化
线动量	物理定律在所有位置都是相同的，即它们不随空间原点的变化而变化
角动量	物理定律在所有方向都是相同的，即它们与转动无关
电荷	不管如何选择电势零点，物理定律都是相同的，即它们是“规范不变量”

这就是说，这些量的现在值与它们在宇宙历史上任何阶段的值都相等。相互作用可能使它们在粒子之间或体系之间发生转换，但总量并不增加或减少。为什么会这样？因为守恒定律是与基本的对称操作相关的，这样，使我们能够看清在应用物理定律时的种种限制。

维格纳（E. P. Wigner，美国著名的物理学家）发明了一个有趣的思想实验说明电荷为什么守恒。这个分为9步的思想实验也阐明了“规范理论”是什么意义[8]：

1）假设电荷不守恒。

2）假设静电学的规律与零电位的选择无关（即它是规范理论）。

3）设想有一个可逆装置可以产生和消灭电荷，产生电荷 Q，需要能量 W，而消灭电荷时又能返还同样多的能量。

4）在位置 X、势能 V_1 的地方，安装这样的机器。

5）产生一个电荷，需要输入能量 W。

6）将这个电荷和机器移到位置 Y、势能 V_2（$V_2 < V_1$）的地方，电场对电荷做功，所做的功为 $W = Q(V_1 - V_2)$。

7）现在消灭这个电荷，并返还能量 W。因为我们已经假定规范不变，所以这个结果与势能无关。

8）将机器返回到 X。

9）这时恢复到初始状态，但却已经获得了净能量 W，这就违背了能量守恒定律。

用这种反证法，说明了电荷在实际上是守恒的。

本节讨论了6个思想实验，所有这些实验都是以逻辑为基础的。科学逻辑是一种应用逻辑，以它为工具对科学知识和科学思维本身进行探讨和反思，它包括科学问题的逻辑、科学发现的逻辑、科学检验的逻辑、科学解释的逻辑以及科学理论的逻辑结构等，这些都是科学哲学的范畴。科学结论有几种表达方式：语言、模型、方程（或其他数学表达）、曲线、图表等。在自然科学中，除了语言，更多的学科研究成果以模型的形式出现。此外，方程、曲线、图表也是科学结论的数学表达形式，它们反映了变量之间的数量关系，也称为“数学模型”。绝大多数的数学模型可以转化为语言表达。

在实验科学、工程技术等领域经常使用“归纳法”得出结论，这是以经验为基础的研究方法，而有限次的经验不能保证结论的普遍性和真理性，因此在科学家选择理论时可能犯“弃真”和“存伪”两种错误，而“存伪”的风险比“弃真”的风险大。

在理论研究领域，“演绎”是常用的方法。演绎是以逻辑为基础的，我们不能通过逻辑从个别结论导出普遍的结论。但是，借助逻辑推理，只需一个论断就能证明任何普遍的论断在逻辑上是矛盾的，而拒绝接受它。

从更深的层次讨论科学逻辑问题必然涉及哲学。自然界是统一的，但自然科学中有两套描述体系，即确定论和概率论。现在我们讨论的逻辑体系是以确定论为哲学基础的。当我们从确定论和概率论的根深蒂固的人为对立中解脱出来，对偶然性和必然性哲学范畴的认识也必然随之深化，这是一个尚待解决的涉及现代科学逻辑体系的根本性问题。

第二节　两位诺贝尔奖得主的争论

1921年诺贝尔物理学奖授予爱因斯坦（Albert Einstein），1922年授予玻尔（Niels Bohr）。这两位诺贝尔奖得主关于量子力学有过长期的争论，这种争论使人们逐渐了解了宏观运动与微观运动的本质差别，了解了量子论的深刻含义。量子世界和人类存在的宏观世界都是物质世界的一部分，但它们的运动规律却有着很大的不同，两位诺贝尔奖得主的争论有助于我们理解物质世界的层次及不同层次的规律，有助于克服僵化的科学思想和机械唯物论的影响。

一、量子论之前的科学哲学思想

物理学发展到19世纪末，牛顿的确定论世界观仍然统治着科学界。伽利略和牛顿两人都认识到，在所有匀速运动参考系中物理学的定律都取相同的形式，这一思想叫做“伽利略相对性”，它的含义是，力学并不能把各个惯性参考系区别开。这一思想的另一种表述是，在一个惯性参考系中所做的试验，没有一个能够确定它的绝对运动状态（静止或匀速直线运动）是可区分的。到 19 世纪中叶，电磁学的发展似乎改变了这一切，爱因斯坦迫切想知道，如果以光速与光波一起奔跑，光波看上去会是什么样子，在经过长时间的思索之后，他确信这是不可能的，但在牛顿力学里这是允许的。

在哲学上，量子论的产生是科学中一个根本性的变化。牛顿力学是建立在物质的粒子模型基础之上的，它的成功使物理学家认为：微观粒子就像宏观世界中的石头或树一样地存在着。这种朴素的实在论认为，宏观效应是由类似的但看不见的微观世界所引起的，这一观点受到玻尔和海森伯（W. K. Heisenberg）的坚决反对。宏观世界确定的因果关系在微观世界是不存在的，量子论的不确定性本身就是微观世界的固有特性：电子、原子、光子具有不确定的特性，如它们的位置和动量。微观世界最完整的图像是由波函数决定的，而波函数本身具有概率的性质。

在量子论出现之后，决定论也遭到了拒绝。牛顿定律预言：任何力学系统在时间上都有独特的演变规律。如果在给定时刻，所有粒子的位置和动量都知道的话，那么它们的未来（以及过去）状况就可完全确定。当然，要我们无限精确地去测量所有粒子的位置和动量是不可能的，所以我们永远也不会对未来做出完美的预言。

正如拉普拉斯所指出的那样，无所不知的人类，在确切知道了某一时刻的宇宙状态之后，就能绝对准确地预言未来和过去的所有状态，而在我们预言中所产生的不确定性，是由于我们的知识不足引起的，而不是由于微观物质固有的不确定性。

量子论不这样看，它认为不确定性是微观世界的一个基本特征，未来就是不能确定的，同样的初始条件，可以产生各种各样的结果。这样，量子论不但让了解未来变得悬而不决，而且也约束我们了解过去的能力。这种对物理实在问题的解释所引起的根本变化让 20 世纪初的许多物理学家感到震惊，这种世界观的变化可能是 20 世纪最深刻、最具重大示范意义的变化。

二、玻尔的科学哲学思想

玻尔在 1913 年将量子条件用于电子轨道，解释了卢瑟福原子稳定性和氢原子的辐射谱，在研究中他引入了不连续的量子跃迁思想。1918 年，他成为哥本哈根理论物理研究所的第一任所长，该所很快就成了表达和解释新量子论的主要中心。20世纪20年代，他与海森伯等共同工作，提出了量子力学的哥本哈根诠释，他针对爱因斯坦的精巧的非难，成功地捍卫了哥本哈根解释。哥本哈根模型的中心思想是海森伯的不确定性原理和玻尔的互补性原理。到20世纪30年代，玻尔又引入了原子核的液滴模型，成功地解释了核裂变的基本物理过程。

玻尔的思想建立在这样一个假设的基础上：在他的量子化的原子中，最低的能态是最稳定的，因为量子条件不允许有更低的能态出现。另一方面，受激态是不稳定的，因为它们可以衰退到较低的允许能态。关于量子论的实验设备和客观物理实在对观察者的影响，玻尔认为，事实上这二者是不可分离的。他说：

> 作用量子的发现不仅向我们显示了经典物理学的局限性，而且还为弄清现象的客观存在与我们的观察无关这个古老的哲学问题提供了一些新的线索，将自然科学至今尚未知晓的问题摆到我们面前。如我们已经看到的那样，任何观察都必然会干扰现象的过程，影响自然的进程，从而使我们失去了以因果模式来描述自然过程的基础。这样，自然本身就将这种限制强加在我们身上，即认为现象是客观存在这种说法只能在一定的范围内成立。据我们所知，这种限制只有在量子力学表述中才能找到正确的表述。[9]

他更简洁地说：

> 认为物理学的任务就是要弄清楚大自然是怎么回事，那就错了。物理学关心的是：关于自然，我们能说些什么。

玻尔不仅是一位具有革命性的、思想深刻的物理学家，也是一位伟大的量子物理哲学家。他曾仔细考虑过不连续的量子态与经典理论中所允许的连续态平稳融合的条件，玻尔认为，在经典理论和量子论之间一定有某种类似或对应，当系统中的能量变得如此之大，以致个别的量子跃迁变得没有意义的时候，这两种理论就没有什么差别了。这一相当含糊的思想后来发展成为“对应原理”。对应原理还为玻尔向神秘的互补性哲学的发展铺平了道路。

在粒子的波粒二象性问题中，玻尔认为，首先必须明确我们要观察哪一类性质，在经典物理学中不可能说某物体既是波又是粒子，但如果我们采用玻尔的互补哲学，就不会产生这个问题，因为采用互相排斥的实验装置，其结果也是互相排斥的。这一思想在爱因斯坦看来是一种不能接受的“抚慰人心的哲学”。但这种思想很快受到量子物理学家的欢迎，并成了量子论哥本哈根学派的核心。这一思想与海森伯的不确定性原理密切相关，电子的位置和动量具有互补的性质，量子跃迁的能量和时间之间的关系也是如此。玻尔在与爱因斯坦的讨论中提炼出这种思想，并把这一思想看做是他最重要的贡献。海森伯的“不确定性原理”和玻尔的“互补性原理”成为新理论的核心。

玻尔用来说明互补性的思想实验是波通过狭缝使得相关粒子随机地向两侧冲动，结果它们在平行于屏的方向上的动量变得不确定。在动量测量中，获得更大精确性的代价是：狭缝本身的位置变得不再确定，即粒子位置的不确定性增加了。位置不确定性与动量不确定性的乘积仍然大于或等于普朗克常数，这与不确定性原理的预言是一致的。

三、爱因斯坦的哲学思想

爱因斯坦是狭义相对论和广义相对论的发明人。1905年他发表了三篇重要文章：第一篇解释布朗运动，并有效地结束了有关原子“实在性”的争论，第二篇包含了狭义相对论，第三篇涉及光的本质，在这篇文章中他提出：也许有些现象不能用经典电磁理论的连续变量来解释，这些现象采用粒子模型更好。下面是爱因斯坦重要文章《论动体的电动力学》序言中的一段话：

> ……应当记住：光学观察所得到的值是实践平均值，而不是瞬时值。尽管实验已经完全证实了衍射、反射、折射、色散等理论，但是可以相信，如果将该理论应用到光的产生和转换现象时，这种以连续三维函数来描述的光理论就会与实验不符。（Albert Einstein. On the electrodynamics of moving bodies. Annalen der Physik，1905，17）

爱因斯坦猜想，粒子模型在研究辐射的产生和吸收时可能非常重要，并证明在以下三种场合非常有用：

1）光致发光（物质在吸收光后导致发光）；

2）气体的光致电离（由光引起的电离）；

3）光电效应（由光的照射引起金属表面的电子发射）。

在上述三种情况下，粒子模型都比连续波模型有效得多。

爱因斯坦在偏爱粒子模型的同时，也没有放弃波动模型，因为粒子模型是不能解释干涉的。他的光子理论把光当成粒子气体来处理，这是他对电磁学中的场进行长期观察的结果。爱因斯坦在论文《论动体的电动力学》中陈述了相对论的思想。这篇不寻常的论文的引言如下：

> 众所周知，麦克斯韦的电动力学——正如通常所理解的——当应用到运动物体时，就会导致电磁现象中并非固有的不对称。例如，考虑一块磁铁和一个导体的电磁相互作用。这里可以观察到的现象仅仅取决于该导体和磁铁相对运动。而习惯的看法则是在两种情况之间划出一条清

晰的界线，这两个物体中要么是这一个，要么是另一个在运动。因为如果磁铁在运动，那么导体就是静止的。在磁铁附近会出现一个具有某种能量的电场并在导体的地方产生电流。但是如果磁铁是静止的，导体是运动的，在磁铁附近就不会出现任何电场。然而，在导体中我们会发现一种电动力，虽然其本身并没有相应的能量，但它会产生（假设在所讨论的两种情况里相对运动是相等的）具有相同路径和强度的电流，正如前一种情形中由电力所产生的东西一样。

这类例子与力求发现地球相对于光媒质运动的失败都暗示着，电动力学以及力学的现象并不具有与绝对静止思想对应任何性质，它们更可能是暗示电动力学和光学定律对那些适用力学方程的参考系都将是有效的（正如已经证明到了一阶小量）。我们将对这些假设提高到公设的地位，并引入另一个公设——但是它显然与前者是不相容的——即光在真空中以速度 c 传播，这一速度与发射光的物体的运动状态无关。这两个公设足以构成运动物体简单而自洽的电动力学理论，而麦克斯韦的电动力学理论是基于静止物体而建立的。所谓“光以太”的引入将被证明是多余的，因为这里将展开的论点不需要具有特殊性质的“绝对静止空间”，也不规定发生电磁过程的真空空间的一点具有一个速度矢量。

这里将展开的理论——像所有电磁理论一样——基于刚体运动学，因为这样一种理论涉及的是刚体（坐标体系）、时钟和电磁过程之间的关系。对这一情形考虑得不够充分是动体电动力学现在所遇到的困难根源。（Albert Einstein. On the electrodynamics of moving bodies. *Annalen der Physik*, 1905, 17）

基于动体电动力学所遇到的困难，爱因斯坦提出一个全新的可简述如下的基本原理：

物理学的定律在所有惯性参考系中都是相同的。

爱因斯坦不接受“量子论”，他强调的是“唯实论”和“完备性”。唯实论认为：我们能够预言的特性一定是真实的（因为我们已经测量了它们），它们一定是物理实在中的要素。完备性认为：完备的理论必须包含与实在中每个要素相对应的概念。以它们为基础，爱因斯坦提出的 EPR 论文使玻尔目瞪口呆，但玻尔的反应是很高明的，并且不准备接受爱因斯坦关于实在的 EPR 判据，而提出量子世界的“互补性”理论。玻尔从来没有给互补性下过什么定义，但是他几乎将它发展成一种哲学体系。玻尔相信，在讨论特定的性质时，都必须考虑包括实验装置在内的整个物理系统。一旦测量 A 的动量，那么 B 的动量也就被确定了，波函数也随之发生变化，从而使位置变得完全不能确定。设计用于测量动量的试验安排是不可能用来测量位置的，因为这两种实验安排具有互补性，因此，我们必须选择其中之一。爱因斯坦认为，对EPR而言，物理实在是客观存在的，与我们的观察手段无关。玻尔则认为，测量仪器本身与所观察的对象是不能分离的，他认为这就是“对物理现象进行的经典描述和量子力学描述之间最重要的区别”。[10]

如果我们更深入地研究爱因斯坦的“唯实论”和“完备性”和玻尔的“互补性”就会发现，经典物理学依赖的朴素唯实论认为，物体的性质是客观存在的，仅受定域作用影响，并不排除“超距作用”的可能性，因为这种超距作用明显地存在于引力场和电磁场中，但在解释这种作用时，只把它看成是某些扰动通过场本身定域传递的结果，而不能允许的是瞬时超距作用，凭借这种瞬时超距作用，在某点发生的事件可以立刻受到宇宙中其他地方发生的事件影响。爱因斯坦相对论将这种因果性作用的传播速度限制在真空光速以下。如果有任何作用的传递速度超过光速，就会导致如下情况：对某些观察者来说，“效果”就可能先于“原因”到达。[11]

关于两个粒子位置不确定性的问题，爱因斯坦和玻尔的观点也存在分歧。爱因斯坦认为，单个粒子的性质在发射源中发生相互作用的极短时间内就已经被固定了，粒子携带着这些客观的、真实的性质，直到它们被探测到为止。如果爱因斯坦的探测器显示：粒子A具有动量P，那么他就可以得出结论，它在离开源的时候就具有这个动量值。玻尔认为，对系统最完备的描述应由两粒子的波函数给出，它包含了这些粒子的相关动量在一定范围内出现的概率。如果他的探测器显示，粒子A具有动量P，那么他的结论是，测量过程已经使这个函数坍缩到了这个状态，而且使函数进入具有确定线动量状态的这种坍缩也会使系统进入一个新的状态，在这个新状态中，两个粒子的位置都具有很大的不确定性，即粒子动量P的精确测定使粒子位置的测定具有了不确定性。

对应性、互补性和不确定性成为新量子力学的支撑。这些新原理受到爱因斯坦的怀疑。他使用一个思想实验反对这些原理（见本章第一节的EPR佯谬），爱因斯坦说：

> 你不相信上帝在掷骰子，而我则相信世界上客观存在的完备法则和秩序，那才是我苦思冥想要去抓住的东西……即使量子论的初步成就是伟大的，那也不能让我去相信这种原始的掷骰子游戏，尽管我知道，我的年轻同事们会说，那是我老化的结果。（Albert Einstein. Letter from Einstein to Born. *Annalen der Physik*，1944，66）。

而结果是爱因斯坦的这个思想实验恰恰证明了不确定性原理和玻尔的互补性原理。

后来，玻尔将量子力学的哥本哈根诠释发展成一种完备的、建立在互补性概念基础上的哲学体系。它的中心思想是一种统一的"隐秩序"，在隐秩序中，自然的统一与现有大多数物理定律所依据的秩序相反，玻尔将哥本哈根诠释发展成为一种完备的、建立在互补性概念基础上的哲学体系。在20世纪物理学中，一些更加激进的量子论解释正在开始代替哥本哈根观点。

四、解释量子力学的新理论

爱因斯坦并不是反对量子论的唯一物理学家，薛定谔在开始时也认为，他的波动力学将会使物理学回到连续微分方程时代，这使所有经典物理学家感到高兴，而薛定谔本人后来则被量子跃迁和测量过程所暗示的不连续性所震惊。德布罗意等物理学家试图使具有波粒二象性的波和粒子都保留某些物理实在，从而打开了通往一些"隐变量"理论的大门，这个理论最终被玻姆（David Joseph Bohm）完美地建立起来。后来人们又提出一些更独特的解释，其中有费恩曼（Richard Feynman）的"对历史求和"和埃弗雷特三世（Hugh Everett III）的"多世界"理论。

埃弗雷特三世创立的"多世界"理论，希望用它既能明晰地分析旧理论，又能较容易弄清如何将量子论用于广义相对论，每位观察者都能够循着一条独特的轨道穿过平行的宇宙，这种奇怪的想法又被称为"多世界假设"。传统量子论只适用于在外部观察的系统，如果将观察者本身也作为系统的一部分，那就不可能提供任何清晰的图像。埃弗雷特引入了一个"相对态"的概念，即没有任何一个单独的子系统可以处于确定的状态而与系统中的其他部分无关。或者说，对应于子系统的任何一种确定的状态，都存在着一套与之相应的所有其他部分的相对态。在这个超系统中，所有可能观察到的结果都是同等真实的，从某种意义上说，这些结果将继续共存。任何一个特殊观察者所体验到的只是这些状态中的一个特殊子集。这些子集本身似乎可以引起不连续的跳变，但这只与它们的参照系有关，而不是新的物理过程。

量子论的多世界解释正在变成用得最广的量子论解释之一，特别受到量子宇宙学家的青睐。这种假设还对传统的佯谬提出一些令人吃惊的解决方案。例如，人们一直在争论时间回溯是不可能的，否则，你就可以乘一架时间机器回到过去，回到你父亲诞生前的那个时代去杀死你的祖父。表面上看，这在逻辑上是矛盾的，因为你的父亲那时还没诞生，你当然也不会诞生，既然你还不存在，又怎么去杀死你的祖父（称为"祖父佯谬"）。如果多世界理论是正确的话，它便可以为"祖父佯谬"提供有效的解决方案。当你进行回溯时间旅行时，你可能在一个平行世界里，从一个现实跨越到另一个可能的现实，虽然，在一个世界你还没有出生。但是因为还存在着许多其他的平行世界，在某个平行世界里你的确已经生下来了，其中就包括你登上时间机器开始回溯旅行的那个世界。

至今关于量子论解释的争论还没有结束，因此，说 20 世纪的物理学很完备是没有什么意义的。

人类是宏观世界的动物，从古希腊到近代，人类一直在探讨宏观世界物质运动的规律，宏观世界的物理模型都是在“原因 – 结果”确定性基础上建立的，这种模型与我们的直观完全一致，人们从这种模型里形成的世界观就是确定性世界观。当我们进入微观世界时，量子世界具有反直观的性质，所谓反直观就是不确定性。还需要强调一点的是，模型（如波动模型或粒子模型）的适用性是有限的，因为这些模型都是从我们熟悉的日常生活经验中，从宏观世界的类比中提炼出来的，这种模型不可能用于微观世界。从爱因斯坦和玻尔的争论中我们发现，从宏观世界到微观世界不但使我们增加了新的知识，还需要我们世界观的根本转变。世界的多层次，每个层次都有自己独特的运动规律，我们不应该把这一个层次的规律无限制地推广到另一个层次，这就是我们应该记住的真理。

第三节　相对论中的哲学思想

2000 年，美国“时代周刊”把爱因斯坦评为 20 世纪最伟大的人物，而众多著名的政治家、文学家、经济学家、企业家、艺术家等纷纷落选，这是因为爱因斯坦创立的“狭义相对论”和“广义相对论”是人类历史上最伟大的科学革命和思想革命，它把人类两千多年来形成的世界观彻底推翻，并建立起一种新的世界观，因此它具有划时代的意义。根据狭义相对论，没有一个质量不为零的物体能够被加速到光速，不管向它提供多大的能量，或者加速的时间持续多长。这一限制与因果律相联系。然而有几种情形的确导致了超光速，但是实际上，没有一种破坏了因果性。例如，一把剪刀的所有机械部分的运动速度不可能超过光速，但是两刀口的咬合点在原则上可能运动得比光速更快。

一、选择与信念

在进行科学活动时，信念和选择是一对矛盾。

信念是一种接受或同意某种主张的心理态度，它是一个人长期形成的某种相对固定的观念和看法。在它起作用时，往往并不事先要求对这种观念的真实性和正确性的肯定。科学必须排除感情因素，而信念，则被认为是带有强烈感情色彩的东西，在科学中没有存在的余地。一个人的信念一旦形成，是不容易改变的。一个科学家或科学共同体普遍持有的信念，将对科学及其发展产生重大的影响，因为一种信念有时候可以形成偏见。

自然现象似乎纷纭杂乱，但当我们从众多的现象中仔细选择某一类现象时，就会发现它们的规律性。发现就是选择，而信念往往左右着选择：科学中的信念可以说明，在科学发现过程中选择的必要性。以爱因斯坦发明“相对论”为例，19世纪末，对理论和实验事实之间的严重裂隙必须做出选择，是选择最大程度的相对性而放弃时空的绝对性，还是选择时空的绝对性而放弃相对性的普适性，决定了相对论诞生的最终命运。年轻的爱因斯坦大胆迈出了关键的一步，选择了相对性的普适性，他成功了。这是因为爱因斯坦深深地相信对称性、和谐性、普遍性和统一性的信念。

1915年，爱因斯坦再次面临选择：是搁置狭义相对论去推广引力理论解决引力本质的问题，还是放弃牛顿理论，坚持发展狭义相对论，把相对性原理从惯性系推广到非惯性系，爱因斯坦借助等效原理，一举解决引力问题，并再次取得成功，这当然取决于他再次正确的选择。爱因斯坦自己的经验告诉他，创造性的理论是不能够被一套检验理论的法则所替代的。他在众多的和证据自洽的理论中选择了广义相对论，就在于他的物理加上非欧时空几何，比其他选择更为简单。

还是爱因斯坦，在与玻尔关于量子力学的完备性之争中，始终坚持“我不相信上帝在掷骰子”。这也是爱因斯坦的一个坚定的科学信念。这种信念没有得到实验的支持，说明了爱因斯坦思想的局限性（即某些经典本体论的机械唯物论的影响）。大多数自然科学家都有一种根深蒂固的信念，相信不需要人的干预，就可能给自然规律以纯客观的描述，但这是不正确的。尤其是微观世界，对于观测对象的干预已经是不可忽略的了，人对现象的认识实际上是观测对象和主体相互作用共同创造的结果。主观客观绝对二分的宇宙只是一种近似，只有参与者的宇宙才是符合实际的。

信念是长期经验和思考积累的结果，是建立在大量实践基础上的明智分析。科学信念是建立在理论与理解基础上的热忱，它比哲学和宗教更为刻骨铭心。杨振宁在接受采访时说：

> 物理研究到了尽头就是哲学，而哲学研究到了尽头就是宗教。[12]

爱因斯坦的工作说明了哲学对科学研究的巨大影响。

哲学思考习惯使得爱因斯坦的见解比起那些肤浅的科学家更深入量子力学的基础，虽然当时不能回答，但仅仅在爱因斯坦过世10年后，就由另一位伟大的物理学家贝尔（John Bell）接手，并且硕果累累。[13]

二、作为哲学家的爱因斯坦

爱因斯坦不但是杰出的科学家，也是一名出色的哲学家。他关于自然科学的很多论述都闪烁着哲学的光芒。我们仅据几个例子说明他的哲学思想。

1. 认识论和科学

爱因斯坦在《爱因斯坦：哲人科学家》一书中写道：

> 认识论和科学之间的互反关系是显著的，它们互相依赖。脱离了科学的认识论就成为一幅空架子，没有了认识论的科学可以想见地只能是原始和混乱的。[14]

爱因斯坦说，哲学思考的习惯可以激励人们对普遍承认的观点具有批判的态度：

> 使事物条理化的概念一旦被证明有用，就很容易在我们心中取得权威地位，我们忘记了它们世俗的来源，而将之作为不变的、先验的信条而接受。于是它们被打上一些类似“思想的必需”或者“先验的信条”等烙印。科学前进的道路经常被这样一些错误在很长的时间内堵死。所以，如果我们能够熟练地分析长期占据人们头脑的平凡概念，并且展示它们成立的理由和用处是依赖于具体的情况，以及它们各自是如何从经验的收获中成长起来的，就会发现这绝不是一场无聊的游戏。这样一来，它们过度的权威性将被打破。它们如果不能被恰当地合理化，就将被删除，或者因为与给定事物之间的关系太过多余而必须修正，或者为一个我们不管什么原因就是比较偏爱的新建体系所取代。[15]

2. 哲学和科学的关系

1916年，爱因斯坦在致物理学家兼哲学家马赫的悼词中讨论过哲学和物理学的关系：

> 一个天赋适中的自然科学家是怎样开始关心方法论的呢？在他的专业里没有更具价值的工作要做了吗？这是我经常从许多同事们那里听到和问起的，从更多的同事那里能感觉到的问题。但这种观点恕我不能苟同。当我想到那些我在教学中遇到的最有才华的学生是因为具有独立的判断能力而非仅仅是因为机敏才显得与众不同的时候，我确信他们对方法论有着强烈的兴趣。他们很高兴地开始讨论科学的目的和方法，而且

通过对自己观点的顽强辩护，他们毫不含糊地表明这个主题对他们来说十分重要。[16]

3. 科学家必须自己成为哲学家

1936年，爱因斯坦在解释了为什么物理学家不能简单地服从哲学家而必须自己成为一个哲学家时说：

人们经常说做科学的人是糟糕的哲学家，这么说当然不是没有道理。那为什么物理学家将哲学探讨留给哲学家是不对的呢？这样做（指留给哲学家）在某个时期也许确实是对的，这个时候物理学家相信他可以支配的是一个由完好建立的、不被质疑的基本概念和基本定律所组成的严格体系。但如果像现在这样，物理学的基础仍然存在疑问，这样做就不合适了。处于目前这样的时期，经验迫使我们去寻找一个更新更坚固的基石，物理学家不能简单地将对理论基础的严谨构思托付给哲学家，因为只有他们自己才最清楚并且更确切地感受到鞋子哪里磨脚。在寻找新基础的过程中，他必须尽量在脑子里弄清楚他所运用的概念在怎样的程度上是合理的、必要的。[17]

4. 必须将哲学融入教学

1944年爱因斯坦在回答桑顿（Robert A. Thornton）关于将科学哲学融入他在物理入门教学的来信中说：

我完全同意你关于历史、科学哲学以及方法论的重要性和教学价值的看法。目前很多人，甚至职业科学家，在我看来也是只见树木不见森林。大多数科学家都带有其自身所处时代固有的偏见，而对历史和哲学的背景的了解能使他们得以从这些偏见中独立出来。我认为，由哲学见识产生的这种独立性是区别一个纯粹的工匠或者专家与一个真正的真理追求者的标志。[18]

爱因斯坦的教诲是医治科学研究功利主义的一剂良药。

三、爱因斯坦哲学观点分析①

在自然科学发展的漫长历史上，很多优秀的自然科学家不但把科学实验中的

① 原载：陈洪，刘次全等．爱因斯坦的哲学观点．思想战线，2005，31（4）：132-136. 此次引用，做了补充

经验总结为系统的理论，而且把这些理论上升到哲学的高度，形成自己的“世界观”和“方法论”。爱因斯坦就是这些科学家中最杰出的一位。爱因斯坦除了在科学上做出了巨大贡献，还站在哲学高度提出了相应的“世界模式”。这些模式开拓了人们的眼界，创造了新的研究热点，也改变了人们对自然界认识的传统习惯。

至于他的探索动机，爱因斯坦在普朗克60岁生日庆祝会上的讲话里曾经谈到：科学家“总想以最适当的方式画出一幅简化的和易领悟的世界图像，试图用他的这种世界体系来代替经验的世界，并用来征服它”[19]。下面对爱因斯坦的哲学观点进行总结。

1. 时间的性质和层次

宇宙中的各种物质无不在时间和空间中运动。时间和空间不仅属于自然科学的范畴，也属于哲学的范畴。

爱因斯坦以前的经典力学以及和爱因斯坦几乎同时代的量子力学都把时间和空间看成是宇宙呈现在我们面前的两种性质截然不同的秩序或结构，它们彼此之间没有任何联系，并认为时间是可逆的（在牛顿方程和薛定谔方程中，$-t$的代入使方程变号），即过去和未来没有什么区别。

爱因斯坦则首先认识到时间的描述也是相对的，依赖于观察者。当观察者的运动速度可以和光速相比时，观察者的运动速度不同，他们按时间排列的顺序也不同。对于一个观察者同时发生的事件，对于另一个观察者来说却不是同时发生的。

爱因斯坦还第一次把时间和空间联成一个整体，即把时间加到三维空间坐标上而成为第四维。这样一来，进行交换后地每一维坐标都和原来坐标中的各维有关系。这样的时间和空间就成为不可分割的、相互联系的四维时空连续区。在这种连续区中，每个观察者用他自己的方式分割他的空间和他的时间，而洛仑兹变换则告诉我们各个部分的内在联系。

在爱因斯坦广义相对论中则完全放弃了关于时间和空间是绝对的独立存在的经典概念。不但所有与空间、时间有关的测量是相对的，依赖于观察者的运动状态，而且时空的整体结构也不可避免地与物质的分布有关。空间的弯曲程度不同，其时间流动的速率也不同。因此，我们在常规经验中形成的“线性流动”时间和欧几里得化的空间概念，必须加以抛弃。

爱因斯坦提出的光速是一切物质运动速度的极限速度，并以此为依据所阐明的“类空事件”和“类时事件”的原则区别，极大推动了现代物理学的研究，并为宇宙大爆炸理论的出现提供了坚实的基础。在爱因斯坦看来，时间的方向是完全对称的，即每一个过程都有一种等价过程。例如，量子场论的数学表达式和微观粒子的实验表明：用对应的反粒子代替粒子，则时间的方向产生逆转。相反，凡是不能被物理作用联系起来的事件，是无因果关系的“类空事件”，它们处于相对论的光锥之外。

然而，传统物理学强调的时间可逆性和对称性并不能囊括全部自然现象和科学揭示的事实。热的传导、气体的扩散、化学反应、生命的发生、生物的进化、社会的历史、宇宙的演化等都揭示了自然界发展的方向性和不可逆性，即从低级到高级，从无序到有序，从无结构到有结构，所有这些都与热力学第二定律所决定的方向完全相反。也许宇宙从根本上就是不对称的，而可逆和对称不过是其特殊情况而已。

2. 世界的简单性与复杂性

自然界中物质运动形式纷繁复杂，初看起来甚至是杂乱无章的。如果人们仅把这些现象一一罗列起来，就无所谓科学。科学工作者的任务就是从这些繁杂现象中概括出一个简明的规律或模式。爱因斯坦认为把人们引向艺术和科学的最强烈的动机是：“人们总想以最适当的方式画出一幅简化和易领悟的世界图像。”这正是“画家、诗人、思辨哲学和自然科学家所做的”。简单与深远、统一与和谐、守恒与对称等科学中的美学正是爱因斯坦毕生追求的最高目标。他说：

> 自然规律的简单性是一种客观事实，而且正确的概念体系必须使这种简单性的主观方面和客观方面保持平衡。[20]

他又说：

> 物理上真实的东西一定是逻辑上简单的东西，也就是说，他在基础上具有统一性。爱因斯坦多次强调“简单性原理”，他认为科学的伟大目标是：“要从尽可能少的假说或公理出发，通过逻辑的演绎，概括尽可能多的经验事实。”[21]

20世纪初，爱因斯坦比开普勒、伽利略、牛顿等在更高的层次上以两个简单的基本假说（即光速不变原理和相对性原理）为基础，建立了狭义相对论；而广义相对论则主要依据广义协变性原理，其表达形式是美丽的黎曼几何。爱因斯坦是把物理原理几何化，并试图建立几何世界图像的奠基者。而在 $E = mc^2$ 表示的质量与能量的统一中，我们更感到了引力、空间、物质这三者的简单性和统一性。

很明显，数学的和谐性、简单性、对称性则是现实世界中物质运动规律的高度抽象。20世纪以后，数学向各门学科的广泛渗透，化学、生物学、经济学等学科的逐步定量化已成为现代科学的重要趋势和特征。

简单性原则对于今天的科学研究仍具有重大意义，仍启发着许多现代物理学家的思想。

然而，如果片面强调事物的简单性，忽视和否认事物的复杂性和整体性，就会导致简单化倾向。当我们从微观上考察一个热力学系统时，这种简单性、和谐性就失去了意义，尤其在生物学领域与这种简单性规律相矛盾的事实颇多。在今天的地球上生活着至少100多万种动物、30多万种植物和十几万种微生物，所有这些生物都是从30多亿年前地球上出现的原始生物进化来的。1858年达尔文和华莱士提出了以自然选择为基础的进化论，这个理论使人们第一次认识到在形态结构的水平上生物是怎样进化的。但是这个理论与物理学的“熵极大”原理有着不可调和的矛盾：机械唯物主义者认为，物理世界是简单的、被动的、僵死的、退化的、可逆的和决定论的；相反，生物界和人类社会则是复杂的、能动的、活跃的、进化的、不可逆的和非决定论的。两者之间存在着不可逾越的鸿沟。无机界和有机界这一深刻矛盾用世界简单性模式是解释不了的。近代科学发展的事实表明：现代物理学、生物学、人文科学的很多概念和事实正不断冲击着世界简单性原理。下面举的物理学、生物学、人类社会的例子足以说明简单性原理的局限性。

3. 决定论和非决定论

牛顿运动方程是整个经典力学的基础，牛顿力学模型的巨大成功使19世纪初期的物理学家相信，宇宙确实是一个庞大的机械系统，它遵照牛顿力学定律而运行，这些定律似乎是自然界的基本定律。然而，科学的发展证明了牛顿模型的局限性，因而它并不是绝对真理。

爱因斯坦明白，牛顿所想的那种严格的决定论的世界模式是不可能的。但是他又设想，也许物理事件能够用一种尚未知晓的新理论体系来描述，这种新理论可能存在于高度概括的场方程组之中，它可以把粒子和光子的运动方程作为特殊情况包括进去，并从它们出发能够逻辑的推知我们的观察结果，这种新决定论的观点一直缠绕着爱因斯坦，尽管后来他批判了这种观点，然而在爱因斯坦的后期著作中还有不少流露。爱因斯坦认为，基础理论定律是想象力的一种自由创造，是发明者主观能动性的产物。他认为发明者在思辨过程中受到两个原则的限制：第一个原则是经验的原则，从理论得出的结论必须为经验所证实；第二个原则是半逻辑、半美学的原则，基本定律应当尽量少，而且在逻辑上必须相容不悖，然后从这些基本定律出发，逻辑的推出整个理论大厦，并用它预报观察结果（或事件结果）。这些事实表明，爱因斯坦的哲学思想在科学研究上的表现基本上是决定论的。

下面几个例子说明爱因斯坦这种哲学观点的表现。

爱因斯坦早期对于近代量子力学采取了否定的态度，以致引起他和哥本哈根学派的长期争论。爱因斯坦认为，用薛定谔波函数描述的由两个子系组成的系统，对第一个子系进行量度时，在两个子系之间没有直接力相互作用的情况下，改变第二个子系的状态是不可能的，因此他认为量子力学“不完备”[22]。然而量子力学发展的事实，以及应用量子力学原理形成的量子化学、量子生物学等新学科的成就都无可辩驳地证明量子力学是描述微观世界的强有力的工具，是微观世界运动规律的正确总结。关键在于如何认识逻辑的力量，如何改变人们长期形成的科学概念和传统习惯。在量子力学发展的初期，每当物理学家根据出乎意料的实验事实向自然界提出一个问题，自然界的回答就是一个悖论。他们越是想弄清楚，这种似是而非的情况就越严重。很久以后，他们才不得不承认，这种矛盾是微观世界的固有结构，而用物理学的传统术语去描述它就会出现这种矛盾。物理学家一旦意识到这一点，就开始创造用正确的方式提出问题，并终于找到了阐述这种理论的精确的数学形式。在这个过程中，原来的逻辑思维力量退却了，而代之以新的逻辑思维结构。

爱因斯坦对于“机遇”（非决定论的）也采取了批判的态度，他反对“机遇”在事物发展中的作用。反对把“机遇”用于统计定律来描述辐射过程。然而，事实上在热力学系统中，一旦离开单个粒子和单个轨道，我们便离开了严格的决定论模型，而只能做出统计性的预言。

爱因斯坦还否认力以外的任何相互作用。然而在科学或生活中都能举出很多不是力相互作用的例子。例如，量子力学中服从泡利原理的玻色子相互作用是一种非力作用，具有相同波函数的两个费米子的相互作用也是一种非力作用。在日常生活中，电话（信号或信息）的效果和传递电报消耗的能量没有任何关系。处于集体中的人受到其他成员状态（如生病、死亡）的影响，改变了本身的状态（焦急、悲痛）也是一种非力作用。

由此看来，世界的可逆性和决定论模型只限于宏观的简单情况，而不可逆性和随机性才是我们这个世界的根本规律。

4. 历史的经验

爱因斯坦的相对论（狭义相对论和广义相对论）不但是一个科学理论，其本身也具有浓重的哲学气息。爱因斯坦把这些影响归因于休谟和马赫。

爱因斯坦在苏黎世工学院上学时，就经常阅读叔本华（Schopenhauer，1788～1860）的著作，叔本华的一个重要学说来自康德的有关时空作为直觉的先验形式之论断。叔本华强调了空间和时间在物理体系及其演化中重要作用。他认为，空间分离体系间的互相独立性是先验的真理。关于波粒二象性的起源，直到1924年，当爱因斯坦第一次读到玻色（Bose）对普朗克辐射公式的新推导时，他领会到这表示的是一种全新的量子统计。在这种统计中，不是某些奇异的相互作用，而是粒子本身的全同性，使得它们不再相互独立。爱因斯坦对量子理论最著名的攻击是他1935年与波多尔斯基和罗森合写的“EPR”论文（见前），在这篇文章中他们想要证明量子力学是一个不完备的理论。但在论文发表不久，爱因斯坦就想和它划清界限，并提出了一个所谓的“分离原理”的假设，而这个原理他认为来自叔本华的“个体原则”的“分离原理”，这个原理事实上对于未来任何的基本物理都是一个公理。对于分离原理的哲学探索以及随后对量子力学的忧虑，他在1949年给玻恩的信中得到了最清楚的体现。爱因斯坦问道：“未来不管是什么样的基础物理，它的核心特征是什么?”他的回答使很多期望得到“因果关系”答案的人们大为惊讶，爱因斯坦说：

> 我只想解释，当我说我们应当努力坚持物理真实时，我的意思是什么。我们都十分清楚什么将成为基本的基础物理概念：质点或者粒子肯定不在其中；法拉第－麦克斯韦意义上的场也许是，但不一定。不过，那些我们认为的存在（“真实”）必定要在时间和空间中找到其位置。也就是说，空间中的一部分实在A，应该理论上独立地“存在”，与空间另一部分中实在B无关。如果一个物理体系延展到包含了A和B，那么不论A中有什么，在B中的存在都应该继续存在。在B中究竟有什么与在A中采取何种测量方法无关，也与在A中是不是进行了测量无关。
>
> 如果坚持这个观点不放，就不会将量子理论描述看作是对物理真实的完备描述。不过，如果试着这样去看的话，就必须假设B中的物理实在因为A中的测量经历了一个突变。我的物理本能让我对这一假设很反感。
>
> 但是，如果有人放弃出现在空间中不同部分的存在是某种独立的、真实的存在这一假设，我实在看不出这是要描述什么样的物理。至于什么才是可被认为是一个“体系”毕竟只是个惯例问题，我不知道怎样客观地将世界分割以便人们能对部分进行陈述。[23]

爱因斯坦的这些论述说明了他对自己的哲学观点表现出的忧虑。事实上，晚年的爱因斯坦对自己先前的关于量子力学的哲学观点有所醒悟，并基本上同意了哥本哈根解释。

爱因斯坦离开我们半个多世纪了。现在我们怀念他，是因为他一生对物理学带来了那么深刻的变化，这种变化导致了人们对宇宙认识的改变。人本来是自然的一部分，人和自然形成一个古老的同盟。但是随着经典科学的建立，人与自然的同盟破裂了，形成了两个世界、两种科学、两类文化。[24]现代科学正在把二者重新统一起来，建立人和自然的新的同盟，形成一种新的自然观。爱因斯坦在时间、世界简单性与复杂性、决定论与非决定论的认识，正反映了旧同盟破裂到新同盟建立过程中人们对自然认识的深化。科学是人和自然的通信，而自然哲学则是人对自然规律的高度总结。哲学需要科学，科学更需要哲学。

深究爱因斯坦成功的原因，除了各种主观和客观的因素，哲学思想所产生的力量是十分明显的，哲学武装了他的头脑，使他比当时其他的科学家站得高，看得远，想得深，使他认识到有必要从认识论的角度用批判的态度来重新考虑物理学的许多传统的基本概念，也使他有勇气闯进前人所设的种种思想禁区。我们今天要学习他在科学上刻苦钻研、坚韧不拔和大无畏的精神，为人类的物质文明和精神文明的进步做出贡献。

第四节　量子力学中的哲学——“不确定性”世界观的确立

量子力学创始人之一的海森伯（1932年诺贝尔物理学奖得主）说：

> 某些物理学家喜欢回到这样一种客观真实世界的思想中去，即以为真实世界的最小部分就像石头或树那样客观地存在着，与我们是否观察它们无关。然而这是不可能的。[25]

现在我们知道，物理学的根本概念都是我们的心灵所形成的一些抽象概念，目的在于给表面上一团混乱的现象带来秩序和简单性。因此，通过科学走向“实在”，只能得到实在的几个不同方面和用简单化了的线条绘成的图画，而不能得到实在自身。

一、不确定性（随机性）原理

1. “不确定性”原理的发现

波粒二象性理论是法国物理学家德布罗意用电子狭缝衍射实验证实的。当电子通过垂直狭缝时，它必然受到水平方向随机冲量的作用，并被投射到衍射图样中的某一点。这一现象与不确定性原理有什么关系呢？当狭缝变窄时，它在屏幕上的水平位置的不确定性就减少了（即为了通过狭缝，电子必然被限制在狭缝宽度之内）。但是如果狭缝窄到一点程度，衍射图样变宽，因而获得较大水平动量的概率就增加了，即它的水平动量的不确定性反而增大了。

电子狭缝衍射实验为不确定性原理奠定了试验基础，1926年德国物理学家海森伯提出了不确定性原理。他写道：

> 人们在用量子论同时处理几个物理量时，是不可能同时确定这些物

理量的数值的。不确定性原理指的就是这些物理量的不确定程度。……假设自由电子的运动速度是精确地知道的，那么它的位置就完全不知道。这样，不确定性原理可表述如下：每次位置观察都会使动量产生一个未知的、不确定的变化。实验后，我们对电子运动的了解受到了不确定性关系的限制。这可用更简洁、更一般的术语来表述：每一次实验都会破坏我们关于该系统的某些知识，而这些知识是我们以前曾经通过实验得到过的。[26]

微观粒子的波粒二象性是“不确定性原理”最著名的事例。但是“不确定性原理”对整个科学的意义远不止于此，它使牛顿以来的“确定性”世界观被改变了。大量的事实显示了以时间不可逆、不确定性（随机性）为基础的理论正成为人们新的世界观。事实上，“不确定世界观”早在19世纪达尔文的进化论中已经显现出来，但当时比较模糊，20世纪初的量子力学革命使这一新的世界观逐渐清晰，并开始为广大科学家接受。自然界的混沌现象（湍流、气候、生殖规律等），社会中的经济现象、管理行为、20世纪下半叶的“复杂科学”等都是“不确定性”的典型事例。

在几十万年的历史中，人类一直生活、生产在宏观世界里。当今的科学涉及三大领域：微观、宏观和宇观，人类生活在宏观世界，这里物质运动的因果关系是明晰的，没有“既此又彼”的现象。存在决定意识，这就是为什么在我们的头脑中产生“确定性”的原因而非其他。近400年，由于科学的发展，人们揭露了过去一万年存在于人们头脑中的很多错误。

首先，我们不是生活在混乱无序之中，我们的物理世界具有在任何时间、任何地方普适的严格规律：从最小的结构如质子的核心到宇宙的边境，物质存在的关键除了物质的运动和演化，更重要的在于自然界的基本定律，正是自然定律和哲学定律导演了宇宙中威武雄壮的话剧，使得我们的祖先入迷和敬畏。

其次，地球上没有任何力量能够动摇这种规律，这种规律代表了一种事物发展的确定性，即一切都不是混乱无序的产物。虽然科学取得了巨大的成功，但自从人类诞生以来的那些错误观念很难从人们头脑中彻底清除，这就是确定性产生的源泉。

最后，19世纪末，微观世界逐渐向我们敞开了大门，微观粒子（如光子）行为的不确定性显露出来，几千年来，确定性的思维惯性使我们对于这种不确定性感到茫然。进一步研究指出，当我们探索热力学、生物、人和社会现象及其规律的时候，这种不确定性其实一直在紧紧地伴随着我们，只是以前的传统思维模式使我们忽视了这种现象。“不确定性原理”是量子力学发现的微观粒子运动的一个规律。人们在几千年的生产、生活中，很少有和微观世界打交道的经验，由于不确定性的度量（普朗克常数）如此之小，所以在与日常测量相关的数量级下，我们在无法感受这种不确定性。后来的研究发现，无论是微观世界、宏观世界还是宇观世界，不确定性原理是宇宙最本质的规律之一。这个规律改变了我们对于“经验”的看法：由感官直接得来的经验有时是靠不住的。

2. 不确定性原理的数学表达

不确定性原理的数学表达式为

$$\Delta x \cdot \Delta p_x \geqslant h$$

其中，Δx 为粒子空间位置的变化在 X 轴上的分量，Δp_x 是粒子动量的变化在 X 轴上的分量，h 为普朗克常数，$6.626\times10^{-34}\mathrm{J\cdot s}$。

海森伯说：

> 如果人们假设，量子论的解释基本上是正确的，那就可能简单地接触一些原则性的结论……因为量子论的统计特征与所有感知的不精确性的关系是如此密切，乃至人们也许可以假设：在感觉到的统计世界后面，还隐藏着一个“真实”的世界，在那个真实世界里，事物发展是符合因果规律的。不过，这种设想对我们来说，说得明白一点是徒劳的、毫无意义的。物理学必须也只能去描述可观察现象之间的关系，因此人们可以用下面的方法来更好地表述事件的真实状态。因为所有的实验都服从量子力学定律，因而也服从不确定性原理。结论必然是：量子力学确认，因果律最终不再成立。[27]

不确定性原理改变了我们对于“经验”的看法，由于普朗克常数如此之小，所以在日常测量的数量级下，我们无法辨明这种不确定性。但在原子或亚原子尺度上，这种不确定性对于实验者来说是不能否定的。而一旦有关这些变量的知识存在不确定性，我们就没有直接的经验保证有关的物理定律（如能量守恒和动量守恒）的正确。从哲学上讲，不确定性原理束缚了人类预言和控制自然的能力。[28]

二、时间、空间、物质的不连续性与不确定性原理

1. 时空的不连续性

根据欧几里得的观念，空间应该是连续的、平直的，且不随时间的流逝而改变。今天，我们知道，在微观世界里，连续性是纯粹的幻觉。在普朗克发现“量子”后的100年，空间和时间的观念开始更新，矛头直指几千年以来不可动摇的

存在于人们旧观念中的结构。普朗克空间尺度的最小单位是10亿亿亿亿分之一厘米，是一种必须用新的几何学来描述的空间。这种新几何学称为“非交换的”，它的特点是：如果有人从一点走向另一点，然后退回到出发点，原出发点处已经有了原先没有的东西。如果用S表示从一点走向另一点的操作，用R表示退回来的操作，那么，

$$SR \neq RS$$

或

$$SR - RS \neq 0$$

必须设计新的实验获得关于如何构建这种新几何学的正确答案。其设想之一是：以空间结构随时间变化的方式来描绘时空。根据这种结构，不再有几何“点”的概念，而代之以“弦”和“膜”的概念。

普朗克揭示了存在最小“推动力”的极限。在普朗克常数发现之后，又给出了最小时间量，54×10^{-45}秒。普朗克以来的100年内，人们发现，即使时空也必然是“量子化”的，这是与几千年来的传统观念完全不同的新观念。

绝对空间不可能存在，甚至时间和空间也不是两种互不相关的结构，时间和空间是密不可分的，这是一种特殊的结合，以时间间隔的平方减去两点距离的平方，得到一个不变量，即 $(\Delta t)^2 - (\Delta d)^2 = \text{const}$。如果时间用实数表示，空间的性质必定表现为虚数，反之亦然。总而言之，“何时”与“何地”的结合在数学上定义了“复数”，它是由“实数”部分和“虚数”部分构成的。[29]

2. 物质的不连续性

物质由“基本”粒子组成的思想是由古希腊哲学家德谟克利特提出的，他说：

> 在你们终于得到构成石头最后的基本粒子时，你们将发现作为一个粒子再也不会破碎了，如果它真是基本的，就一定只能由它自己构成。如果你们不断地捶击一块石头使它成为越来越小的碎块，而结果得到的还是包括另外的粒子，那么只要增加捶击的能量，你们将发现它一定还会进一步碎裂。事实上，只要一个粒子是真正基本的，就一定不会碎裂。如果还包含其他粒子，一定会碎裂成它的组元。[30]

到20世纪初，人们已经知道了原子由原子核和电子组成，而原子核由质子和中子组成，在这些“基本”粒子之间是“虚空”，这样，所谓物质连续性这一哲学概念被证明是不可能的。后来又发现了质子由夸克组成，但使夸克结合在一起的力有一种难以想象的性质，这种力将随距离的增大而增大，所以，我们无法把质子拆成夸克。今天我们知道原子是由不连续的微粒——质子、中子和电子构

成的，不可能存在半个质子或四分之一个中子，也不会有电子的碎片。质子、中子和电子就像积木块一样构成各种各样的物质大厦。

3. 最基本实在的不确定性

海森伯的理论强调的是可观察量，而电子的真实路径并不是一个可观察量，要想通过实际观察来重构电子的确切轨道是不可能的。也许我们应该接受这样的看法：最基本的实在就是不确定。[31]

确定性和决定性不同：决定性讲的是因果关系，并且更强调原因，即某一个原因（或多个原因）产生一种（或多种）确定的结果，因果关系清晰，只要这个原因出现，所得到的结果必然出现，也就是说，这个结果被某种原因决定；而确定性与随机性联系在一起，并且更强调结果，随机性就是不确定性。单次投掷硬币的结果具有随机性，也就是不确定性。

确定性的反义词是不确定性或随机性；决定性的反义词是非决定性。海森伯说：

> 某些物理学家喜欢回到这样一种客观真实世界的思想中去，即以为真实世界的最小部分就像石头或树那样客观地存在着，与我们是否观察无关。然而，这是不可能的。[32]

物质以某种微粒形式存在，微粒的“量子性”支配着现实世界的结构，从伽利略开始，人们花了400年才明白这个道理。

4. 不确定性原理对于虚粒子思考

19世纪达尔文的不确定性思想还比较模糊，但20世纪初的量子力学革命则把这个思想淋漓尽致地发挥了出来。20世纪下半叶兴起的复杂科学本质上也与达尔文革命具有一致性，它是以时间不可逆、不确定性（随机性）的世界观为特征的。

不确定性是科学家、哲学家从量子力学提炼出的一个原理，具体地说，它提出了如下的限制：存在这样一些成对变量：位置和速度、能量和时间。无论使用多么精密的仪器设备，它们都不能同时被任意精确地测量。“位置和速度”的不确定性比较容易理解，但如何理解“能量和时间”这一对变量呢？这对变量的不确定性关系是，如果我们希望任意地测量一个粒子的能量，就必须要花费较长的时间来观察。如果我们没有足够长的时间测量，这样一个粒子就不可能是“真实的”，因而把它称为“虚粒子”。这些“虚粒子”就是构成今天我们称为“暗物质”的那些东西。相反，如果一个“虚粒子”与一个真实粒子发生碰撞而吸收了足够的能量，这个粒子可能变成“真实”的。当人们把狭义相对论和量子力学结合时，这个过程不仅是可能的，而且是必需的。这种结合的成果诞生了一门被称为“量子场论”的新学科，它构成了所有理论的基础。“虚粒子”概念解决了曾经困惑牛顿的“超距作用”这一哲学问题。根据现代“量子场论”的观点，粒子之间的作用力不是起源于某种神秘的超距作用，而是源于“虚粒子”的交换。

三、不确定性和玻尔的互补性哲学

当我们探索热力学、生物、人和社会现象及其规律的时候，不确定性紧紧伴随着我们。

人类对于“确定性”的偏好，不但首先源于宏观现象是人们首先接触、处理的事物，而且，牛顿力学的结论与我们的观察没有什么矛盾。当人们深入微观世界时，情况发生了改变，使他们几千年来的思维定势受到挑战。但人们的思维惯性顽强地表现着自己，玻尔是一位伟大的量子物理哲学家，他总是在寻求对微观世界现象和量子新理论更深的理解和更清楚的诠释。他曾试图将经典现象和量子现象糅合在一起，为了实现这个目的，他曾仔细考虑过不连续的量子态与经典理论允许的连续态平稳融合的条件。玻尔认为，在经典理论和量子论之间一定有某种类似或对应，当系统中的能力变得如此之大，以致个别的量子跃迁变得没有意义的时候，这两种理论就没有什么差别了。这一相当含糊的思想后来发展成为人所共知的“对应原理”。对应原理的提出为玻尔的神秘的互补性哲学发展铺平了道路。早在 1923 年，他就说：

> 对自然过程的每一种描述，都必须建立在已经由经典理论引入和定义的思想基础之上。[33]

互补原理为波粒二象性问题提供了一个简洁但也引起争论的解答。人们设计了两类实验（干涉实验、盖革计数器探测 γ 射线）检验电子的波动性质和粒子性质。这两类实验本身是互相排斥的，因此我们必须先要明确我们要观察哪一类性质。这一思想与海森伯的不确定性原理密切相关，电子的位置和动量具有互补的性质；量子跃迁的能量和时间之间的关系也是如此。玻尔在与爱因斯坦的讨论中提炼出这种思想，并把这一思想看做是他最重要的贡献。他还把该原理用于物理学以外的领域，把它看成哥本哈根学派的标志。玻尔和海森伯抛弃了隐藏的机械论实体的想法，而将不确定性和互补性作为新理论的核心。[34]

四、对世界的新解释

量子物理学的洞察力足以提出一个超越机械唯物论的世界新解释。迄今为止，世界被假设为一个机械的、确定的、由客观事物组成的“实在”（reality）。取代这一解释，真实的实在其实是一种“潜能”（potentiality）：各种关系是不可分的、无形的、时间基本不确定的、真正创造性的结合，它只确定一种物质——能量实现的“可能性”（can）——概率。这个实在具有的开放性、创造性、无形的广泛关联性允许我们把无生命世界和有生命世界看成仅仅是无所不包的“前生命”（pre-living）宇宙的不同表达——静态稳定各自开放和静态不稳定但动态稳定。“前生命”世界会以复杂多样的“更高级”的生物－生态活力进行自组织。文化－生态多样性（cultural-ecological variety）及其发展形式，即其变化和平衡的过程，从根本上说也产生于这种背景。[35]

相对论和量子力学要求我们必须学会一种全新的思维方式，对“实在”有一个更加充分的理解，在这样的世界里，我们把自身看成生命之网中的一根线，并不需要牺牲我们人类的任何特质。这样，就可以在与自然界其他事物的基本共性上来认识人类，而不至陷入传统的自然主义，这也许已经与我们新的世界观和文化生活方式相一致。科学哲学家费耶阿本德曾经说过，每一种科学理论、科学方法都有优点和缺点。事实上，几乎每一种量子力学解释也都有自己的优点和合理成分。

1）以玻尔的互补性、海森伯的不确定性和玻恩的几率概念为轴心的哥本哈根正统解释，尽管经过3/4世纪的批评和考验，它仍然是各种不同解释的基本出发点和参考系。

①你可以不接受那种“认定量子力学是对于单个系统的完备描述”的“强解释”，但是很难不接受“量子力学是描述全同制备出来的系综”的最低限度弱解释和诸如此类的“统计解释”。

②你可以不相信“几率是自然界的终极的内在本性”，但是退一步讲，你不能不相信玻恩在《关于因果与机遇的自然哲学》中所说的“世界是因果与机遇联合统治的”，因果、机遇这两个要素缺一不可。

③冯·诺依曼解释可以看做是正统解释的变种。你可以不接受他的“投影假设”那样特别设计的假设，但你恐怕不会拒绝他关于“量子世界处在因果性和统计性之间”的看法。

④尽管你可以像爱因斯坦那样批评玻尔“互补性构架”（这是指面对诸如粒子与波的矛盾冲突，在妥协中求太平，所以它被指责为“绥靖哲学”），然而，

却不能否认它确实能够对量子领域的相关事实作“最后的详尽描述”。例如，共轭物理量之间确实有“互斥又互补”的关系存在。

⑤尽管玻尔的“现象整体论”只是表层的，却不是错误的。我们也很难批评海森伯关于“纯粹的量子态是客观的，却是潜在的而非现实的”那样的论断有什么不对。

⑥当然，哥本哈根解释确实有本体论图像不明晰，只针对可观察量而非直接针对实在等缺点。这正是后面一种解释兴起的原因。

以上这些是我们对于正统解释的辩证分析。

2）玻姆的量子势因果解释和本体论解释。

3）“相对态”或者“多世界”解释被认为是一种更加精简的解释，宇宙波函数被看做唯一的终极实在，因为它显得更加简单、彻底和一贯。关键在于，受到相对论类比的启示，量子态也有独特的“相对性原理”：每一次测量只是从复合系统的纠缠中提取的一个相对态。

4）甚至像流体力学解释那样受到冷落的解释，在隐喻意义上仍然具有明显的合理性。总之，每一个具体、个别的解释好像“盲人摸象”故事所说的那样，只是摸到了局部真理，整合之后可能有完全的真理。[36]

人们固有的与生俱来的创造力将打破表面上看似坚不可摧的各种束缚。从而开启各种各样丰富多彩的生活方式。量子物理学要求我们解放思想，摆脱僵化思维模式的束缚。这样，灵活的关系就会取而代之。新的思维方式充分融合了我们的知觉能力和心理活动。同样，人类思维和行动的有意识与无意识动机也普遍得到承认。这里，显现出一种新的进化层次，在这个层次上，我们思维、感觉和行动的基础是，对实在的一种综合的整体的知觉。这样一来，我们便可以将我们的目标和策略转化为各种适应性的行为模式和活动。

第五节　费米对原子物理的贡献①

恩里克·费米（Enrica Fermi），美籍意大利物理学家，因利用中子辐射发现新的放射性元素及慢中子所引起的有关核反应获1938年诺贝尔物理学奖。著有《基本粒子》、《核物理》、《量子力学笔记》、《分子、结晶和量子统计》等。他是杨振宁教授的导师。费米一生忠实于原子科学事业，他的科研成果包括费米统计、β射线理论和对中子的研究，使他在理论和实验方面都达到了物理学的顶峰。费米的学生埃米里奥·塞格雷（Emilio Segre）也是著名的物理学家，美国

① 主要参考：[美] 埃米里奥·塞格雷. 原子舞者——费米传. 杨建邺，杨渭译. 上海：上海科学技术出版社，2006

科学院院士，生于意大利罗马，后移民美国，加入美国国籍。曾参与第一颗原子弹的研制，因发现反质子获1959年诺贝尔物理学奖。塞格雷从费米学生、同事和终生朋友的角度描述了费米的科学研究历程以及费米学派的诞生和第一颗原子弹的研制过程。为了纪念自己的恩师，他于1979年撰写了*Enrico Fermi—Physicist*一书，记述了费米光辉的一生。

一、费米的科学贡献

杨振宁——费米的学生——在纪念费米诞辰100周年纪念会上说，费米是20世纪所有伟大的物理学家中最受尊敬和崇拜者之一。他之所以受尊敬和崇拜，是因为他在理论物理和实验物理两方面的贡献，是因为在他领导下的工作为人类发现了强大的新能源，而更重要的是因为他的个性：永远可靠和可以信任，永远脚踏实地。他的能力极强，却不滥用影响，也不哗众取宠，或巧语贬人。我一直认为，他是一个标准的儒家君子。

费米最早在物理学中的兴趣似乎在广义相对论方面，1923年左右他开始深入探讨统计力学中的“吉布斯佯谬”和“绝对熵常数”，这项研究是他的第一项不朽的工作，从中导出了“费米分布”、“费米球”、“费米液体”、“费米子”等概念。

1925~1926年根据泡利不相容原理，与英国物理学家狄拉克（Dirac，与薛定谔分享了1933年诺贝尔物理学奖）各自导出了量子统计中的“费米—狄拉克统计”。

1934年是费米丰收的一年，首先，他用中子依次轰击元素周期表中的每一个原子核，发现用被慢化了的中子进行轰击所产生的放射性更强，他称此为“慢中子效应”。他还第一次使重元素铀发生嬗变而成为原子序数更大的超铀元素。其次，他还提出β衰变的定量理论，成为弱相互作用理论的创始人。最后，他还致力于研究裂变的链式反应，提出热中子的扩散理论。在量子电动力学方面，他成功地排除了纵向场，得到了库仑相互作用。这一工作又是极有费米风格的：他看穿了复杂的形式场论，看到了其基本内含——谐振子的集合，进而把问题化为一个简单的薛定谔式方程。

1938年发现核裂变。哈恩（Otto Hahn）等通过实验证明，所谓的超铀元素实际上是钡、镧、铈等，其原子量仅为铀的一半。迈特纳（Lise Meitner）提出“核裂变”的概念，认为钡和其他元素都是核裂变的产物，并指出核裂变将产生巨大的能量。费米等进而论证了核裂变的链式反应，认为铀裂变时要产生两三个新中子，这些中子又可以引起其他铀原子核裂变，核裂变的时间不到一亿分之一秒，而一个 U-235 原子裂变时将放出约 2 亿电子伏能量。这些认识表明，人类已经打开了原子核的大门，下一步就是如何实现人工利用原子能的问题了。

1939 年费米到美国后，致力于研究裂变的链式反应，1941 年 12 月 6 日美国政府通过了研制原子弹的“曼哈顿工程”计划，费米受命领导研制原子反应堆，他们以石墨砖为主要材料建造反应堆，这是一种用天然铀作燃料、可以人工控制的核裂变链式反应装置，是人类建成的第一个原子反应堆，1942 年 12 月 2 日试行运转并获得成功。这也是人类第一次有控制地从原子核内部释放能量，这个反应堆为美国在第二次世界大战研制核武器立下了汗马功劳，也为以后的和平利用原子能打下了基础。

费米的知识和兴趣涵盖了整个物理学，他认真而坚持不懈地阅读几种杂志。他更钟情于具体的问题，不大相信太抽象和太普遍的理论，但是物理学任何领域的任何问题，无论是经典力学、光谱学、电动力学、固体物理或其他分支，都会让他着迷，并且将之看成是对他创造力的挑战。

二、费米的性格和哲学观点

费米憎恶争斗，特别是那些结果不确定的争斗。他常说：

> 一个人应该避免毫无缘由的行事，……他思考的是永恒。在他的思想深处，会做出一些大胆的假说，但在没有彻底证实之前决不会公开。同样，在他没有确定的把握之前，他从不给任何人允诺或希望。

费米的哲学观点倾向于宗教不可知论。不可知论否认认识世界的可能性，或者否认彻底认识世界的可能性。不可知论的思想在古代就已产生，欧洲近代的不可知论的主要代表是休谟和康德。现代西方哲学中的一些流派仍然主张不可知论。宗教不可知论专指对宗教教义而提出的一种学说，认为上帝是否存在、灵魂是否不朽是不可知的。

费米对科学有一种非同一般的天赋，他具有一种惊人的记忆力，但是他在科学事务上比较保守，他痛恨超过自己能力的允诺，痛恨从一个试验和计算中得出超过实际的结论。他总是小心找出他的结论中可能出现的错误。在裂变发现之前不能解释铀后元素真实性质，这件事给他带来的痛苦最大，没有任何其他事情可以与之相比。费米信赖简单一些的原理，然后在这一基础上利用他那非同一般的分析能力给出事物发展的真相。

费米特别注意对于年轻人的培养。只要条件允许，他就会放弃一些费时的工作，把这些工作转交给年轻的同事去做，因为年轻人高兴找到一个挣钱的机会。对于一个物理学家来说，那时除了极少数几个大学的任命以外，很难找到一个收入丰厚的职业。在意大利最后的几年里，费米在教育部担任几个高级咨询职位，还任工业公司顾问，他接受这些职位，主要是觉得这是他应尽的职责，当然也不排除想增加一些收入的考虑。

20世纪初，对于一个意大利科学家来说，最大的荣誉是被选为林赛科学院（即意大利的国家科学院）的院士，这个科学院可以追溯到伽利略时代。从那时到现在，这个科学院出版了意大利科学文献中很重要的一部分，国际上也都承认它是世界领先的科学院之一。有些教授还可以成为王国参议员（上议院委任的终身成员），这在政治和科学上都是一种荣誉。费米想尽快达到这个系统的顶部。1925年，虽然费米做出了一些优秀的有原创性的工作，但职业问题仍然是主要问题。大约10年后，费米说他懂得了一个规则："偶数年份是物理学的吉祥年；奇数年份则不是。"26岁那年，费米回到罗马接受了一个重要的终身席位。他的科学事业达到了巅峰时期。但是还有一个问题有待解决：他需要一个适宜的科学环境。在罗马有一群比他大得多的知名数学家，他与他们十分友好。但是良好的个人关系以及他们彼此间的高度评价，并不足以产生有成果的交流或者智力的合作，在唯一能够跟踪和理解现代物理发展的物理学家中，有才华的柯比诺却整日忙于政治和商业活动，这使他的科学活动受到了限制。

1938年11月10日，费米被告知获得了诺贝尔物理学奖，然而激进的法西斯报纸攻击费米"把物理研究所变成犹太会堂"。1938年12月6日，费米全家乘火车离开罗马，费米倾力组织的"罗马小组"实际上被无法控制的力量打散了。1939年1月2日，费米一家在纽约上岸，哥伦比亚大学物理系主任格拉姆和贾尼尼在码头迎接他们。

决心全力以赴地研究原子弹的决定是1941年12月6日宣布的，在费米和安德森的领导下开始在芝加哥大学建造一个原子反应堆，1942年秋天，完成链式反应研究的障碍被排除，足够的石墨、纯净铀和氧化铀被不断地运到物理学家手中。由于十几万人的通力合作，终于在1945年原子弹试爆成功，并把两颗原子弹分别投向了日本的广岛和长崎。

第六节 布里奇曼的"操作论"

布里奇曼（Percy W. Bridgman），美国物理学家和哲学家，哈佛大学哲学博士，后任该校教授，美国物理学会会长。因对高压装置和高压物理学方面的许多发现而获得1946年诺贝尔物理学奖。为这一领域提供了现在所使用的大部分测量手段，促进了高压技术的发展。1925年首先使用从熔体中制备单晶的"布里奇曼法"，在哲学上，是"操作论"的创始人。著有《度量分析》、《现代物理学的逻辑》、《高压物理学》、《一个物理学家的沉思》、《物理学的本质》等。

“操作论”是现在西方哲学的学说之一，是实用主义和逻辑证实主义相结合的产物，创自美国物理学家布里奇曼。该理论认为，任何概念无非是一套操作：狭义的操作指物理操作，如度量、实验等；广义的操作则包括思维、讨论、用笔纸进行演算等动作。这种把检验真理的标准归结于实验、演算手续的说法，在西方物理学家特别是实验物理学家中颇为流行。很多逻辑证实主义者及心理学家、社会学家等自认为是操作论者。布里奇曼始终认为，相对论只是凭不必要观念而构建的理论，并非自然现象的如实解释。

然而，20世纪初的科学革命（“相对论”和“量子力学”）证明，对于微观世界、高速运动状态，以及涉及巨大重力场的现象而言，经典力学是错误的、无效的。然而，这并不代表经典力学的整体已经被证伪：因为无论是相对论还是量子力学，都不能够在经典力学有效范围内取代经典力学。例如，在气象学、洋流理论、航空工程或火箭设计不可能用相对论和量子力学，都只能用经典力学；又如，在宏观世界中极其重要的混沌现象，在量子力学中并无对应，也无从解释。因此，说经典力学被“推翻”和被“取代”或者说它是相对论和量子力学的近似理论都是错误的。经典力学和量子力学是适用于不同尺寸的力学体系的理论，它们有着不同的实验根据和完整的合乎逻辑的理论体系。因此，布里奇曼认为，任何概念无非是一套操作，这在解释宏观现象时是正确的，而对于“高速”和“微观”现象，经典力学的理论体系已经无能为力，一种有别于旧理论的新理论的出现是必然的。

科学不仅仅是操作，它必须借助人类理性进行思考、处理实验数据，借助这种处理使实验数据上升为一套科学理论，并用这种理论理解世界。布里奇曼的“操作论”强调了操作的意义，但是人类理性除了操作，还有其他意义，尤其在生物学系统。20世纪50年代“系统论”阐明了生命世界在不断分化并同时（或继发）整合的创造过程（这是一种加和博弈）中产生差异，从而有机地演变成更加多样的生命形态。从十分全面而又有区别的意义上说，在这个过程中，整体大于其组成部分之和。由在地球上活动的生命复合体之间相互作用发展而成、经过数十亿年动态适应和“检验”的生命结构，以及生物复合体的组织模式和形式，向我们揭示了在地球上组织一个分散动态的、多细胞的、有机协同工作的生命整体的行为方式和路径。我们认识到，像其他所有生命体一样，作为参与者，我们与这个神奇而可以想象的地球－生物圈是不可分离的。

与“操作论”几乎在同一个时代出现的波普尔（Popper）提出了理性批判主义与“猜想－反驳”的科学知识观，反对证实主义和归纳主义，认为假说不能最终证实，但可以证伪。科学通过提出问题、经过试验、排除错误而得到发展，并将此称为“试错法”。“操作论”和“试错法”都是20世纪中期人类对于知识产生过程的哲学思考。波普尔认为，证伪主义其实并不是什么创见，而是强调17世纪所确立的科学方法的一个侧面，即理论必须受到事实的验证而已[37]。1934年波普尔在《科学发现的逻辑》一书中针对逻辑证实主义的证实原则提出，主张科学的理论或命题不可能被经验证实，而只能被经验证伪，可被证伪的理论或命题才是科学的，否则是非科学的，这与“操作论”的“证实”观点恰恰相反。

证伪的方法是“猜测－反驳法”（亦称“试探－排错法”）。波普尔强调了证伪性是区分科学和非科学的划界标准，而不是意义标准或真理性标准。波普尔的“证伪说”的出发点是，科学测量和数据必须置于理论框架中才有意义，但是，逻辑上绝对无法用实例来证明理论的真理性，而只可以用反例来证明理论之谬误。因此，科学理论与非科学理论的基本分野在于能否通过观测而被“证伪”。所谓科学理论无非是尚未被证伪的假说；所谓科学进步，只不过是已经被证伪的旧假说以及尚未被“证伪”的新假说而已。20世纪后半期至今，波普尔的“证伪”主义思想似乎得到了很多科学家的认可。

第七节　一位思想深邃和具有社会责任感的诺贝尔奖得主——温伯格①

20世纪60年代中期，格拉肖、温伯格和萨拉姆提出了一个弱相互作用和电磁相互作用的统一理论，该理论把轻子与夸克联系起来，特别是电子和电子型中微子分别对应于下夸克和上夸克，借此理论，他们也预言了某个失踪了的夸克——现在叫做“粲”夸克的性质。1979年，诺贝尔物理学奖颁发给了这三位物理学家。温伯格在获奖后，将主要精力放到社会问题上。

一、温伯格和《五个半乌托邦》[38]

温伯格（Steven Weinberg）是美国物理学家。在他获得诺贝尔奖以后，开始对更广泛的科学问题和社会问题进行探讨，写了《五个半乌托邦》一书。所谓乌托邦（Utopia）是一个废除私有财产、实行公有制、计划生产和按需分配、人人从事劳动的社会，但这个社会是以农业和手工业为经济基础，还保留奴隶和宗教。“乌托邦”一词后来成为“空想”的同义语。温伯格借用“乌托邦”一词，

① 本节引文均出自：温伯格．终极理论之梦．李泳译．长沙：湖南科学技术出版社，2003

实际上他要表达的是现代社会的市场、公共事务、宗教、生活生产方式、民主政府等内容。《五个半乌托邦》的内容见表2-2。

表2-2 温伯格的五个半乌托邦

乌托邦	基本内容
1. 自由市场乌托邦	政府对自由企业的妨碍消失了。政府丧失自己的大部分功能，仅仅局限于惩治犯罪、保障契约和提供国防。摆脱认为羁绊之后，这个世界变成了一个工业的繁荣世界
2. 精英乌托邦	公共事务交由一个智力优越，教养良好的领导阶层来管理
3. 宗教乌托邦	宗教复兴潮流席卷全球，逆转了启蒙时代发端的世俗化进程。美国回到其作为一个基督教国家的历史源头。科学研究和教育被限制在不会削弱宗教信仰的范围之内
4. 绿色乌托邦	世界背离工业化的方向，转回到更纯朴的生活方式之中。小型社区自己种植粮食，自己动手修建房舍、制作家具，使用的电能纯然来自阳光、风力和水流；技术乌托邦：信息处理，机器人、合成材料和生物技术的发展，极大地提高了生产能力，使得与财富分配相关的问题都变得无关紧要。随着整个世界被光纤网络连成一体，国家的边界也变得无关紧要了
5. 文明、平等的资本主义乌托邦	生产仍然基本上控制在相互竞争的私人企业手中，企业接受民主政府的监督，而政府又得接受独立法院的监督；这些企业依然利用高薪、地位和权威来吸引具有特殊才能的工人和经理，利用红利来吸引资本。那些高收入人群只能保留部分所得；为避免剩余部分全部纳税，他们也可以将其中大部分捐给博物馆、大学以及其他自己乐于捐献的机构，得到的好处从道德上的满足感到歌剧院的好座位。这些非盈利机构利用捐款投资商业企业，最终取代富裕的个人而成为工业企业的所有者
半个乌托邦	与所谓的“第三条道路”没有多大区别，作者在书中所讨论的问题正是国内外学术界近年颇为关注的问题，比如市场经济、精英政治、第三部门、社会保障、环境保护、技术创新、全球化等问题

《五个半乌托邦》是一个科学家对现代社会出现的各种问题的思考和提出的解决方案，但这些方案受到了政治家的嘲笑。

二、温伯格的《终极理论之梦》[39]

1. 对于终极理论的追求

温伯格的《终极理论之梦》写于1992年。过去，很多科学大家都曾经预言过同一个伟大的梦想。严格说起来，现代终极理论的梦想是从牛顿开始的，牛顿曾经表示：所有自然现象都有可能统一到他的力学原理之中。到了19世纪90年代，在很多物理学家中间流传着一种莫名其妙的满足感。有一些物理学家宣扬：物理学差不多完成了，剩下的事情不过是把测量数据的小数点往后移。普朗克在决定学习物理学的时候，他的老师乔利（Philipp Jolly）劝他不要考物理系，说物理学基本上已经完成，何必把自己的才华浪费到一门已经完成的学科上去呢？另一位诺贝尔奖得主——密立根（R. A. Millikan）在大学读书时，也由于他学习的是物理学，曾经遭受很多同学的嘲笑。但是，这些神话很快就被物理学中一些新的发现所淹没。

到了20世纪20年代末，终极理论的梦想随着物理学的巨大进展而时常被一些物理大师提及。为量子力学做出重要贡献并获得诺贝尔物理学奖的德国物理学家玻恩大概忘记了20多年前物理学家预言失败的教训，又一次预言物理学已经终结。他说："就我所知，物理学将在6个月内终结。"事实很快证明，玻恩的预言也失败了。

又过了50多年，1979年霍金（Stephen Hawking）就任卢卡西教授时，发表了题目是"理论物理已经接近尾声了吗?"的就职演说，虽然有前车之鉴，在演说中也强调"在做这类预言时必须十分谨慎"，但他仍然大胆地预言："尽管如此，我们近年来取得了大量的进步，而且正如我描述的，根据谨慎乐观的估计，我相信某些读了这篇文章的读者，在他们的有生之年，能看到一套完整的理论。"

到1997年，霍金发现实现1979年的预言还遥遥无期，于是在电视节目上承认，1979年的预言"是错误的，过于乐观了"。但他仍然不甘心沉默，再次预言，20年后，也就是2017年，一定可以把"主要的"问题全部解决。这个预言现在看来多半又是一个空炮。

2. 对于终极理论的另一种观点

温伯格对"终极理论"这种预言有些不以为然，他说：

> 似乎有许多人都有过这样的印象，过去的科学家常常自以为发现了终极理论……但是，据我所知，20世纪还没有哪个物理学家宣布已经发现了终极理论。不过，物理学家有时确实忘记了达到终点还需要走漫长的路。

尽管他是相信有终极理论的著名物理学家之一，但他很清醒，不随便发出什么豪言壮语。

温伯格相信存在"终极理论"，他说：

> 科学史显现的无穷魅力之一，是追随我们人类逐渐形成的关于自然

的美。

这个所谓的“自然的美”，在温伯格看来，就是他梦寐以求的终极理论。具体到科学理论，他认为：

> 一个关于引力甚至也许包罗万象的崭新的量子理论框架已经发展起来了——那就是超弦理论。超弦理论为我们推出了第一个可能的终极理论的候选者。

超弦理论（String Theory）被认为是一种可能的终极理论，它是一种在更高维数的空间中，把粒子在空间－时间上像“点”那样的结构，扩展成其他客体（弦）的物理思想。超弦理论的数学把超对称性结合进来，这种超对称性要求所有已知粒子都要有超对称性的伴侣（虽然迄今为止一个还没有发现）。这个理论的一个优点是，广义相对论是作为一个低能近似而出现的，这样它们有可能给出一个真正的万物论，在这种理论框架中，所有相互作用的大统一理论把引力也包括了进去。

1992年以后，很多著名的物理学家，包括很多诺贝尔物理学奖得主，如格拉肖（S. L. Glashow，1979年得主）、费恩曼（1965年得主）、杨振宁（1957年得主）都开始怀疑并反对超弦理论。

到了1995年超弦理论似乎有了革命性的进展，普林斯顿大学教授米切奥·卡库（Michio Kaku）信心十足地宣称：

> 所有的线索都集中到了一点，最后的结论已经做出。在物理学方面，在过去几年中，超弦理论已经成为没有竞争对手的理论……已经足以使人相信，超弦理论是寻找已久的统一场论。

温伯格说：

> “……我们可以得到一点教训：关于未来的终极理论，即使是它赖以建立的基本预言，我们也不能鲁莽地认为已经知道了。”在他看来，终极理论应该存在。“但是，终极理论也许在几个世纪以外，也许完全不同于我们今天想象的任何东西。不过，我们姑且假定它就在某个角落里……”

他这样地小心不仅仅因为有前车之鉴，而且超弦理论本身也有目前无法摆脱的困难。例如，超弦理论至今仍然和实际物理接触太少，与实验也没有任何联系，“不能对客观物理世界做任何说明”，而且它的结构非常复杂，一般物理学家见了就发怵。这样，必然使得很多物理学家对它有不信任感，或者缺乏足够的勇气和兴趣。

当然，超弦理论是不是终极理论，目前还不能下最终的定论，但是，我们应该相信温伯格说的一句话：“科学研究之所以变得有趣，是它能把我们引向所有解释交汇的地方。”交汇的地方在哪里？温伯格说：“超弦理论为我们推出了第一个可能的终极理论的候选者。”

第八节 “还原论”、“分解－重构法”和“整体论”

世界是一个完整的整体，但从不同角度观察却显现出不同的特征，科学从不同的侧面观察世界，所看到的是一个个局部，人类根据自己的观察给出关于事物发展的结论。而宗教一开始就向我们保证，我们看到的宇宙和人生是一个整体，然而短暂的生命并没有给我们一个整体的视野，即使这样，人类认识也把观察到的客观世界扭曲了，最接近我们的东西的重要性被夸大了，而其余的，我们则以冷漠的态度对待之。我们的宇宙从大爆炸开始已经有 137 亿年的历史，而地球上人类的起源最多才有 200 万~300 万年的历史，进入文明时代才 1 万年，要想逐一认识宇宙的细节，尤其是生命出现的细节，我们还有很多工作要做。已知的科学成果告诉我们，我们必须把观察的各种细节拼凑出一张图案，并赋予整体一个意义。由于图案的美与和谐乃是处于各部分的相互关系，而我们只能看到图案的碎片，故整体的图像和意义，在一般常态下是看不到的。

对于“整体论”、“复杂”问题，很多诺贝尔物理学奖得主，如马瑞·盖尔曼（Murray Gell-Mann）、菲利普·安德森（Philip Anderson）等都参加了讨论。对于“还原论”、“分解－重构法”和“整体论”的研究虽然不属于某一学科，但其结论对于自然科学各个学科乃至社会科学都有重要的方法论意义。本节论述“还原论”和“分解－重构法”的区别，指出“还原论”是一种世界观，“分解－重构”是一种方法论。在强调“整体论”、批判“还原论”的今天，不能忽视“分解－重构法”的作用，事实上，对于复杂事物的研究，“分解－重构法”仍然是一种极其重要的、极其有效的方法。

一、什么是“还原论”？

“还原论”是一种世界观，来自古希腊哲学，最早可以追溯到亚里士多德、柏拉图或更早。这种世界观认为，宇宙乃至其中万物，无论是物理的、化学的、生物的甚至社会层面的运动，都可以化简为类似钟表的机械运作，各个组成零件均以精准可测的线性因果律相互作用。如果我们能完全解析个别零件及其作用，便可以根据组成及其作用重建世界，也可以构建所有近代哲学的各种假说，不过直到牛顿的科学和笛卡儿的哲学之后，才算是孕育了这些概念的现代版本，形成了机械性的思维。

过去的 3 个世纪，西方科学思想的主要倾向是“还原论”。“分析”这个词在最广泛的范围被使用，说明科学家已经习惯了把一个问题毫不怀疑地拿来分解，然后再解决它。“还原论”作为世界观，否认在随机相互作用有价值观、目的和意义的位置，认为所有形式运动都可以还原为机械运动，这种观点的阴影也投射到科学之外，并影响到我们整个文化甚至政治气候。然而，很多事物是无法通过“还原”为元素，而只能通过整体、综合，才能认识——对于报纸上由众多小点组成的人脸照片，交响乐中的音符，小说中的词语，组成生物的细胞，组成计算机的硬件和高一个层面的程序、运算、符号、输入、输出，很多蚂蚁构成的“社会”，等等，都不能只研究组成系统的各个元素，而必须对系统的整体进行研究。

“还原论”世界观统治人类思想 2000 多年是有道理的，因为这种世界观部分地以人类的直接经验为基础。例如，古希腊人认为所有机器都是由六大基本机械构件——杠杆、螺栓、斜面、楔子、轮子和滑轮组合而成的，如果我们研究任何一种复杂的机械（如手表、汽车），就会发现很多机械都具备的基础构件，把其中的某些构件组合在一起，可以成为一个更大的装置，再把这些装置依次装配成一台整机，或者说，一台整机可以被拆分成很多基础构件。依此类推，古希腊人认为整个宇宙也可以被拆分为很多“基础构件”，研究一个基础构件的组成、功能、工作原理毕竟比研究整机容易。如果把这些宇宙的“基础构件”搞清楚，那么，整个宇宙的运行规律也就会清晰地展现在人们面前，在科学技术不发达的 2000 多年前，这种推理方法无疑是合乎逻辑的。近代科学把这种方法称为“分解重构法”，这种方法深深影响着我们的世界观。

在这种思想指导下，古希腊哲学家开始寻找组成宇宙的“基础构件”。例如，恩培多克勒的宇宙论认为，土、气、火和水是组成宇宙的四种元素，并认为世界上的一切变化不受任何目的支配，而是受“机遇”与“必然”所支配。有一种循环存在着：当各种元素被“爱”彻底混合之后，斗争便逐渐把他们分开；当斗争把它们分开之后，爱又逐渐把他们结合在一起。因此每种合成的实体都是暂时的；只有四种元素、爱、斗争才是永恒的。留基伯和德谟克利特相信万物是由原子构成的，原子在物理上是不可分的。原子是不可毁灭的，之间存在着虚空；它运动着，而且将继续永远运动着。原子的数目是无限的，甚至原子的种类也是无限的，不同的只在于形状和大小。德谟克利特是一个彻底的唯物主义者，在他看来灵魂也是由原子组成的，思想也是物理过程，宇宙之中并没有目的，只有机械法则统御的原子。在古希腊，原子论理论显然不是经验的，因为在古代，经验的观察与逻辑的论证两者之间并没有什么显著的区别[40]。古希腊原子论者提出的假说直到2000年以后才为它们的存在提供了证据。

科学像哲学一样也在变化的现象中寻找某种永恒的基础，至20世纪初，分子、原子、质子、中子、电子的发现，似乎让我们找到了宇宙组成的“砖块”，而“物质—分子—原子—质子—中子—电子—…”依次组成了上一层次的主体。人们设想如果把“基本粒子”的性质和运动规律了解清楚，那么整个物质世界的规律就可以逻辑地“推导”出来，这就是“还原论”的世界观，即把整个系统还原为组成系统的各个简单元素以及它们之间的相互作用。

“还原论”世界观可以用一句简洁的话表示：“整体等于部分和”，还原论的产生是物理学的重大贡献，而物理学无法处理目的、道德之类的问题。20世纪中期出现的“整体论”主要来自生物学、系统论、运筹学、社会学、政治学。

科学已经并将继续危及大部分宗教教义的基础，很多关于上帝、人以及宇宙本质的宗教观念已被新物理学破除。还原主义（reductionism）在承认自然界有层次的同时，认为某一层次的基本法则和基本概念必然可以用比它低一层次的基本法则和基本概念来翻译或换写。还原主义在生命科学中表现为，所有生命现象（包括心理现象）均可还原为物质现象，或者说，所有生命现象都是物质现象。事实上，只有全方位的了解世界，从还原论的角度，从数学和诗的角度，通过对各种力、场、粒子，通过善与恶的理解，我们才能最终了解我们自己，了解我们的家——宇宙——的意义。

二、什么是“整体论”?

“还原论”被哲学家反复研究过，它不但对于某些自然科学的研究对象是有效的，有时也成为人文科学研究的方法。然而，当各个部分以比较复杂的形式相互作用时（例如，蚁群中蚂蚁彼此相遇），了解孤立的个体行为并不能了解整个系统（蚁群）的行为。简单地运用“还原”概念孤立地研究部分，就很难有效地研究整体性质。因此，我们必须既研究各个部分，又研究各部分之间的相互作用，尤其是非线性相互作用，即研究整体。

“整体论”也是一种世界观。这种世界观也可以用一句简洁的话表示：“整体大于部分和。”之所以“大于”是因为整体创造了各个组分所不具备的性质和功能，这种新的性质和功能称为“整体涌现性”或“涌现性”。霍夫施塔特（Douglas Hofstadter）认为，通过蚁群的启示性隐喻，可以找到关于涌现的新视角。他把涌现行为的产生者称为“主体”，不管这些独立的主体——蚂蚁的能力多么有限，整个蚁群在探索和开拓周围环境过程中展现了非凡的灵活性——整体涌现性。霍夫施塔特写道：

> 蚂蚁个体的行为是非常机械的（纯粹反射性地被外界条件所驱动）。它们的大部分行为可以用十几条规则来描述。例如，“用上颚抓紧物体”、“在一个浓度梯度方向上跟踪一些提示性线索（根据嗅觉发现线索，如“沿这条路能找到食物”、“这条路上有危险”等）、根据群体成员的气味来辨别移动着的物体等等（当然，如果要实际使用计算机来模拟蚂蚁遵循这些规则的行为，对规则的说明在某种程度上还必须更加具体细致，但以上这些描述已经体现出规则的要点）。这些规则的数目虽然不多，但当蚂蚁在变化的环境中移动时，它们会不停地反复调用这些规则。一旦遇到规则没有描述过的情况，单个蚂蚁将会非常危险。大部分的蚂蚁，特别是工蚁，在规则没有描述到的某一环境中最多只能存活几个星期。
>
> 蚁群中各成员的行为和它们之间的相互作用完全决定了整个蚁群的行为。然而，作为一个群体，所显示出的适应性却大大超过了它的个体成员。群体表现出的这种能力，体现在一个很大的范围——寻找食物、对付敌人、躲避水灾和很多其他的遭遇。蚁群能够在相当大的程度上按照有利于全体的方式，来适应它们周围的环境。蚁群的生存期一般远长于它的个体成员的寿命（某些种类中，蚁后的寿命和蚁群的生存期大致相等）。为了解蚁群，我们必须了解这个稳定的适应性很强的组织是如何从为数众多的成员间的相互作用中产生出来的。[41]

迄今为止，我们还不知道，是什么原因使这些主体的简单规律产生了一种远远超过个体能力的涌现行为。值得注意的是，这种涌现行为是在没有控制中心或命令中心的情况下发生的。

像蚁群一样，中枢神经系统也是由大量相互影响的个体组成的，这些个体被称为神经元。单个神经元就像单个蚂蚁一样，有一套行动指令系统，这个系统可以由为数不多的若干规则大致推断出来。而且像蚁群一样，这些由中枢神经调控的行为，无论在时间还是在空间上，都比神经元本身的行为复杂得多。当然，蚁群和中枢神经系统有着很重要的区别。例如，在空间上，神经元之间的相互联系和影响基本上是以相对固定的“有线连接”的方式进行的。然而，蚂蚁之间的联系却以一种变动的、可移动的“无线”方式实现的。在这两种情况下，最令人迷惑的地方在于：这些相对来说很不灵活的成员，究竟是如何产生这样一个如此稳定而灵活的组织的？[42]

因为蚁群的活动细节比中枢神经系统更容易观察（我们用肉眼就可以看到蚂

蚁个体，并观察他们之间的相互影响)，蚁群中的涌现现象就不那么神秘了。神经网络的行为指令系统大大优于其成员（神经元）的指令系统，在建立这样的网络模型的过程中，我们希望用检验蚁群的方式来观察这一现象：可以使用不同的方式干扰模拟网络，从中挑选出在涌现现象中扮演关键角色的个别神经元的属性以及涌现的其他层面的内容。

无论是蚁群还是中枢神经系统都是典型的自然复杂系统。在自然界和人类社会存在着大量的复杂系统，这些系统有什么共同的特点呢？

三、复杂事物的整体涌现性的特点

简单地说，涌现的特点是由小生大，由简入繁。少数规则和规律生成了复杂的系统，以不断变化的形式引发永恒的新奇和新的涌现现象。具体地说，涌现的经验包括：

1）简单的规则能够生成涌现现象。

2）涌现现象是以相互作用为中心的，它比单个行为的简单累加复杂得多。

3）稳定的涌现现象可以作为更复杂涌现现象的组成部分。

4）在复杂现象的研究中几乎没有任何能够隐藏的东西，也不存在所谓神秘的不可解释的行为。

与自然科学所有学科的研究方法一样，涌现现象的研究需要建立模型，这个模型除了具备其他模型所要求的一切特征外，还必须具备可操作性。因为目前我们关于涌现的知识非常有限，所以，这个模型必须有利于清晰地找出事物的因果关系，环境干扰对状态的影响，涌现性产生的途径和机理等，根据目前对涌现模型的研究，可以给出它们的一些共同的要素：

1）通过某种方式（如计算机）为真实世界建立模型；

2）每一个模型包含一定数量相互作用的元素；

3）模型中的变量随时间变化而变化，并且下一步的状态完全由任意时刻前面一步的特定状态所决定；

4）相互作用往往受到一个简明规则表（方程）的约束，所有可能的状态序列都是根据这些规则重新排列的结果。[43]

其中，可识别的特征和模式是研究涌现现象的关键。到目前为止，对复杂事物的研究还在继续，由于它涉及不同学科和不同的研究对象，到目前还没有突破性的成果。

四、“还原论”和“分解－重构”法的区别

1. “还原论”是一种世界观

世界观是人类对于现存世界的整体认识，这种认识以哲学的形式表达出来，在自然科学领域，这种世界观表现为“自然哲学”和“科学哲学”。自然哲学就是自然观，科学哲学主要讨论科学方法论。自然观是人类对于自然界的根本看法，人类对于自然的看法每个时代都不尽相同，随着自然科学知识的不断积累，人类对于自然的认识也不断深化，至19世纪，自然观的理论体系已经相当成熟。例如，关于宇宙无限循环的思想、关于运动不灭的思想、关于物质运动形态及其转化的思想、关于吸引和排斥是自然界主要矛盾的思想、关于物质无限分割的层次结构的思想都已经得到科学的阐发。20世纪是自然科学大发展时代，在吸收了19世纪的自然观和最新的自然科学成果以后形成了更加深刻的理论体系，这个体系包括几个有机组成部分：自然界的物质系统及其自组织；自然界的层次结构；自然界的运动形态；自然界的演化发展。[44]“还原论”与“自然界的层次结构”和“自然界的演化发展”等自然哲学理论有密切关系。20世纪后半叶，由于“控制论”、“信息论”和“系统论”（老三论）的建立，尤其是“协同学”、“耗散结构”和“混沌论”等非线性科学的建立，使人们对于世界的演化发展和层次性有了新的认识，“还原论”试图把较高层次的运动形态还原为较低层次的运动形态加以认识，正如牛顿所说：

> 哲学的全部重任在于由运动现象去研究自然力，再由这些力去推演其他现象……我希望其他的自然现象也同样能由力学原理推导出来。[45]

因此，“还原论”本质上是一种“自然观”和“世界观”，属于意识形态范畴。

2. “分解－重构”是一种方法论

当人们研究某一现象时，首先必须使自己沉浸在细节之中，直到所有细节完全都熟悉为止，然后再把各个细节恰当地、相互联系成一个整体。这就是“分解－重构”。最近似的类比就是，先在雾里走遍了一座山，直到每一条道路、山岭、河流都非常熟悉了，然后再在阳光明媚的时候，从远处清晰地观看整个这座山。“分解－重构”是科学研究的一种操作方法。然而，很少有人注意到还原方法与受一定规律支配的涌现象之间的联系。霍兰发现，受一定规则支配的复杂系统中的涌现现象是合理运用还原论的一个有力佐证。[46]

科学方法论即科学哲学主要包括：科学知识的组成和结构；科学认识的程序与规则；科学理论的发展与科学文化等“宏观知识”，也包括：观察方法、实验方法、抽象方法、分析与综合方法、归纳与演绎方法、分类方法、比较方法、模型方法、数学方法、系统方法等微观的具体研究方法。[47]“分解－重构”本质上是一种方法论，牛顿指出：

> 在自然科学里，应该像在数学里一样，在研究困难的事物时，总是应当先用分析方法，然后才用到综合方法……用这样的分析方法，我们可以从复合物论证到它们的成分，从运动到产生运动的力，一般地说，从结果到原因，从特殊原因到普遍原因，一直论证到最普遍的原因为止。[48]

科学知识的目的在于去掉一切个人的因素，说出人类集体智慧的发现。[49]人类时间和空间总有个“此时”和“此地”，凡是属于此时此地的事物都是清晰分明的，事物越遥远就越模糊不清。我们对于一个事物的全部知识都是从一个时空中心向外辐射出去的，这个中心就是此时此地我们所占据的这块小小的领域。科学以消除“此时”和“此地”为目标，即消除感觉的主观性，代之以对所有知觉都相同的一种知识。感觉的事物和客观事物之间的差别非常大，小孩画的两只眼和看到的很相似，但电子、质子和感官世界之间却只剩下一点点逻辑结构的相似。然而，就因为电子可以不靠感官存在，所以没有掺入任何主观因素。而直接的视觉材料，由于掺入主观因素，可以肯定地说，他们不是我们见到的物体的真实情况。[50]有一件事很明显，只有在原来的知觉材料确实可信的条件下，才有理由相信以它为基础的推论出来的那座理论大厦的真实性。个人的知觉知识是我们全部知识的基础，我们还没有一种能在很多观察者共有的全部直觉上开始研究的方法。而个人的知觉知识即使对于同一现象的认识只能是部分的而不是整体的。

五、复杂事物研究仍然需要“分解－重构法”

人们要想理解世界需要一些概念，这些概念使人们能够把众象纷纭的外部世界整理出一个条理，换言之，这些概念范畴在人的意识中将“现实”组织起来、架构起来。人对客观世界概念化是人的“认知意向”与客观世界达成的协定，这就是说，从不同观点出发的认知意向，会与客观世界达成不同的协定。所有从不同观点出发的认知意向，都具有对客观世界条理化的作用，而且，从一个“先定假设”出发的认知意向，都有独具一格的对客观世界的整理方式。例如，一群科学家来到田野考察，植物学家注意的是花草树木、动物学家注意的是昆虫、矿物学家注意的是岩石，他们每个人都有一套自己的对客观世界某一部分的整理方式，换言之，也就是建立在这个认知意向上的一套“分析架构”。这套“分析架构”具有其独特的分析能力，使它能够从客观世界中整理出某一种“现象”来，并由某种观点决定了的对某种问题的特别关切。这种关切还不只是重视某一现象，还在现象之间寻求一种“必然性”的关联，并把这种“必然性”提升到“本质”与“主流”的地位，而把客观世界中被过滤掉的内容当作非本质的、意外的或偶然的因素，甚至当做“非事实”。因此，一套由某一种认知意向（范式）衍生的分析架构，能够使我们“看到了”其他的分析架构所不能“看到”的现象。

任何一套分析架构都不能够也不可能“看到”全部现象。因为，一套分析架构并不是简单地“反映了”客观世界的现象。如果问题那样简单，那么，至少在理论上，人们可以建立与客观世界一样庞大的分析架构，去将它全部“放映”出来。但是，在我们看来，即使是客观世界的同一个对象，也可以从几个不同的角度去观察它。每一次不同的观察，都会使它获得一种新的关联，一种新的意义。[51]

一套由某一种认知意向衍生的分析架构，能够使我们“看到了”其他的分析架构所不能“看到”的现象。认知意向对客观世界的这种“照明”作用，就好比在暗室中用一盏灯移到某一角落，去照亮堆满的杂物，并且将这堆杂物由光线明暗对比形成的轮廓，从这个特殊角度勾画出来一样（即克里克的“探照灯”机理）。然而，正因为这样，任何照明作用都不能够也不可能同时“看到”从所有角度展呈现出来的轮廓。因此，根本不存在人的认知意向对客观事物“兼容并蓄”的可能性。因为，欲试图在天下万物间去寻求一种必然性的关联，就等于没有“必然性”；把乾坤万象的重要性都提升到“本质”与“主流”的地位，就等于没有“本质”和“主流”。[52]

我们面对自然界和人类社会大量的复杂事物，包括人类本身，如果没有目标地研究整体，可能又倒退回古希腊时代。正如第一章第二节指出的，古希腊哲学家研究自然的方法是整体的、模糊的和定性的。文艺复兴时代的科学巨人——伽利略选择了一个新的定量描述方法。这种方法被其后的牛顿、麦克斯韦、爱因斯坦等科学家使用并取得了卓越的成就。这种方法就是“分解重构法”，它是科学研究方法论的一种进步，并成为认识复杂事物的一种必要的方法。在我们强调“整体论”的今天，“分解重构法”不应该被抛弃（事实上也无法抛弃），相反，它仍然是我们认识世界的强大武器。

关于“还原论”还是“整体论”的认识，科学家和哲学家持两种截然不同的态度。例如，波普尔断言，生物学不能被还原为物理学和化学，生物化学不能还原为化学。然而，这一观点受到佩雷兹和霍普金斯的反对。佩雷兹说，我无法想象不能还原为化学的生物化学。霍普金斯说，波普尔的观点受到“整体大于部分之和”的挑战。活细胞中的生物化学反应之和都能在实验室操作中实现，霍普金斯证明了体内外的化学反应没有什么不同。此后，诸如 DNA 复制、DNA 转录为 RNA、RNA 转译为蛋白质、光转化为化学能，以及大量新陈代谢反应都能在细胞外进行，它们在细胞内的活动并不比试管中化学反应的总合多，这些基本过程的描述证实了霍普金斯的观点。人们可能认为，正是由于机体给予细胞以目的性，这才使得总体大于部分之和。[53]

第九节　费恩曼、盖尔曼的“系统论”思想

物理学探究的是物质世界最基本、最普遍的运动规律，因此与哲学最接近。费恩曼（Richard P. Feynman）因为对“量子电动学基本原理的深入研究”，与朝永振一郎（Sin-Itiro Tomonaga）、施温格（Julian Schwinger）三人分享了 1965 年诺贝尔物理学奖。费恩曼和施温格不仅是科学上的同路人，在哲学观点上也极为相似。此外，费恩曼与加利福尼亚理工学院的同事盖尔曼（1969 年获诺贝尔物理学奖）被称为物理系的双子星座，其哲学观点也是相通的。

这三位诺贝尔物理学奖得主都很不喜欢哲学，最讨厌的是政客和哲学家。然而在对他们的研究成果进行深入思考的时候，又不得不讨论哲学问题。他们讨论的哲学问题主要集中在下面几个问题。

一、对于复杂性的研究

在科学史上有两种科学家，第一种把世界基本看成是均衡的，如果有某种力量在某一时刻把事物略微推离了平衡点，大自然会把这个系统拉回到平衡点上。持这种观点的科学家称为“柏拉图派”，因为柏拉图这位雅典哲学家声称，我们周围的这个混沌而不完善的世界不过是尽善尽美的“原型”的各种影像而已，而“原型”的部分和整体行为都是稳定的和平衡的。第二种则把世界看作同种物质以无穷无尽的不同组合、不断循环的往复流动和变化的过程，这些科学家被称为“赫拉克赖脱派”。现代很多著名科学家及诺贝尔奖得主，如西蒙、费恩曼、普里高津、哈肯和盖尔曼都属于后者，普里高津和哈肯认为“物理学正处于结束现实世界简单性信念的阶段”[55]，复杂性科学就是结束现实世界简单性的新学科。

总之，复杂性研究是与系统、结构、层次、过程这些系统科学的概念分不开的。系统科学认为，一个层次的建设砖块组合成更高层次的“建设砖块”，似乎

是这个世界的最根本的规律之一。这个等级分明的建设砖块能够彻底改变系统的学习、进化和适应能力，同时也增加着系统的复杂性。

二、对玻尔的量子力学的“哥本哈根解释”，费恩曼和盖尔曼持否定态度

盖尔曼认为，玻尔的量子力学的“哥本哈根解释”没有起到积极促进的，而是起到消极阻碍的作用；而费恩曼认为，量子力学里最根本的概念是用波函数描述的概率幅，最基本的规律就是概率幅叠加的规则，正是这一规则造就了量子力学同经典力学的原则区别。

“对历史求和”就是费恩曼提出的关于概率幅叠加的一个形象比喻，这个理论已经成为粒子物理计算的基础，其基本思想是，一个系统在时空中不止有一个单独的历史轨迹，相反，这个系统具有所有可能的历史，每个历史出现的概率不同，而现实的历史是所有可能历史之和，即概率最大的历史。例如，当 *A* 点的一个粒子往 *B* 点运动，经典物理认为只有一条路径，然而，按照历史求和理论，它可能沿着从 *A* 到 *B* 的任何路径运动。史蒂芬 · 霍金给了一个比喻，说明“对历史求和”理论：在一张吸水纸上选取 *A*、*B* 两点，在 *A* 点滴一滴墨水，墨水会沿着所有可能的路径弥散开来，而不是沿着某一固定路径往 *B* 点运动，即使在 *A*、*B* 两点间切开一个口子，墨水也会绕过口子前进[56]。墨水形成的印迹比喻成历史轨迹，而每一条印迹都是可能的历史，而现实的历史就是那条从 *A* 到 *B* 的最深墨水印迹。

科学概念和科学理论从来就不仅来源于经验，经典物理学的很多基本概念是不能从人们日常生活或者直接感觉的经验得出的，它们“都是人类理智的自由发明”（爱因斯坦语）；而相对论和量子力学的概念和理论离开人们的感觉经验越来越远，以至于觉得它们“怪怪的”（如薛定谔猫），甚至使我们产生疑惑和恐惧。费恩曼说：

> 重要的是这个理论所给出的预言能否与实验符合。而一个理论是否在哲学上令人喜欢，或者是否容易理解，或者能从常识的观点看来完全合乎逻辑，所有这些都是无所谓的。[57]

三、物理学和哲学的关系

关于物理学和哲学的关系，费恩曼的态度是一贯的——科学研究不需要哲学的指导，并且表示了对“总是置身于外围大发无聊议论的哲学家”的反感。1979

年诺贝尔物理奖得主温伯格和费恩曼持相同观点，他写道：

> 哲学家的观点偶尔也帮助过科学家，不过一般是从反面来的——使他们能够拒绝其他哲学家先入为主的偏见。”“哲学往往不能预先给我们提供正确的观念。……物理学家……能很好地追踪自然定律的美的踪迹，却不能从高高在上的哲学俯瞰通向真理的道路。”“这并不是要否定哲学的价值，尽管它们多半与科学家没有多少关系。……我们不应该指望哲学来指导今天的科学家如何去工作，或者告诉他们将要发现什么。[58]

他们认为，在研究中走什么道路，终究是要科学家自己选择的。

费恩曼和温伯格等物理学家的观点代表了相当一部分现代科学家的认识。然而，如果考察20世纪20～30年代量子力学发展的历史，我们仍然发现，科学，尤其是理论物理学（一门最理性的学科）是离不开哲学的，玻恩说：“我确信，理论物理学是真正的哲学。”[59]前面所描述的爱因斯坦和玻尔的争论，不但涉及对实验的解释，更重要的是涉及对“量子论”的哲学认识。即使对于实验性科学、描述性科学，哲学的影响也是不容忽视的，以生物学为例：经典生物学往往最注重分门别类的研究，这时候，受到“分析和归纳”哲学思想支配的科学家就容易取得成功；一门学科发展到综合阶段（如19世纪三大科学成就），受到“转化和统一”哲学思想影响的科学家可能成功。哲学对于科学家肯定都会起到一些积极作用，但是说其对科学的“指导和引领”作用，似乎夸张了一些。

第十节　系统论、控制论和信息论①

系统论（general system theory）、控制论（cybernetics）和信息论（informatics）是20世纪40～50年代前后出现的超越一般学科的、带有方法论性质的理论。虽然系统论的创始人贝塔朗菲（von Bertalanffy）、控制论的创始人维纳（N. Wiener）和信息论的创始人香农都没有获得诺贝尔奖（他们的研究内容和成就不属于诺贝尔物理学奖、化学奖、生理学或医学奖的授奖范围），但是他们的科学思想指导着众多的科学工作者，使他们能够在自己的研究领域获得了非凡的成就。此外，这“三论”也在工程技术上也得到广泛的使用。因此，“三论”开启了现代科学技术的新纪元并作为近代科学技术和现代科学技术的分界线。

---

① 主要参考：许国志主编．系统科学．上海：上海科技教育出版社，2000；诺伯特·维纳．发明：激动人心的创新之路．赵乐静译．上海：上海科学技术出版社，2002. 本节的引言均出自该书，后面的数字为该书的页码

一、系　统　论

系统论和系统科学是一门综合的、横断的新兴学科，它与科学技术总的背景有关。系统思想就其基本含义来说，是关于事物的整体性观念、相互作用的观念、演化发展的观念。系统的思想来源于古代人类的实践。直到 20 世纪中叶，一般公认以贝塔朗菲提出“一般系统论”为标志。20 世纪 40 年代早期出现的系统论、运筹学、控制论、信息论是早期的系统科学理论，而同时出现的系统工程、系统分析、管理科学则是系统科学的工程应用。

1945 年，贝塔朗菲的《关于一般系统论》在《德国哲学周刊》第 18 期上发表，明确提出一般系统论的任务“乃是确立适用于系统的一般原则”，并对系统的共性做了一定的概括，如系统的整体性、关联性、动态性、有序性、终极性（目的性）等。贝塔朗菲提出一般系统论是从有关生物和人的问题出发的，他认为对这类问题的研究不能沿用讨论无机界问题常用的机械论的分析方法，并认为，现实是一个有组织的由实体构成的递阶秩序，在许多层次的叠加中从物理、化学系统引向生物、社会系统。因此，不能把分割的部分的行为拼加成整体，必须考虑各个子系统和整个系统之间的关系，才能了解各部分的行为和整体。他认为，分析和人为隔离的方法是有用的，但要看到，即使对物理学的实验和理论都还不是充分的。

如今，整体性、整体论已经为大众所接受（并非完全理解），并成为它们思考问题和解决问题的方法论。在国家级大中型建设中，系统的思想和概念也被广泛应用。而系统论提出的一些基本概念，如有序性、终极性（目的性）等已经上升为哲学概念。

二、信　息　论

信息论是香农首先提出的，关于系统信息传递和处理的科学理论。而现代信息学不但包括信息论，还包括计算机理论。这两者的结合和发展，是对系统的信息传递和处理过程规律的研究取得根本性突破的里程碑。香农在 1948 年发表了《通信的数学理论》，宣告了信息论的诞生。香农的信息论提炼出了包括信源、信宿、信道等信号传输的普适模型，定义了信息量（参见本章第一节的“麦克斯韦妖与香农的信息论”），提出了信源编码定理等重要定理，为一般意义上的信息传输奠定了理论基础。人类通信主要是通过传递语言、文字符号进行的，包括语法信息、语义信息和语用信息 3 个层次，香农信息是语法信息。

1948年电子计算机的诞生是人类认识世界、改造世界的一个伟大事件。电子计算机不仅是威力巨大的计算工具，而且标志着人类对信息处理本质的深刻认识。在人类从事的各种信息作业中，居核心地位的是信息处理。信息处理原本是人的智能，计算机科学和计算数学的发展使信息处理技术获得极大提高。电子计算机的诞生宣告人类对人类智能的机理有了基本的、本质性的认识，并且实现了人的处理信息的智能可以部分地由人造物代替。

控制论从系统外显的目的行为出发，把目的行为和信息的获取、传输和处理关联起来，概括成一个反馈控制模型。而香农信息论则撇开了所谓信息的语义，从信息的语法方面建立了传递信息的通信系统模型。冯·诺依曼计算机则实现了一种处理信息的“物理符号系统”，这是人类智能物化的伟大起点。目的、行为、控制、信息、语法、语义、智能等本来表征人活动的词汇，由于控制论、信息论的发展，这些词汇也被赋予了机器等人工物。

这样，控制论和信息学的成就，就把科学的、定量的、系统思想的适用范围，从自然物扩展到人工物，从“物理”扩展到“事理”，为系统科学横断自然科学、社会科学和工程技术的基本特征的形成奠定了基础。

三、控　制　论

美国数学家维纳1948年发表了名著《控制论》，被誉为“控制论之父”，他把控制论定义为：关于在动物和机器中控制和通信的科学。控制论是在20世纪30～40年代蓬勃发展的自动控制技术和统计数学背景下诞生的。从系统发展来说，控制论的诞生和发展具有特别重大的意义，因为控制论提炼出了包括生物系统和人工系统极为广泛的一大类系统的共性和规律，它们也是系统科学的主要研究对象。控制论提炼出的基本概念，如目的、行为、通信、信息、输入、输出、反馈、控制以及在这些概念基础上的控制论系统模型，即输入－输出反馈控制模型，具有广泛的普遍意义，并且紧密地联系着基础理论和应用技术两头。因此，从一定意义上说，半个多世纪以来，系统科学的发展在总体上是和控制论的发展紧密相关的。

控制论已经用于航空航天、过程自动化、数控机床等领域，与电子计算机结合在国民经济各个部门得到了广泛的应用。

维纳是一位成就卓越、兴趣广泛的科学家，他不但是以通信和计算机新技术的发明和广泛应用为标志的第二次产业革命的先行者之一，而且也是一位充满社会责任和正义感的科学家。当代技术发明对社会的冲击，对哲学的挑战都引起了他深深的担忧和思考。维纳认为：

> 发明者必须以信念、承诺以及永不停息地对基本原理的探索和新机器的不断发明作为前提和保障，解决人类面临的长期问题——营养不良、缺乏清洁饮水、自然资源的枯竭、环境污染恶化等。而现存的政治、经济体制仅适应于解决短期危机，很难顾及更遥远未来的至关重要的思想和活动。另外，他对那些历经坎坷的发明者充满同情，也只参与那些他认为有益于人类的研究。他对功利化的科学研究特别不满，并对所谓的“保密化”也表示了极大的担忧，并指出这种做法对科学事业极为有害。他说：“真正一流的科学家，应当是一心一意忙于其所热爱的事业的人。他们既不沉湎于金钱的诱惑，也不过分在意世俗意义上的浮华繁荣。”[60a]

维纳晚年著《发明：激动人心的创新之路》一书，在这部著作中，对于当前技术的成就和负面作用都有所论述，他说：

> 我们正生活在一个与以往截然不同的时代。总体而言，这是一个人类通过不断发明新机器、新工具以控制自身生存环境的时代。并且更重要的是，这些发明已非某种零星偶然的现象，而是正发展成为一种人类可以理解的、有意识的过程和活动。这些活动不仅极大地改善了人类的生活水平与舒适程度，而且还会在可预见的将来为人类的文明与生活提供可靠保证。数十年来，全球一直在谈论人类赖以生存和发展的地球蕴藏的自然资源正在不断减少的严峻现实。然而，许多人对这些日益临近的危险却抱着过分天真、不切实际的幻想：他们认为，当地球自然资源的储量到达枯竭的临界点时，技术进步总可以为我们找到某些替代品拯救人类。[60b]

维纳根据自己的经验，把发明过程分为以下几个重要阶段。

第一，新思想的萌芽。这个阶段必然已经首先存在于某个人或某些人的头脑之中。并且，这些新思想的萌芽必须以人们可以得到的方式被保存起来，进而才可能引起智力环境的改变。在这一阶段，个体的作用非常重要。因为没有创造力非凡的头脑，虽然不排除一些发现、发明仍可在后来为他人所提出的可能性，但就时间而言，很可能会被延迟数十年乃至一个世纪。

第二，适当的原材料和技艺。尽管材料、技艺不属于创造发明的思维因素，但却对有效实现创意至关重要。

智力环境、技术环境、社会环境和经济因素对发明的影响也很大，在发明可以大规模造福人类之前，必然存在着促进其发展的某种途径。在大多数情况下，这意味着一定有某些人或阶层可以通过促进发明而获利。如果由某项技术变革所产生的不可避免的风险过分集中于那些最初进行这些变革的人，并且没有适当的补偿机制保护这些促进技术进步的人的话，便不会有人愿意冒险。在这种情况下，新思想、新技术将只会是海市蜃楼，总是为那个时代力所不及。

维纳对于中国古代科学技术的发展很有研究，并且予以特别的赞扬，他说：

在早期的发明历史上，有一个地位极为重要的国家，它就是中国。我们常将印刷术、造纸术、火药等发明归因于中国。事实上，中国同时还是对纺织、金属加工技术贡献极大的国家。同时，其打井技术——油井钻探技术的直接祖先，也是极先进的。

在逐一描述这些发明之前，我首先要指出的是，中国的社会意识形态非常适合于发展新技术。工匠在中国的社会地位，与在佛兰德和意大利城邦中的地位一样高。在欧洲，武士常常位列社会较高层次。在中国，按儒家的分类，社会地位最高的是官吏“仕”，其次是“农民”，包括从事耕作的农民和拥有一对财产的乡绅，再次是“工匠”，接着是做买卖的“商人”，再低则是那些从事各种粗活的人，最底层是士兵。由此看来，工匠在中国的社会地位处于中上水平。

中国在19世纪和20世纪初奉行的保守主义，从历史上看只是一种短期现象。这一时期也正是中国人口膨胀期。大约在欧洲文艺复兴时期，中国人的数量和生存质量都明显优于当时的欧洲。即使在文艺复兴时期，中国人生活的各个方面，都比欧洲更为富庶文明。

(第51～56页)

在这部书中，他逐个分析了中国古代的印刷术与纸、图章、打井技术、火药等发明的意义、对西方文明的影响以及现代技术如何在这些发明的基础上发展起来的过程。然后他对科学家、现代科学研究机构的规模和组织形态提出了自己的看法，他说：

“现代科学对发明的指导作用越来越大，即未来世界的发明在某种程度上将取决于新的科学，包括那些尚在开拓中的新科学。”“真正的科学家，必定是把科学探索的自由看得高于金钱报酬的人。对于有能力和有良知的人而言，控制大量金钱往往是一种负担。”

由于高度组织化的研究事先限定所雇佣科学家的活动范围，因而其整个运作就像庞大笨拙的机器一般，很难重新定位以适应新理论、新观念的挑战。那些接受了成千上万美元的大项目的巨型科学组织，实在不便轻易转向。况且，最优秀的大型机构的管理者，通常不是最富创见的开拓者。因此，研究组织的大型化，并非新思想的助产士或培育者。

新思想主要来自崇尚自由思考的科学家，特别是那些受过良好训练、不必为生计忙碌的治理精英的努力。极度贫困者一般而言很难对科学做出太大的贡献。另一方面，如果对不谙世事的知识分子的指责太多的话，潜心治学、不善心计者将会越来越少，乃至绝迹……要知道，最优秀、最有冒险精神的科学家，正是那些为兴趣与好奇心驱使、百折不挠的求知者。

(第102～103页)

关于研究成果“保密”的问题，他极为反感，他说：

首先，任何涉及保密与限制信息传播的政策，其目的都是为了在冲突中建立某种竞争优势。为此，应当考虑的不仅是秘密对于对手的重要性，而且还顾及秘密对己方的作用如何。事实上，任何控制信息自由流动的做法，迟早都会对控制者自身产生负面影响。这点对发明和创新工作显得尤为突出。因为，人们在发现和发明过程中，很难预先肯定哪些信息无用，哪些信息应当纳入保密的范畴。

科研成果只有为其他研究者所应用和借鉴，只有通过正常的科技交流，方能充分体现其价值，从而确保科学发现的完整性。

(第105～111页)

“控制论”的发表已经过去70多年了，这部著作不但是科学的成就、工程的成就，也是人类认识自然界、深刻反思科技发展历史的成就。科学技术，尤其是自动控制、火箭控制、工业过程控制在维纳思想的引导下，取得了一系列的成就，并为20世纪70年代出现的“新三论”奠定了基础。

四、从“老三论”到“新三论”

“系统论”、“控制论”和“信息论”在中国被称为“老三论”，到了20世纪70～80年代，针对老三论的问题，由系统论出发，诞生了比利时物理化学家普里高津（I. Prigogine）的“耗散结构理论”、德国物理学家哈肯（H. Haken）的“协同学”和艾根（M. Eigen）的“超循环理论”，它们被中国科学家称为“新三论”。其中，普里高津是1977年诺贝尔化学奖得主（本书第三章将介绍）。

20世纪80年代以后，非线性科学（Nonlinear Science）和复杂性研究（Complexity）对系统科学的发展起了巨大的推动作用。非线性科学研究各门科学中有关非线性的共性问题，人们意识到非线性科学的进展将对世界本质的认识前进一大步。复杂性研究是由3位诺贝尔奖得主——盖尔曼、阿罗（K. J. Arrow）

和安德森为首的一批不同学科领域的著名科学家组织和进行的，其宗旨是开展跨学科、跨领域的称作“复杂性”的研究。他们认为，事物的复杂性是从简单性发展来的，是在适应环境的过程中产生的。他们把经济、生态、免疫系统、胚胎、神经系统及计算机网络等称为复杂适应系统，认为存在某些一般性规律控制着这些系统的行为。

由“老三论”到“新三论”的发展过程，我们发现，人类思维由线性往非线性的转变使其对于自然界的认识不断深化，而所有这些成果都是在地球条件下取得的。本章第12节将讨论在哈勃太空望远镜运转20年以后，我们对于宇宙的认识事实上还处于儿童时期，科学将以自己的成果向我们再一次证明，自然界仍然有很多未知的规律等待我们去挖掘和探索。

第十一节　复杂适应系统

复杂性研究是20世纪80年代席卷世界的一个热门研究领域。1984年，在美国新墨西哥州首府圣菲市举行了第一届以“复杂性”为研究中心议题的国际会议。这次会议以经济为主题，参加者不但有诺贝尔经济学学奖得主阿罗（K. J. Arrow）为首的经济学家，而且还有很多物理学家，包括1969年诺贝尔物理学奖得主盖尔曼（美国）和1977年诺贝尔物理学奖得主安德森（美国）。这次成功的交流使与会者十分兴奋，并且一致同意按此方向走下去。这就是圣菲研究所的由来。

以复杂性为研究的中心议题，是圣菲研究所的一大特色。20世纪80年代中期，虽然已有不少学者提出并开始研究复杂性，但还没有专门的机构从事这方面的工作。其主要原因是近代科学长期形成的学科分割的局面，阻碍了科学家们的相互了解和交流。一种和谐的氛围，一个不受各种传统体制束缚的交流场所，一套鼓励创新的运行机制，成为很多希望科学进步的学者所追求的理想。圣菲研究所的出现使人们看见了希望。

圣菲研究所很快就吸引了一大批富有创新精神的、勇于探索这个新开辟领域的科学家。他们来自很多不同的传统学科。例如，经济学家阿瑟（Arthur）在经济学界首先研究了现代经济的重要特征——收益递增现象。计算机科学家约翰·霍兰（John Holland）是遗传算法的首创者，还有以研究“人工生命”闻名的朗顿（Langdon）、从医学领域来的考夫曼（Kaufman）、对复杂性研究著有多种早期著作的作者卡斯蒂（Casti）等。到20世纪80年代末，圣菲研究所已经成为众所周知的复杂性研究中心。

除了美国的圣菲研究所，欧洲大陆的自组织理论、英国的复杂性论坛、中国的系统学都是研究复杂性的机构。这门学科如此之新，范围如此之广，至今还无人知道它的边界在哪里。然而，这正是它的全部意义所在，因为它试图解答一切常规科学无法解答的问题。[61]

一、什么是复杂？

复杂是指系统结构或系统行为或两者兼有的多样性和差异性。现代科学技术的发展表明，不能把复杂性全部归结为认识过程的不充分性，必须承认客观的复杂性，从字面上理解，“复”指元素数量多，“杂”指事物种类多，因此复杂是一种数量和种类都巨大的系统或事物或行为，真正的复杂性应当具备自身特有的规定性，即复杂性科学应该具有确定的研究领域。

复杂是一种自然界和人类社会普遍存在的现象，在自然科学和社会科学各个学科的研究中都涉及这种现象。

复杂性属于系统科学的研究范畴，20 世纪 40 年代，系统科学的先驱贝塔朗菲（L. Bertalanffy）首先提出研究复杂性的问题，至 80 年代，以美国圣菲研究所为代表的一批科学家都参与了复杂性理论的研究，他们一致认为：复杂理论是一个将普照自然和人类社会的新科学，这个新科学将冲破牛顿以来一直统治科学界的线性、还原论的思维模式，并成为 21 世纪的一门新科学。然而，圣菲研究所的科学精英们提出了问题，并没有给出解决问题的答案，甚至没有一个涵盖所有学科的定义。事实上，要解决复杂这个问题，不但需要人类思维模式的改变，冲破线性、还原论的束缚，还需要一套具体的解决方法（实验方法、数学方法），而这些方法的建立，需要对复杂性的深入研究和理解，因此，绝不是短时间能够成功的，毕竟，复杂性研究仅有半个世纪的历史。

据统计，西方学者已提出 45 种复杂性定义[62]，其中大多数与信息的定量描述有关（如香农信息、共有信息等）。从 20 世纪中叶至今仍然没有给出一个令大多数人满意、所有学科都适用的定义，足见复杂性研究是非常困难的。在这些定义中，有几个对复杂性的探索具有重要的启发作用。

- 有效复杂性概念：20 世纪 90 年代由盖尔曼提出的[64]，他主张把复杂性研究和复杂适应系统的研究联系起来，反对从概念到概念的研究方法。

总之，哲学意义上，世界一般被分为微观、宏观和宇观三个层次。科学意义上，这些层次又可以分为若干小的层次和更小的层次。每一个层次都有自己的运动规律，如微观世界的量子性、不确定性，宇观世界的空间弯曲、时间隧道。生活在宏观层次的人类对微观和宇观层次的认识才开始不久。所有这些复杂的事物构成了哲学层次上称为物质的世界。

理查德·费恩曼（1965年诺贝尔物理学奖得主）对上述观点有非常精彩的阐发：

按各种等级或层次谈论世界是对世界讨论的一种方式。现在，我不想很精确，不想把世界划分为明确的层次，我只想通过描述一系列现象来表明我所说的层次是什么意思。

例如，我们有基本的物理定律，在此基础上，我们创造了一些其他的概念、术语，这些术语是不那么基本的，而且我们相信，他们最终都可以由基本定律给以解释。例如，热可以被认为是一堆轻轻跳动的原子，但是当我们讨论“热”的时候，有时却忘了那些轻轻跳动的原子……

现在，假如我们往上进入另一个层次，我们有了物质的各种特性，如“折光率”，即光线穿过某种物质时的弯曲程度；还有“表面张力”，即液体将自己收缩起来的倾向。折光率和表面张力都可以用数学描述。我要提醒你们，我们需要好几个定律的帮助，才能发现表面张力就是原子的拉力。我们仍漫不经心地说“表面张力”，在讨论表面张力时，并不把表面张力的内部作用挂在心上。

再往上的层次，我们就有了水的波浪，有了暴风雨这样的东西，“暴风雨”这个词代表一个现象，同样的还有“太阳黑子”，“恒星”等，恒星是由很多东西积累而成的。然而，总是要给这些东西追根溯源是不值得的，事实上，我们也追溯不了，因为往上的层次越多，与基本定律之间相隔的步骤也就越多，每一个步骤都有点显得论据不足，因为我们并没有把它们弄明白。

我们沿着这个复杂性等级走上去，就碰到了肌肉痉挛、神经兴奋等这一类物质世界中非常复杂的事物，因为它们涉及物质非常复杂的组织。再往后，就有了青蛙这一类事物。

再往上去，就遇到了“人”、“历史”和“政治”之类的词语和概念。我们用这一系列的概念来理解处于较高层面的事物。

再继续往上走，我们就会碰上善、恶、美、希望……

现在，我们一边有基本定律，一边有美和希望，假如我们问：哪边更接近上帝？我想，正确的答案当然是：我们必须看到，事物完整的结构联系；我们必须看到，一切科学，不仅是科学，而且是人类所有的活动，都要找出各个层次的联系——把美和历史联系起来，把历史和人的心理联系起来，把人的心理与大脑联系起来，把大脑活动与神经兴奋、神经兴奋与化学过程等上下双向联系起来。今天，我们不可能（而且也

> 无法相信在不久的将来一定能）仔细地划出一条线，把事物的一边与另一边联系起来，因为我们刚刚开始发现有这样的相对等级。[62]

这个等级分明的建设砖块能够彻底改变系统的学习、进化和适应能力，同时也增加着系统的复杂性。

二、复杂源于简单

大多数宇宙学家和天文学家都支持137亿年前发生的创生宇宙万物的“大爆炸”理论。20世纪60年代，“大爆炸”最重要的遗迹被偶然发现，两位“贝尔电话公司”的物理学家无意中发现来自空间的某种神秘的辐射，经仔细分析，揭示出这种将整个宇宙浸没其中的辐射是原初宇宙高热的遗迹，是远处宇宙正在黯淡下去的最后光芒。利用这个模型，通过计算可以得知宇宙大爆炸以后的每个时期宇宙的物质是什么形态。例如，在大爆炸之后的5秒到5分钟的物理条件适合发生核反应：氢核通过聚变生成氦和氚。我们今天的太阳系和地球都是原初宇宙演化的产物，我们今天遇到的种种复杂现象和复杂行为无疑是组成简单（氢和氦构成了宇宙中99%以上的物质）但数量巨大的原初宇宙演化的产物。

当你观察物理或生物领域非常复杂的系统时，你会发现他们的基本组成因素和基本法则非常简单。复杂的出现是因为一个系统的简单的组成元素以无数可能的方式相互作用。复杂行为并非出自复杂的基本结构，朗顿说：

> 极为有趣的复杂行为是从极为简单的元素群中突现出来的。具有复杂行为的系统包括人工系统和自然的生命系统。人工系统的复杂性是工程师自上而下设计的，而自然的生命系统是自下而上的从大量的极其简单的系统群中突现出来的：一个细胞包含了许多蛋白、DNA和其他生物分子；一个大脑包含了许多神经元；一个胚胎包含了许多相互作用的细胞；一个蚂蚁王国包含了许多蚂蚁。[63]

在人类的社会生活中，同样存在着简单元素组成复杂系统的现象。音乐是由有限个音符和一些基本规则组成的复杂现象，语言是由有限个音节按一定规则排列的复杂系统，文学作品是由有限个单词排列成人类复杂情感的表达，等等。

因此，我们可以说，复杂源于简单。但从简单到复杂有两个必要条件：元素数量和随机作用方式。

- 数量：一个系统（无论是物理、化学、生物系统）必须含有数量巨大的元素——最基础的“砖块”，它为系统分化提供了足够的物质。例如，一个热力学系统中分子数的数量级为10^{23}个；组成DNA的四种碱基（A、T、G、C）在一个细胞内有几十亿个；组成蛋白的20种氨基酸数量比碱基更庞大。我们这里强调的是元素的数量，而不是元素的种类，当然，两者的同样巨大数量更有利于简单往复杂的转化。组成DNA的只有四种碱基，种类不多但数量巨大，因此形成了成千上万种基因的复杂系统；人类大脑是由几亿个神经细胞组成的，每一个细胞的突触都有复杂的形态，这些突触形态包含了成千上万的神经元，它们支配着人类的感觉、思想和行为。

• 随机作用方式：元素的排列－组合方式和相互作用方式必须是随机的，随机的含义是包含了系统发展的各种可能性，事实上这些可能性是无限的，因此产生了整个世界变化无穷的现象和行为。例如，随机排列的碱基可以组成成千上万种基因；一个热力学系统，在一定条件下，可以形成复杂的耗散结构等。生物基因的突变方式可能有无穷多种，只有有利于生物生存的方式被保留下来，其他方式均被大自然淘汰。

当然，由简单到复杂必须还有其他充分条件，如远离平衡态、非线性关系、不可逆过程等，然而这些条件必须在数量巨大和随机作用这两个前提条件下，才有可能实现。

复杂性问题的共同点是，它们都是一个系统，在该系统中，大量的独立因素在不同的层次上随机地相互作用着，并由于这种无穷无尽的相互作用使系统产生了自组织现象。这些复杂的、具有自我组织性的系统是可以自我调整的，并由于这种调整产生了对环境的适应性，也增加了系统的复杂性。混沌理论告诉我们，由简单的零部件组成的简单系统是如何产生极其复杂的行为的，适应性如何无穷无尽地将这些实体变得越来越复杂。这种变化的动力来自于“进化”，进化导致事物越变越复杂、越变越精巧、越变越有结构。

复杂性研究，如果放在历史的时间尺度上，还刚刚开始不久，它的“初始概念”还没有形成，研究方法、研究手段也不成熟；然而，问题已经提出，并引起一股世界性的研究热潮。“简单产生复杂”就是人们对于复杂产生根源的结论。而“复杂性”的其他研究成果以及对复杂性的深刻理解必将引起人类世界观的另一次革命。

三、热力学第二定律

与复杂性研究相关的或者更基础的原理设及热力学第二定律。热力学第二定律告诉我们：一个封闭系统的无序程度将自发地增大。物理学家发明了一个定量无序程度叫做“熵”的物理量。很多精心设计的实验证明，一个系统的“熵”从来不会减少，最后增长到极大值，系统就不再发生任何变化，即“热力学平衡状态”。

1. 两种力量

宇宙中存在着两种相互对立的力量，一种是破坏力量，它使一切有结构的东西分解、衰败、死亡，其规律被热力学第二定律总结；另一种是建设性的力量，这种力量促使新结构、新生命的产生，其规律被复杂性第二定律研究。

假如宇宙是一个封闭系统，含有有限的有序量，而且宇宙中的一切过程都不可逆转地向无序方向变化，最后达到热力学平衡，那么，立即可以得出两个重要的推论：第一，宇宙在到达熵极大状态时（平衡状态时）将会死去，这就是热力学创始人之一克劳修斯的“热寂说”；第二，宇宙不可能有无限的过去，因为假如有，宇宙就会在很远以前的时间达到了平衡状态。结论是：宇宙并非一直存在，它应该有一个诞生、成长、发展、衰老和死亡的过程。

然而，且不说宇宙是不是一个封闭系统，现实生活中存在封闭系统吗？封闭系统是一个和环境没有能量和物质交换的系统，即使我们人造这样一个理想系统，也不能阻止系统和环境某种交换，因为我们所说的物质（material）不但包括实物（substance），还应该包括“场”（field）——电磁场、万有引力场等。研究指出[64]：在无引力的情况下，系统的结构由于热力学第二定律被破坏，形成一种完全无序的平衡状态（图2-1，上）；在有引力的情况下，一个处于完全无序、平衡状态的系统，可以演化出有序的结构（图2-1，下）。另外，现代宇宙学的研究发现，宇宙中充满了暗物质（包括在真空中），暗物质的探索还刚刚开始，一旦取得成果将使人们对于物质的看法产生革命性的影响。因此，无论是宇宙这个大系统，还是地球上所有的小系统都不是封闭体系。

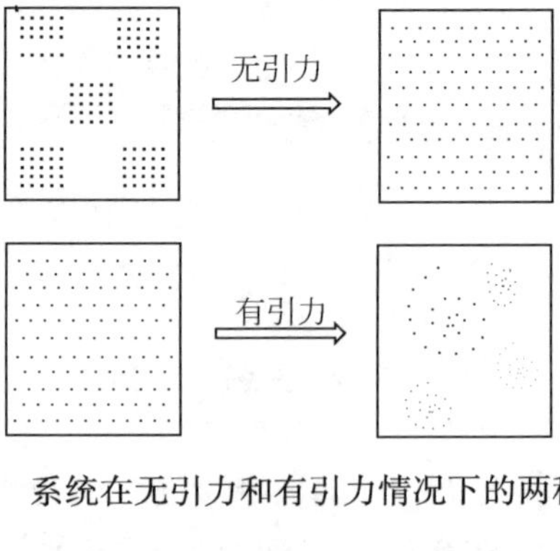

图2-1　系统在无引力和有引力情况下的两种变化

在一个系统中，原始结构产生后，就进入演化阶段，复杂性也随之增加。原始的简单分子（如氨基酸、核苷酸、单糖等）在40亿年前转化为活细胞；单个细胞在6亿年前开始组合，形成像海藻、昆虫、最后到人类这样的多细胞生物体，还包括像眼睛、肾脏这样精妙、复杂的结构，尤其是大脑这个三磅重的团块，可以产生感情、思想、目的和意识这些不可言喻的、复杂的特征。宇宙中的两种相互对立的力量是如何作用于系统的？这些作用的规律是什么？

2. 热力学第二定律

宇宙始于大爆炸后的混沌，至此开始，宇宙就把自己置于热力学第二定律——自然界和宇宙的普适定律——的控制之下，爱丁顿认为，熵增原则，即热力学第二定律，是自然界所有定律中至高无上的。他说，如果你的理论违背了热力学第二定律，我敢说你没有指望了，你的理论只有丢脸、垮台。[65]

宇宙的所有过程都受制于这种不屈不挠的使结构趋于混乱、解体和衰败的力；然而使我们“丢脸、垮台”的事实却无处不在，这些事实源于同样无处不在的另外一种神秘的力，它无处不产生着结构：银河、恒星、细菌、植物、动物和大脑。我们现在的世界就是永恒趋于混乱的“破坏力”与同样强大的“建设力”之间的某种相互作用的结果。

按照热力学第二定律，在一个封闭系统中的任何过程，都一定伴随着系统的熵增加，而熵增加是在时间流逝中形成的，因此，熵将给予孤立系统提供时间的方向性。然而热力学的基本命题相当含糊，从而导致了多种多样的观点，物理学家可以轻而易举地罗列出20种或更多的第二定律的表述形式。其原因是，在这个定律中引入了有方向性的时间。如果研究现代科学中所有的主要学说，我们看到，牛顿的经典力学、爱因斯坦的相对论力学、玻尔等的量子力学这些所谓的“基本”理论，都否定了时间的方向性。“决定论”、“因果论”都与时间的可逆性紧密相连。爱因斯坦建造他的十分成功的引力的几何描述，动机其实就是他对因果关系是第一位的根深蒂固的信仰。在这种“决定论”理论中，时间被降到次要地位：不管时间朝哪个方向走，未来、过去都包含在现在之中——这三者在某种意义上，只是统一事物的几个不同方面而已。

然而，近年来科学（尤其是生物科学）发展的事实显示，时间具有方向性，严格的决定论必须推翻，取而代之的是一种新的世界观：这个世界是开放的，是充满演化和创新的，它能产生我们在大自然看到的各种美丽的图案，从粘菌的蠕动到错综复杂的全球天气系统，乃至宇宙产生的过程。这种新的世界观综合了两个截然相反但不可或缺的概念——偶然（机遇、概率）和必然（决定论）。这种新的世界观还赋予时间方向性，并用这种方向性理解在客观世界的成千上万的各种过程，不管这些过程是我们看到的还是看不到的，已经发生的、正在发生的和将要发生的。严格的“因果论”的世界观摈弃以后，拉普拉斯的机械宇宙观与自由意志的冲突，也理所当然地被摈弃。新的世界观要求完全接受热力学第二定律，承认时间是有方向性的。新旧两种世界观的冲突，本质上是对时间方向性完全对立的理解。然而，如果自然界完全按照热力学第二定律运动，我们得到的是一个“死寂的世界”，一切现存的结构（包括我们人类本身）不可能存在，也许一切有结构的事物在一开始就不可能形成。自然界是如何“死里逃生”并创造出五彩缤纷的景象呢?

四、自组织理论的诞生

自组织理论是一种“结构如何产生”的理论，主要包括普里高津的“耗散结构”理论和哈肯的“协同学”理论等，他们试图冲破热力学第二定律的桎梏，为一个生机勃勃世界的存在寻找原因。他们工作首先是从研究封闭系统和平衡状态开始的。他们认为，在现实世界里，不存在严格意义的封闭系统和平衡状态，在一个远离平衡态的开放系统，系统行为可以表现出多样性，不是只有平衡时“死寂”的一种状态，而这种多样性正是复杂性的来源。

“耗散结构”的理论可以简述为：

> 一个开放系统（不管是力学、物理的、化学的或生物的系统）在到达远离平衡态的非线性区时，一旦系统的某个参量的变化达到一定阈值，通过涨落，系统可能发生突变（即非平衡相变），由原来无序的混乱状态转变到一种时间、空间或功能有序的新状态，这种有序状态需要不断地与外界交换物质和能量才能维持，并保持一定的稳定性，不因外界的微小扰动而消失，普里高津把这种在远离平衡态的非线性区形成的新的稳定的有序结构称为“耗散结构”。

“协同学”理论可以简述如下：

> 一个开放系统（现实的物理、化学、生物、企业、社会系统，都是开放系统）的宏观性质是通过序参数之间的竞争和协作反映出来的。当一个序参数使系统的一部分产生自组织，这部分通过它的存在和协调，使系统的其他部分也产生同样的自组织，即系统被这种运动支配，最后，系统以一种相同的模式有序地运动起来。

“耗散结构”和“协同学”认为：“自组织”是一个开放系统由无序态到达有序态的方式之一。我们称系统朝有序方向的演化过程为“进化”，系统有序程序降低的过程为“退化”。度量系统有序程度的参量是“对称性”，即用“对称性”的高低表示系统有序程度的高低。若系统从无序、均匀状态变为有序状态，有序程度提高了，但对称性反而降低了，物理学上称之为“对称缺损”。换句话说，系统的有序程度和对称性呈负相关关系，即对称性低的状态更有序，对称性高的状态更无序。“自组织”是指在一定条件下，由于系统各元素（或子系统）的相互作用，使系统形成具有一定功能和结构的过程。这个过程是动态的，是系统从一个均匀、简单、平衡的状态转变为一个有序、复杂、非平衡的状态。这种转变也是一种系统有序程度提高的过程。换句话说，“自组织”造就了系统有序程度即系统复杂性的提高。

自组织理论的贡献在于解决了热力学第二定律的破坏性和现实世界的有序性的矛盾，为一个复杂的、能动的、活跃的、进化的、不可逆的和非决定论的世界的产生、发展（进化）提供了理论依据。

“耗散结构”和“协同学”都提出了与热力学第二定律要求的无序相反的有序结构的形成途径。有序分为“质朴性有序”和“复杂性有序”，太阳系中行星的运动和钟摆的摆动是前者，旋转大气分子的排列和生物的复杂组织是后者。质朴性存在于一切自然的复杂现象中，复杂性有序存在于生物、人类活动中。大量的小偶然变异积累起来，产生了复杂的、有组织的结构，它引起的相应的有序的增长是以更大量的有害突变被消除为代价的：通过自然选择，有害的突变被除去，复杂的有组织的结构被保留。

五、复杂性第二定律——一个正在建立的但还不严格的定律

物理学的基本定律有一些特点：第一，它不能从其他原理推导和证明，它的推论可以经受实验检验，但它本身不可能被证实。第二，它通常可以用否定形式表达，而否定形式往往比肯定更强、更广。第三，每个基本定律通常与一个基本常数相联系。比较这些特点，我们发现：牛顿力学、量子力学和相对论都是具有这些特点的基本原理。[66]复杂性第二定律是具有基本重要性但目前还没有基本原理的原理，这是一个奇怪的但值得深思、研究的“定律”。

没有“复杂性第一定律”，复杂性第二定律是和热力学第二定律对应的。它应当与热力学第二定律处于同等的地位，这两条定律之间不存在任何不相容性。复杂性第二定律又称“复杂性增加定律”，它可以表述为：

> 在一个开放的，组成元素充分多的，远离平衡态的系统中，系统的复杂性是不断增加的。

保尔·戴维斯曾经提出“复杂性增加定律”对宇宙是适用的。[67]宇宙间非均衡系统中物质形态的形成具有很大的共性，并具有这样一个一般性法则，即这些复杂的适应性系统都是自下而上地、通过大量极其简单的单位的相互作用而形

成，并且随着学习和进化导致事物日趋复杂。

实际上，对于一个物理系统来说，结构复杂性的增加是以熵增为代价的。例如，在生物进化过程中，在一种更为复杂的新有机体出现之前，必然会发生许多破坏性的物理过程和生物过程（突变体的过早死亡）。复杂性定律与热力学第二定律并不矛盾，但它对宇宙变化的解释与第二定律大不相符。热力学第二定律给出的是一个“热死寂”的宇宙结局，而复杂性第二定律给出的是正在进步的宇宙，从基本上无特征的初始状态，发展到结构越来越复杂，越来越精巧的状态。复杂性包括“结构复杂性”和“行为复杂性”，而结构复杂性是行为复杂性的前提。

结构复杂性和熵不是一回事，处理的信息越多，即产生出越多的有序，所付出的熵的代价就越大，某地方“有序”的代价意味着其他地方的“无序”，这就是热力学第二定律。但是，结构和复杂性并不仅仅是有序和信息，它们只与某些类型的有序和信息有关。例如，细菌和晶体两者都是有序的，但有着本质的差别，即两者有序的方式不同：晶体点阵表现出严密的均匀结构，这种结构尽管很漂亮，但却是呆板的。相反，细菌的构造安排非常精巧，由此产生了很多晶体没有的功能。

六、发展中的复杂性第二定律

复杂性科学正在发展中，成千上万名学者投身这一研究。复杂性第二定律是一个正在建立的但还不严格的定律。其研究的困难之处主要表现为以下两个方面。

第一，什么是复杂？

目前，复杂性还不能算作一个科学概念，人们也没有给出一个公认的、统一的定义。这些定义大多数与信息的定量刻画有关，明显反映了提出者试图沿袭定量化、形式化的传统方法描述复杂性。这些方法只是对传统还原论方法的修正，不可能引向科学方法论的革命性变革。这一点反映出复杂性研究的不成熟，尚未找到真正克服现有科学方法论局限性的有效途径。

第二，复杂和复杂性第二定律的数学表达式是什么？

科学家告诉我们，有三种从事科学研究的方法：数学理论、实验室实验和计算机模拟。首先，利用数学开创一个全新的研究领域，使结构复杂性这类概念定量化，并建立与现有物理定律有同等地位的普适性原理是复杂性第二定律的研究趋势。虽然它仍处在萌芽时期，目前只能用语言（尚未用数学术语）提供含糊的意象，就像热力学出现之前的阶段，但对许多关于“有序”和“混沌”的假设提出了挑战；其次，实验室研究是各个试验科学研究本学科复杂性必要手段，其研究结果将丰富复杂性第二定律的内容，并可以从中抽象出理论；计算机的发展使模拟复杂过程成为现实，克里斯·朗顿提出的人工生命是用计算机来模拟进化的基本生物机制和生命本身。人工生命是从抽象组织角度来看待生命的，而“有生命的系统似乎总是自下而上地从大量极其简单的系统群突现出来”。“生命有可能不只是类似计算机，生命根本就是一种计算法。”[68]模拟就像实验室的实验一样具有重复性和严谨性。这三方面的研究集中到一点——复杂性第二定律的数学表达。

20世纪80年代以后对于“混沌”的研究在世界各国的科研机构展开。混沌在日常语言中表示混乱，而在科学中意指一种微妙的、复杂的和极其敏感的特殊秩序。当各种系统在其环境中处于不稳定状态时，便会发生各种分叉（描述复杂系统进化的突变性质），然后这些分叉从一种吸引子转移到另一些吸引子。这些过程包括用不稳定的“奇异”或“混沌”的吸引子暂时代替稳定的“周期”或“定点”的吸引子。科学家根据这种转变是平稳和连续的、完全突变的、仅仅是突然的，分别叫做“微妙”的分叉、“爆炸性”的分叉、“突变”的分叉。这三种分叉目前得到广泛的研究。

多学科研究。在自然科学和社会科学的每一个学科里都存在着复杂性问题，物理学、化学、生物学、社会学、经济学、心理学、历史学、法学、人类学、伦理学等无一例外。复杂性研究是从自然科学开始的，经济学已把复杂性研究引入自己的学科，其他社会学学科尚在观望中。每个学科对于本学科的复杂性理解和其他学科存在差别，因此处理复杂性问题也有自己的特定的方法。要把这些方法抽象为普遍原理，除了哲学有所作为，目前还没有建立一种有效的、兼容的、具体的方法。

不断完善中的复杂性第二定律对于宇宙研究和地球上的复杂事务研究有着深远的意义，如果结构复杂性不是熵的对立物，尽管宇宙中负熵的贮存有限，复杂性程度的提高将是无限的，我们的后代也许有能力达到结构不断变化、越来越复杂的状态，尽管他们处理信息的数量会受到限制，但他们的智力活动的丰富程度，并不存在任何限制。法默认为：

> 这个领域（指复杂性第二定律）不适合那些喜欢对付定义明确的问题的人。但让人激动的，正是这个领域尚未形成僵化的定见。事情还在发展，我尚未发现有谁找到了明确的解题途径。但我们已经发现了许多初见端倪的线索。所以我预测，在今后20年内，我们将会形成一个真正的理论”“我们正悄悄地朝自组现象的解密挺进。但了解组织远比了解混乱难得多……我们需要像阐述氢原子那样清晰地阐述这个概念，

能够把它拆解开来，对其机制做出完美而清晰的描述。但我们现在还做不到这一点。我们对这个谜只有支零破碎的了解，对其每一部分的了解都是孤立的……我们希望我们最终能够退后一步，将所有这些集成为一个完整的进化与自组织的理论。[69]

第十二节　现代宇宙学

20世纪40年代以后，出现了人类历史上意义更为深远的第三次科学技术革命，这次革命是在第二次世界大战后四项重大科学发现（原子能、电子计算机、宇航工程和生物工程）的基础上开始的。这次革命有很多新的特点：第一，科学技术在高度分化的基础上出现高度综合的趋势；第二，科学以群体的综合形式出现并飞跃发展；第三，科学、技术和生产密切结合，出现了三位一体的趋势。

作为战后四项重大科学发现之一的宇航工程，给我们带来了无与伦比的新知识。在古希腊，当人类观察星星有规律的运动的景象时，他们首先寻找宇宙中巨大的机器，认为：这些机器的旋转使星星——亚里士多德想象的水晶般球体——保持和谐的运动。直到近代天文学才打破了这幅画面，开普勒行星运动三定律、牛顿的万有引力理论使人们认识到，行星运动的秩序只是由于天体在空虚的太空中相互吸引造成的，此时，近代宇宙学才真正开始。

著名的美国天文学家哈勃（Edwin Hubble）对现代宇宙学的研究有巨大贡献，他38岁成为美国国家科学院最年轻的院士，1935年获得美国科学院授予的巴纳德奖章，他是获此奖章的第一位天文学家，也是第一位获奖的非诺贝尔奖得主。1948年2月9日，他成了美国《时代》周刊的封面人物，但他更渴望获得诺贝尔奖。如哈勃更长寿，这位20世纪最伟大的天文学家可能赢得他应得的、最在乎的荣耀。哈勃经过长时间的天文观测于1929年发现了哈勃定律（Hubble law），即河外星系视向退行速率 V_f 与距离 D 成正比——距离越远，视向退行速率越大。其数学表达式为

$$V_f = H_c \times D$$

式中，V_f——星球远离（退行）速率（km/s）；

H_c——哈勃常数（km/(s · Mpc)）；

D——相对地球的距离（Mpc，百万秒差距）。

经过多次测量，2009年5月7日，美国国家航空航天局（NASA）发布最新的哈勃常数测定值（H_c），根据对遥远星系Ia超新星的最新测量结果，哈勃常数被确定为（74.2 ± 3.6）km/(s · Mpc)，不确定度进一步缩小到5%以内。

星系存在普遍性退行运动以及哈勃定律的发现，对宇宙膨胀及大爆炸宇宙论

是一个强有力的支持。在宇宙学中，有一条未能完全证实的“公设”性基本原理，即宇宙学原理，它的含意是：在空间中任意一点，以及从这点的任一方向来进行观察的话，宇宙的大尺度图景是没有区别的，而且，对宇宙中各处的观测者来说，他们所观察到的物理量和物理规律完全相同，没有任何一个观测者会处于与众不同的特殊地位。整个宇宙在不断膨胀，且这种膨胀是各向同性的，这正是大爆炸宇宙模型的预期结果。

一、二战后与物质结构、宇宙学有关的诺贝尔物理学奖

二战以后，从微观、宏观、宇观不同角度，探索宇宙起源、物质结构、演化规律成为物理学研究的重要目标之一，很多诺贝尔物理学奖的成果都和这一目标有关，我们统计其获得者和获奖年代是：

1947 年英国人阿普尔顿（Edward Victor Appleton）发现高空无线电短波电离层；

1948 年英国人布莱克特（Patrick M. S. Blackett）改进威尔逊云雾室以及核物理和宇宙辐射领域的发现；

1950 年英国人鲍威尔（Cecil Frank Powell）发明研究原子核摄影技术并且发现介子；

1951 年英国人科克罗夫特（Sir John Cockcroft）和爱尔兰人沃尔顿（Ernest T. S. Walton）做了人工加速原子粒子，是原子核嬗变的先驱工作；

1952 年美国人布洛赫（Felix Bloch）和珀塞尔（Edward Mills Purcell）发展了核磁精密测量的新方法及其有关的发现；

1953 年荷兰人策尼克（Fritz Zernike）发明相位差显微镜；

1955 年美国人库什（Polykarp Kusch）精密测量出电子磁矩；

1957 年美籍华裔科学家杨振宁和李政道发现在弱相互作用下宇称不守恒原理；

1958 年苏联的切连科夫（P. A. Cherenkov）、弗兰克（I. M. Frank）和塔姆（I. Y. Tamm）发现和解释了切连科夫效应；

1959 年美国人塞格雷（Emilio Gino Segre）和张伯伦（Owen Chamberlain）确证反质子的存在；

1960 年美国人格拉泽（Donald Arthur Glaser）发明气泡室（探测高能带电粒子径迹的又一种有效手段）；

1961 年美国人霍夫斯塔特（Robert Hofstadter）确定原子核的形状与大小；

1962 年苏联人朗道（L. D. Landau）对物质凝聚态和液氦进行了先驱性研究；

1963年美国人维格纳（Eugene Paul Wigner）和迈耶（女，Maria Goeppert-Mayer）、德国人詹森（J. Hans D. Jensen）对原子核和基本粒子相互作用力的对称原理的研究，创立原子核结构壳模型理论；

1967年美国人贝特（Hans Albrecht Bethe）对核反应的理论研究发现恒星的能量来源；

1969年美国人盖尔曼（Murray Gell-Mann）对基本粒子及其相互作用的分类研究与贡献；

1974年英国人赖尔（Sir Martin Ryle）和休伊斯（Antony Hewish）对射电天文学的先驱性工作；

1976年美国人里克特（Burton Richter）和丁肇中（Samuel Chao Chung Ting）新的基本粒子J/Ψ的发现；

1978年美国人彭齐亚斯（Arno Allan Penzias）和威尔逊（Robert Woodrow Wilson）发现宇宙微波背景辐射，从而对宇宙大爆炸理论提供了一个证据；

1979年美国人格拉肖（Sheldon Lee Glashow）和温伯格（Steven Weinberg）、巴基斯坦人萨拉姆（Abdus Salam）提出亚原子粒子弱作用的电磁作用统一理论；

1980年美国人克罗宁（James Watson Cronin）和菲奇（Val Logsdon Fitch）发现K介子衰变时电荷共轭宇称不守恒现象；

1983年美国人钱德拉塞卡（Subrahmanyan Chandrasekhar）和福勒（William A. Fowler）对宇宙中化学元素形成的核反应理论和实验的研究，从而对恒星结构方面做出杰出贡献；

1988年美国人莱德曼（Leon M. Lederman）、施瓦茨（Melvin Schwartz）和施泰因伯格（Jack Steinberger）利用粒子加速器制出中微子；

1990年美国人弗里德曼（Jerome I. Friedman）和肯德尔（Henry W. Kendall）、加拿大人泰勒（Richard E. Taylor）对于电子和质子及束缚中子深度非弹性散射进行的先驱性研究，这对粒子物理学中夸克模型的发展具有重要作用；

1993年美国人赫尔斯（Russell A. Hulse）和泰勒（Joseph H. Taylor）发现新型脉冲双星，开启研究万有引力新的可能性；

1995年，美国人佩尔（Martin L. Perl）和莱因斯（Frederick Reines）发现轻子和检测中微子的方法；

2002年美国人戴维斯（Raymond Davis）和贾科尼（Riccardo Giacconi）、日本人小柴昌俊（Masatoshi Koshiba）因天体物理学的先驱贡献和探测宇宙中微子获奖；

2006年美国人马瑟（John C. Mather）和斯穆特（George F. Smoot）发现宇宙

微波背景辐射的黑体形式和各向异性；

2008年日本人小林诚（Makoto Kobayashi）和益川敏英（Toshihide Maskawa）发现对称性破缺起源并准确预测指出，自然界中至少存在有三类夸克，同时获得者美国人南部阳一郎（Yoichiro Nambu）发现粒子自发对称破缺机制。

上述29年与物质结构、现代宇宙学有关的诺贝尔物理学奖，占二战以后全部诺贝尔物理学奖（以年度为单位）的52%，这是从微观和宇观两个层面对物质及其运动规律的全新认识。

二、哈勃太空望远镜的成就

人类对于宇宙的认识从远古开始就从来没有停止过，但是以前的探索均在地球上进行。由于大气层的遮掩和观测站在南北半球的位置，使我们对于周围太空的认识只能是局部的和模糊的。

1990年4月24日美国发射了哈勃太空望远镜（Hubble Space Telescope, HST），经过5次维修，摄取了大量的天文资料，对这些资料进行处理和研究以后，可以给出关于宇宙演化的如下结论。

1. 宇宙年龄

哈勃太空望远镜对造父变星的观测为哈勃常数的精确测量提供了保证。哈勃的精细导星传感器对造父变星进行了直接的视差测量，大大削减了用造父变星周光关系推算距离的不确定性。在哈勃太空望远镜之前，观测得到的哈勃常数有1~2倍的差异，但是在有了新的造父变星观测之后宇宙距离尺度的不确定性猛然下降到了大约只有10%，从而对宇宙的扩张速率和年龄有更准确的认知。哈勃定律推算出的宇宙年龄137亿年，根据恒星演化理论，可以推知最年老星系和恒星的年龄为100多亿年；太阳现在的年龄约为50亿年，地球年龄约为46亿年，所有这些由不同途径测得的涉及各类天体年龄的结果，都可以按合理的时序一一纳入大爆炸后宇宙整体演化的框架内。

2. 恒星形成

哈勃太空望远镜还有助于研究诸如猎户星云之类的恒星形成区。通过哈勃太空望远镜对猎户星云的早期观测发现，其中聚集了许多被浓密气体和尘埃盘包裹的年轻恒星。尽管已经从理论上和甚大天线阵的观测中推测出来这些盘的存在，但是直到哈勃太空望远镜所拍摄的高分辨率照片才第一次直接揭示出这些盘的结构和物理性质。

3. 恒星死亡

哈勃太空望远镜的观测还在超新星爆发和 γ 射线暴之间建立起了联系。通过哈勃太空望远镜对 γ 射线暴余晖的观测，研究人员把这些暴发锁定在了河外星系中的大质量恒星形成区。由此哈勃太空望远镜也令人信服地证明了这些剧烈的暴发和大质量恒星死亡的直接联系。

4. 黑洞

哈勃太空望远镜最早的核心计划之一就是要建立起由黑洞驱动的类星体和星系之间的关系。之后，通过它们对周围恒星的引力作用，针对“哈勃”所获得的近距星系光谱的动力学模型证实了黑洞的存在。这些研究也导致了对十几个星系中央黑洞质量的可靠测量，揭示出了黑洞质量和星系核球质量之间极为紧密的联系。

哈勃太空望远镜已提供了实际上能够证明若干黑洞存在的引人注目的图像。1994 年它显示出在星系 M87 的核心部分有一个黑洞。1995 年在星系 NGC4261 中发现了一个巨大气体圆盘正在环绕一个具有黑洞全部特征的某个东西快速旋转。从这个黑洞蒸发出来的两个巨大的气体羽状物正在把它从该圆盘的中心推出来。

5. 宇宙学

由于宇宙学的研究对象主要来自天文观测，而这也是唯一能在宇宙演化和结构的基础上测量宇宙距离和年龄的办法。哈勃太空望远镜能够通过对造父变星距离的测量来测定哈勃常数，而这与宇宙在今天的膨胀速度有关。此外，通过对超新星的测定，可以帮助研究人员来限制超新星的亮度，从而进一步限制宇宙早期膨胀的属性，从而为暗能量模型提供一个强有力的限制。

从地球诞生到今天有 40 多亿年的历史，人类的文明历史不过 1 万年。和宇宙相比，人类是沧海之一粟，历史之一瞬。然而，这 1 万年来，人类对于自身和自然界的认识有了飞速的进步，与之相匹配的人类利用和改造自然的能力也有了巨大的提高。诺贝尔奖的成果是人类在最近的 100 多年里取得的认识自然、利用自然的科学成就。100 多年和宇宙年龄相比极其微小，在如此短暂的时间内，取得这些巨大的科学成就不能不让人产生由衷的感叹。今后的科学研究的道路仍然漫长而曲折，但是，智慧生命（包括地球上的人类）究竟走向何处，仍然是要继续探索的问题。

结　语

爱因斯坦的狭义相对论告诉我们，我们受到以下观念的欺骗：

> 人类历史长河中某些具有里程碑意义的进步，具有绝对的意义，由此人类获得了一种虚假的安全感。

量子力学的发现进一步迫使我们认识到，即使是通过我们认为是绝对正确的知识，也不能得出控制自然界的绝对可靠的预言。在物理学中，当我们考察物质世界结构的新层面时就会发现，日常生活中的基本现象是更大整体的一部分。对这个整体的认识，人类还十分欠缺。

近年来，自然科学也经历了与社会科学和公众对社会和生态日益增长有关的文化转变。20 世纪最新的“科学革命”始于 70 年代。一群物理学家着迷于这样的观念：人们可以发现一个有利的位置，从那里可以看到 200 多种基本粒子和从单一的“超大一统的”力发展而来的 4 种自然力。新一代的物理学家们毫不犹豫地假设 10 维和 23 维空间、大爆炸、黑洞、超对称和超延展，并用它们来证明上述概念。数理学家的大一统理论变成了“万物理论”（Theory of everything）。这种理论从根本上改变了科学家观察宇宙的方式。

物理学家们描述了一幅新的不同的宇宙图景：一幅高度统一的图景。宇宙中所有粒子和力都是这幅图景的组成部分，不存在外在的力和独立的事物。每一个粒子、每一种元素都与另一个粒子、另一种元素相互作用，在这种相互作用中构成自身。相互作用和自我组织证明是统一的、完整的宇宙系统的基本特征，这是我们这个世界的基本现实。在这种自我进化的、动态的和统一的现实中，人不是外来者而是其有机的组成部分。这些年来，不仅诗人和哲学家，而且顽固的经验主义科学家也逐渐形成了人和宇宙一体化的看法。[70]

20 世纪和 21 世纪初的科学发展给人们的思想带来了巨大的冲击，主要表现在，当人们把目光投向微观世界和宇观世界的时候发现，这两个领域的规律与我们生活的宏观世界是不同的：微观世界的运动规律是量子化的（非连续的）、不确定的（位置和动量以及能量和时间不可能同时测准）。经过 20 世纪前几十年的探索，这些规律逐渐被人们认识、掌握和应用，而宇观世界的运动规律到目前还没有完全被人们发现和认识。2010 年是哈勃太空望远镜发射 20 周年，从中得到的有关资料和照片使人们惊讶和不解，尤其是“黑洞”、“暗物质”等现象和变化规律目前还没有被人认识。2010 年 11 月 15 日美国国家航空航天局宣布，“最近发现的‘异常物体’是地球附近一个年仅 30 岁的黑洞，这是人类科学史上发现的最年轻的黑洞。这个黑洞将帮助科学家更好地理解大质量恒星是如何爆炸的，恒星爆炸后留下的是黑洞还是中子星，以及我们银河系和其他星系黑洞的数量”。另外，据天文学家计算，暗物质的质量占宇宙总质量的80%以上，对于数量如此巨大、分布如此广泛的暗物质的研究还刚刚起步。由此可以看出，对于宇观世界物质运动规律的认识还需要相当长的时间，微观和宇观物质运动规律的新发现必将再一次引起人类思想的革命。

参考文献

[1] 史蒂夫·亚当斯.20世纪的物理学.周福新，轩植华，单振国译.上海：上海科学技术出版社，2006：a. 56-58；b. 81-82；c. 310-312；d. 405.

[2] 斯塔契尔.青年爱因斯坦：诗与真.范岱年译.科学文化评论，2005，2（2）：22－23

[3] 同［1］：77

[4] 同［1］：60

[5] 同［1］：56-58

[6] 史蒂芬·霍金，列纳德·蒙洛迪诺.时间简史——史蒂芬·霍金精品文集.吴忠超译.长沙：湖南科学技术出版社，2006：245

[7] 同［1］：314-316

[8] 同［1］：332

[9] Bohr N. Quoted in *Quantum Theory and Measurement*. Princeton：Wheeler and Zurek，1983：675

[10] 同［1］：60

[11] 同［1］：65

[12] 韩锋.科学中的信念和选择的必要.科学文化评论，2004，1（6）：111

[13] 同［12］：109-113

[14] 爱因斯坦.爱因斯坦文集.第二卷.范岱年，赵中立，许良英编译.北京：商务印书馆，1977：391

[15] 同［14］：215

[16] 同［14］：222

[17] 爱因斯坦.爱因斯坦文集.第一卷.许良英，范岱年编译.北京：商务印书馆，1976：374

[18] 霍华德.作为科学哲学家的爱因斯坦.黄娆，曹则贤译.科学文化评论，2006，3（6）：37-49

[19] 爱因斯坦.爱因斯坦文集.第三卷.许良英，赵中立，张宣三编译.北京：商务印书馆，1979：176

[20] 同［19］：379

[21] 同［16］：181

[22] 同［15］：478

[23] 同［17］：452

[24] 湛垦华，沈小峰等．普利高津与耗散结构理论．第2版．西安：陕西科学技术出版社，1998：215
[25] 埃米里奥·赛格雷．原子舞者——费米传．杨建邺，杨渭译．上海：上海科学技术出版社，2006：45
[26] Heisenberg W. *The Physical Principles of the Quantum Theory*. New York，Dover，1949：55
[27] 同［26］：35
[28] 劳伦斯·克劳斯．第五元素——宇宙失踪质量之谜．杨建军，杨建邺，肖明，等译．上海：上海科学技术出版社，2005：39
[29] 安东尼诺·齐基基．正确与谬误——漫步于天宫与现实世界之间．萧耐园译．上海：上海科学技术出版社，2006：65
[30] 同［29］：4
[31] 同［1］：39
[32] Heisenberg W. Quoted in *Quantum Reality*. Nick Hebe Rider & Co.，1985：59
[33] Pais A. Niels Bohr's Times. OUP，1991
[34] 同［6］：46
[35] 迪尔，达姆，利佩．波茨坦宣言2005. 郑玲，黄军英译．科学，2010：59-62
[36] 桂起权．联系科学与哲学的纽带——新一套《中国科学哲学论丛（1）》的另一种述评．科学文化评论，2007，4（2）：110-121
[37] 陈方正．在科学与人文之间——理性的成功、限度与蜕变．科学文化评论．2004，1（1）：61
[38] 温伯格．五个半乌托邦．郝刘祥译．科学文化评论，2007，4（2）：83-94
[39] 杨建邺．一个伟大的梦想——温伯格《终极理论之梦》书评．科学文化评论，2004，1（5）：103-106；温伯格终极理论之梦．李泳译．长沙：湖南科学技术出版社，2003：57
[40] 伯兰特·罗素．西方哲学史．何兆武，李约瑟译．北京：商务印书馆，2006：42
[41] 侯世达．歌德尔、艾舍尔、巴赫——集异壁之大成．郭维德，等译．北京：商务印书馆，1996：113
[42] 约翰·霍兰．涌现——从混沌到有序．陈禹，等译．上海：上海科学技术出版社，2006：85
[43] 同［42］：107
[44] 张华夏，叶侨健．现代自然哲学和科学哲学：自然辩证法概论．广州：中山大学出版社，1996：4
[45] 伊萨克·牛顿．自然哲学之数学原理．王克迪译．武汉：武汉出版社，2001
[46] 同［42］：88
[47] 同［44］：5
[48] 塞耶著．牛顿自然哲学著作选．上海外国自然科学哲学著作编译组译．上海：上海人民出版社，1974：212
[49] 罗素．人类的知识．长春：吉林大学出版社，吉林音像出版社，2005：1

[50] 同 [44]：4-5
[51] 孙隆基．中国文化的深层结构．桂林：广西师范大学出版社，2004：111
[52] 同 [46]：209
[53] 马克斯F佩鲁茨．真该早些惹怒你．张春美译，陶家祥校．上海：上海科学技术出版社，2004：256
[54] 盖尔曼M. 夸克与美洲豹．杨建邺译．长沙：湖南科学技术出版社，1997：55
[55] 普里戈金I. 从存在到演化．曾庆宏，严士健，马本堃等译．北京：北京大学出版社，2007
[56] 史蒂芬·霍金．霍金讲演录：黑洞、婴儿宇宙及其他．杜欣欣，吴忠超译．长沙：湖南科学技术出版社，2001：66
[57] Feynman R P. The Character of Physical Law. BBC Publication，1965：80
[58] 温伯格．终极理论之梦．李泳译．长沙：湖南科学技术出版社，2003：278-289
[59] 玻恩．我的一生和我的观点．李宝恒译．北京：商务印书馆，1979：20
[60] 诺伯特·维纳．发明：激动人心的创新之路．赵乐静译．上海：上海科学技术出版社，2002：a. 98-99；b. vii-viii
[61] 许国志，顾基发，车宏安．系统科学．上海：上海科技教育出版社，2000：9-10
[62] Feynman R P. The Character of Physical Law. BBC Publication，1965：124-125
[63] Langton C G. Artificial life. The Proceedings of an International Workshop on the Synthesis and Simulation of Living System. New Mexico：Los Alamos，1987：89-94
[64] 韩德刚，高执棣，高盘良．北京：物理化学．高等教育出版社，2001：273
[65] 彼得·柯文尼，罗杰·海菲尔德．时间之箭．江涛，向守平译．长沙：湖南科学技术出版社，1995：150
[66] 郝柏林．混沌与分形．上海：上海科学技术出版社，2004：159-160
[67] 保罗·戴维斯．宇宙的最后三分钟．傅承启译．上海：上海科学技术出版社，1995：88
[68] 米歇尔·沃尔德罗普著．复杂：诞生于秩序与混沌边缘的科学．陈玲译．北京：生活·读书·新知三联书店，1997：390-393
[69] 同 [66]：418-419
[70] 拉兹洛E. 决定命运的选择：21世纪的生存抉择．李吟波，张武军，王志康译．北京：生活·读书·新知三联书店，1997：68-69

第三章　诺贝尔化学奖得主的哲学思考

化学是自然科学中的一门基础学科，说它“基础”是因为很多其他学科，例如，宇宙学、天文学、地质学、生物学、医学里的很多现象都可以用化学原理得到“最终”解释，这种解释称为被研究现象的“机理”。相反，那些违背化学原理的事件，无论出现在哪个学科里都被认为是不可能的、错误的。

化学还是一种语言，一个分子式、一个反应方程式就是一种最简捷的语言，它叙述了用很多语言才能表达的信息：一种结构、一种特性、一个过程。化学这种特殊的语言还是很多其他学科连接的桥梁。例如，医学和生物学的融合在很大程度上是基于它们有共同的表达语言：理解生命包括人类的行为要用化学。化学还将生物学与物理学、大气、地球和工程科学等联系起来。化学语言丰富且具有吸引力，这使得化学的进步绘制出一幅伟大的艺术画卷。

现代科学哲学把自然科学分为三类：理论性科学、实验性科学和描述性科学。其中，理论性科学包括理论物理学、量子化学等，实验性科学包括化学和分子生物学等，描述性科学包括地质学、天文学和经典生物学等。分子生物学出现之前的生物学基本上属于描述性科学，分子生物学出现之后，生物学进化成实验性科学；而在量子化学出现之前，传统的化学基本上属于实验性科学，在量子化学出现之后，化学部分地变成了理论性科学。看来，随着人类理性认识的提高，描述性科学向实验性科学转化，实验性科学向理性科学转化已经成为一种趋势，人类理性正推动着科学门类的转化。

在 20 世纪 50 年代，作为分子生物学起源的两种理解生命本质的方式是截然不同的。一种是研究基因功能，包括艾弗里（Oswald Avery）和夏格夫（Erwin Chargaff）的生化研究、德尔布吕克（Max Delbrück）、卢里亚（Salvador Luria）和美国噬菌体组其他人的遗传工作。噬菌体组的研究人员用最原始的生命（噬菌体）感染细菌，从中得到生物繁殖的最基本的事实。另一种是结构研究，通过细胞中大的长链分子的物理构型来得知其化学结构和重建其三维结构。英国是第一种方法（发明结构和研究结构）的大本营，美国是第二种方法的大本营，当时用结构研究生物分子的主要人物是鲍林（Linus Pauling）。

鲍林以后的科学家沿着他开辟的道路取得了多项举世瞩目的科学成果。当然利用第一种方法的科学家也取得了多项世界级的成果。现在，这两种方法似乎正融为一体，并创造出多项世界级成果。

第一节 科恩伯格论化学

美国人阿瑟·科恩伯格（A. Kornberg）是DNA聚合酶的发现者，一生坚信酶在细胞功能中的核心作用。他发现了30多种酶，并与奥乔亚（S. Ochoa）因发现RNA聚合酶共享1959年诺贝尔生理学或医学奖。1967年，他合成了第一个具有生物功能的病毒——ϕX174。他在斯坦福大学创建的生物化学系也取得了无与伦比的成就，这与他睿智的管理也不无关系。

科恩伯格虽然是一位诺贝尔生理学或医学奖得主，但是，他深切地感受到作为基础学科的化学对于生理学和医学的意义，因此对于化学的作用有非常重要的论述。2003年，他撰写了《酶的情人——一位生物化学家的奥德赛》一书（崔学军等译，李照国审校．上海科学技术出版社，2006），书中他对酶学的内容、操作方法、需要的技术和工具（如电子显微镜、MRI分光镜和X射线衍射）都有详细的论述，更重要的是，他指出现代生物学的解释仍将归于化学范畴。

一、化学在研究生命课题中的重要性

在众多的科学家中，物理学家和生物学家都不太注意化学，并对它缺乏耐心。二战后，受薛定谔的《生命是什么?》的影响，很多物理学家开始把注意力转向生物学研究。然而，生物学是这样一种学科，研究范围之广、研究对象之复杂是很多物理学家事先没有想到的。那些将注意力转向生物学的物理学家通常都比较重视遗传学研究，并希望回避生物化学，而生物学家知道，是酶决定了细胞的性状、功能和活动，但面对酶的化学复杂性和多样性时，那些转向生物学的物理学家由于有限的化学知识而动摇了。面对生物复杂性，尤其是生物化学的复杂性，物理学家和生物学家宁愿使用“生物物理学”这个名词，而事实上，“生物物理学”这门学科有时成了那些不喜欢化学的生物学家和物理学家的庇护所。

科恩伯格进行科学研究的独特方法表现在，他能把精力集中于某一特别领域——生物酶，而避开大的科学目标。他对酶学的每一个细节都感兴趣，他说：“我从未遇到过令我不感兴趣的酶。”在寻找和研究酶的过程中，他对所有的研究都精心策划，对发现的问题有敏锐的洞察力并总能找到研究的中心目标，他的方法比化学分离和提纯的机械步骤更广泛。

生命过程在本质上是化学的，生命现象的一切细节都能在化学上给予说明。

二、生物化学的兴起和发展

“化学可以给你更多、更好的生活品。”这是杜邦公司多年来的广告词。但电视节目没有教育公众，生命本身就是一个化学过程。生物化学开始于19世纪的巴斯德时代，到今天已经取得了巨大的成就。然而，生物化学的各种成就都没有让人们清楚地认识到，人体，包括其组成、行为、起源，与外界环境的相互作用以及整个生命过程，这一切都是由各自的化学反应所决定的。至于公众，自然科学的学科间和概念间的差别对他们似乎并没有多大意义：很多人并不能区别原子和分子、病毒和细菌，或者基因和染色体。然而公众对于健康、疾病、寿命等问题却有极大的兴趣。

从1953年DNA双螺旋结构被发现以来，化学语言和生物学语言开始了真正的融合，生物化学作为一门新兴学科开始被人们接受。生物化学的第一个成就是在理解某些疾病，如糖尿病、溃疡和心脏病等基本新陈代谢的化学过程取得的巨大进步；然而，这些成就会使公众和医生相信我们即将弄清人的思想和行为吗？其中首要的也是最大的障碍是承认大脑和神经系统的组成和功能是简单的化学过程这一概念。科恩伯格说，他感到吃惊，很多聪明且颇有智慧的人，包括医生在内，都不相信意识是物质的（在西方，很多医生是虔诚的基督徒——作者著）。也许在用科学分析社会、经济和政治系统时的不断失败中，人们已经得出这样一个概念，即个人的行为不能被物理学、化学规律解释。

对大脑的研究诞生了一门新的学科——脑科学。大脑的化学过程可能非常新奇而复杂，但它也是在一些熟悉的、组成机体的其他部分元素如碳、氮、氧、氢、磷和硫等之间的反应。脑细胞具有所有细胞都有的DNA，其中的酶也在机体其他部位发现。一度曾有人认为，只有大脑才能产生激素，现在认识到肠、卵巢和其他组织，甚至植物和原生生物也能产生激素。科恩伯格说，他的愿望是研究大脑的化学，包括动物和人的、正常人和病人的。通过运用简单的、众所周知的化学技术，我们能标记和分析大脑的特殊功能。一旦创造出新的化学技术用以研究和探索神经系统，人们就会很快取得更大的进步。在以后的几十年里，神经生物学家（“大脑探索者”）将探索特定的感觉区域、运动区域、感情中枢和大量未知的区域，将揭示关于记忆、学习、性格、睡眠和心理疾病等令人惊叹的东西。[1]

总之，很多生命活动如果通过化学语言表达，就能用合理的术语解释而被理解。化学语言是国际标准语言，也是所有时代的语言，它能解释我们从哪里来，我们是什么，以及物质世界将允许我们走向哪里。21世纪初的研究结果显示，化学元素周期表可能在宇宙其他星球上适用，而所有生物的 DNA 在不同星球上可能有不同结构（如果其他星球上也存在生物）。在自然界的两大运动形态——化学运动和生物运动中，化学运动更为基本。然而不幸的是，化学这种本应充分运用、解释生命过程的语言被一条隔在化学和生物学间的鸿沟所阻碍。1987 年，科恩伯格在美国科学促进会的一次会议上谈及此话题，题目是“两种文化：化学和生物学”，科恩伯格认为，这两种文化中间的鸿沟并不比斯诺（C. P. Snow）特别关注的人文与科学沟壑宽。然而，化学和生物学还是保留着两种有差别的自己的文化，两者的裂隙严重。即使在遗传化学和重组 DNA 中发现它们存在着很多共同基础，我们还是得出这两种文化相差甚远的结论。

三、化学家和生物学家的合作

化学家和生物学家的合作始于二战以后，由于这两个学科融合所诞生的“分子生物学”、“分子遗传学”等很多新兴学科正以迅猛的速度发展。这些新学科是经典“化学”和经典“生物学”交融的结果。

化学家意识到，30 亿年的细胞进化已经使分子和分子群具有复杂精细的化学反应的机制。如果化学家是催化作用、立体化学的专一性、聚合物结构、金属有机化学反应、表面效应和其他化学问题的专家，那么在他们面对生物学时，将面对无数的挑战。在社会上，化学的重要性表现在：理解遗传和营养的化学、理解健康和疾病的化学，这些都是大众期望得到的知识。

生物学家也明白，生命过程、进化过程及其多样性能够最终而且也必须用分子术语进行描述。他们必须依赖化学技术，改进和拓宽他们探索的领域。这些领域涉及植物、动物和微生物究竟怎样竞争和合作的知识。只有化学才能把宇宙事件、生命早期起源和可能命运结合起来。

从长远看，在更大的科学文化面前，化学和生物学之间的差异又显得微不足道。科学使化学家或生物学家揭示不同寻常的、错综复杂的、令人可畏的自然现象，当科学家把这些普通的现象汇聚在一起时，便会产生很多伟大的发现。科学不仅允许他们献身这个伟大的事业，而且给他们提供不断变化的、无穷无尽的新领域。科恩伯格极为欣赏爱因斯坦的话，他说：

> 最美的是神秘。它是建立在真正的艺术和真正的科学摇篮上的基本情感。如果一个人不懂得神秘的意义，不再好奇、不再惊讶，他就如同死人一般了。[2]

爱因斯坦的话对物理学和哲学同样重要、也同样耐人回味。

第二节 第三个两次获得诺贝尔奖的科学家——鲍林

1954 年诺贝尔化学奖授予鲍林，这是对他研究化学键的工作和用化学键阐明复杂物质结构贡献的奖励。1962 年诺贝尔和平奖也授予了鲍林，他是诺贝尔奖历史上第三个两次获奖的科学家。1903 年，居里夫人（Marie Curie）与她丈夫以及贝可勒尔（Antoine Henri Becquerel）分享了诺贝尔物理学奖，8 年后她自己独获诺贝尔化学奖；美国人巴丁（John Bardeen）于 1956 年和 1972 年两次获得诺贝尔物理学奖。

鲍林被认为是 20 世纪对化学科学影响最大的人之一，他所撰写的《化学键的本质》被认为是化学史上最重要的著作之一。他以量子力学入手分析化学问题，结论却以直观、浅白的概念重新阐述，即便未受量子力学训练的化学家亦可利用准确的直观图像研究化学问题，影响极为深远，比如他所提出的许多概念：电负性、共振理论、价键理论、杂化轨域、蛋白质二级结构等概念和理论，如今已成为化学领域最基础和最广泛使用的观念。

鲍林称自己为物理化学家，50 年的科学研究生涯共发表 500 多篇文章，他的研究领域涉及晶体结构、量子力学、分子生物学、分子医学、分子心理学、原子核结构研究。鲍林最超越他人的地方是他使分子结构成为现代化学的中心问题和最有成效的研究领域。

鲍林对于化学最伟大的贡献是他的化学键理论，鲍林在他的自传中说：

> 我读了很多关于电子对键、共价键的文章，我对描述性化学有深刻的了解，明白了如何用两个原子共享的一对电子来解释将原子结合在一起的力量。我意识到研究真正系统结构化学的第一步已经迈出。我那时有一种强烈的愿望，就是想弄明白构成物质的原子与分子的物理和化学性质，这个兴趣很大程度上决定了我 50 年的研究生涯。[3a]

鲍林对化学的兴趣源于 20 世纪中期，当时，科学家开始利用量子力学，把新的结构规则引入研究原子之间的结合方式。量子理论的诞生是以普朗克 1900 年发表的文章为标志的；1926 年 1 月，薛定谔推动了量子理论的发展，并提出“波动力学”的概念；此后，海森伯、玻恩、狄拉克、尼尔斯·玻尔（Niels Bohr）等开始科学史上最紧密、竞争最强烈和最有成效的多层次合作。就在此时——1926 年 3 月，鲍林到达欧洲，开始了长达十多年的学习和研究。在欧洲他结识了很多后来成为诺贝尔奖得主的大科学家，如劳伦斯·布拉格、佩鲁茨等。

经过多年的研究，鲍林提出了化学键的共振概念，这是鲍林从新发展的物理学带入化学中的一个最重要的概念，即组成物质分子的原子倾向于以最稳定的方式排列自己，这种构象需要的能量最少，而组成分子的原子大小和电荷决定了它们在分子中的排列方式。共振概念也促使杂化轨道概念的诞生，从而使碳原子的四个共价键等同的概念建立在科学原理的基础上。鲍林认为，原子的大小和电荷精确决定了它们在分子中的排列。无论是整个分子还是分子局部，分子一定是正负电性的中和，同时原子一定是紧密而整齐地排列在一起的。1930年12月的一个晚上，他想出了两年来令他困惑不解的杂化轨道的计算方法，这个思想几乎是化学键理论的全部。

鲍林的另一项成果是对蛋白质结构的确认，他把蛋白质结构分为三类：α-螺旋、β-折叠片和无规线团，并且精确给出了这些结构的几何尺寸。

鲍林取得的科学成就是举世公认的，但是他不像其他科学家对哲学的兴趣那么强烈，他在自传中写道：

> 当我回忆那时我自己的发展时，我相信那种强烈的愿望完全是出自好奇，没有任何理论和哲学的基础。我对教条的宗教持有怀疑的态度，并度过了由此引起的忧虑阶段；我对实际世界的理解是如此片面而又令人不满，它无法成为哲学发展的基础。我只是被化学现象所吸引，在化学反应发生时，一种物质消失而另一种性质完全不同的物质却产生了；我希望能学到世界上所有关于这种现象的指示。事实上，在我的一生中我的确是一年又一年地研究这个问题。[3b]

1952年4月，当鲍林被问到关于科学家的政治责任时，他说：

> 我主张科学家首先要有一般公民的责任感，同时因为他们懂得科学，对那些和科学紧密相关的社会问题，他们有责任帮助其他公民理解这些问题，应该对普通公民解释他们对这些问题的理解。并且我认为他们有责任发表自己的意见。当然，就在1945年后，科学家的反响是积极的。由于参议员麦卡锡在美国搞政治恐怖，吓倒了一大批科学家。立法机构也花费了很大精力，通过强力控制劝说科学家不要参与政治。他们年复一年地对我说，也许我知道很多化学知识，但那并不说明我也懂得世界、经济和社会问题，因此我应该闭嘴。我对他们回答说，我不接受你们的建议。例如，律师和政治家也像我一样无知，但没有人让他们闭嘴……[3c]

在谈到鲍林成功的原因时，鲍林的同事西蒙·辛格说，无论是在科学还是其他领域，创造力就是自我推动力。我认为，每个科学家在做伟大的科研工作时都和自身紧紧相连，这也就是科研中竞争那么激烈的一个原因。竞争只不过是一种表面现象，关键的问题是，科学家陷了多深？如果丧失了客观性，你得到的只是一种个人看法，这就是科学和宗教的区别。……鲍林有很强的物理直觉感。但最令人惊叹的也是使他成为伟大科学家的是他能够很快接受新概念。……鲍林愿意做归纳式跳跃，一旦他有了新主意，就开始推动它付诸实施。科学史显示了他这方面惊人的能力。鲍林自己却说，我认为，也许我比其他人思考得多。

第三节 佩鲁茨论科学和科学史①

最先取得分子生物学巨大胜利的不是英国学派，而是美国加利福尼亚理工学院的鲍林。他于1951年发现了蛋白质的基本结构，鲍林取得成功的部分原因是使用了测定蛋白质结构的新方法。与此同时，在剑桥大学布拉格实验室的佩鲁茨和肯德鲁（J. C. Kendrew）一直从事于两种载氧蛋白质——血红蛋白和肌红蛋白的结构研究。经过几乎10年的艰苦劳动，佩鲁茨和肯德鲁终于搞清楚了他们各自蛋白质的全部三维结构，并于1962年分享了诺贝尔化学奖。

佩鲁茨是一位科学家兼哲学家。佩鲁茨的血红蛋白研究证明，使一个物种适应一个新环境的突变，很可能在物种占领这个环境之前就发生了。突变的发生仅仅是概率决定的时间，在概率这个意义上是决定论的。还有一些例子表明，动物既是主动又是被动适应的，两者是同时作用的。这可能与蛋白质的多肽现象有关，这种现象在自然界是广泛存在的，很多学者正在研究它们的生存价值。

早在20世纪50年代中期，卡文迪许实验室佩鲁茨研究小组得到了巨大的发展，这个小组被命名为医学研究基金会生物系统分子结构研究中心，生物学在物理学实验室奠定的道路上取得了骄人的成就。1999年佩鲁茨撰写了《真该早些惹怒你》一书，2004年1月由上海科学技术出版社出版中文版（张春美译，陶家祥校）。在这本书中，佩鲁茨着重阐述了如下几个问题。

一、自然科学家和社会科学家

19世纪以前，参与科学研究的大多数是业余的科学爱好者，他们以原始的方式，凭借着奉献精神，从事科学研究。19世纪以后，个人的研究已经不能满足科学发展的需要，科学研究的高成本、多种人才的配合都需要以更大规模的资金和设备的投入。二战之后，科学研究开始走向社会化。然而在历史学家和科学社会学家那里，科学只是一个平凡的事物，和其他任何文化形式没有什么不同。历史学和科学社会学需要口头表达技巧，但自然科学家不太需要口才，只需要清

---

① 马克斯F佩鲁茨．真该早些惹怒你．张春美译．上海：上海科学技术出版社，2004．括号内的数字为该书页码

晰明了的思路和逻辑。事实上，科学家几乎很少使用任何一种哲学家为他们规定的科学方法。他们是用自己的专业知识进行科学研究，科学家常常对某种现象有一种坚定的信念（无论对错），用实验验证自己的信念。例如，巴斯德相信：在无菌条件下不会产生发酵，任何反证都是由于错误造成的，他并没有为找出这种错误浪费时间，并认为错误的原因最后一定会搞清楚。直到 14 年后，人们发现，谢普使用的干草浸液中含有耐热的细菌孢子，煮沸仍然无法将其杀死。又如，亚历山大·弗莱明是一个口才不佳的科学家，他的演讲常常使听众昏昏欲睡，但他发明的青霉素使他成为 20 世纪声名显赫的科学家。

自然科学家对于自己发现的科学真理往往抱有绝对主义的观念，因为自然科学的目标是对自然规律的发现，这种发现具有客观性，而与科学家本人的政治倾向、哲学思想和宗教信仰没有关系。所有自然科学的发现都以经验证据和数学分析为依据，而社会科学研究成果中所表现的“多面性和相对性”在自然科学中是不存在的。哲学家、历史学家和社会学家把自己装扮成学术的卫道士，认为自己可以凌驾于科学家之上，并对他们指手画脚，而事实上他们根本不懂科学和科学家的工作。巴斯德说：“观察性科学不像数学，绝对严密的一次否定性实验是不可能的。”1922 年法国大使朱尔·朱瑟朗（Jules Jusserand）访问美国，他在讲演中说：

> 法国历史上曾产生过无数伟大的人物，但没有任何一个人能超过巴斯德……几年前，也就是一战前，一家新闻报纸曾组织一次公民投票，要求读者选出法国最伟大的儿子。共 230 万人参加投票，在我们这样一个军国主义国家里……拿破仑皇帝位居第七位，巴斯德则名列第一。(第 168 页)

二、科学家具有人类共有的性格

在佩鲁茨的《真该早些惹怒你》这本书中，他特别指出，科学家和平常人没有什么差别。平常人具有的优点和缺点在科学家身上都存在，只是由于职业的特点，他们的行为方式有些特别。佩鲁茨还特别举例说明一些科学家的性格特点。

例 3-1　艾伯特·圣捷尔吉（Albert Szent-Györgyi）是一个热情奔放的匈牙利生物化学家，英文名圣·乔治（Saint George）。他具有奇怪的双重人格，作为“圣者”，他是个原创性思想家，一位热情的科学福音传道士、一位严谨的观察家、一位激进而无畏地鼓吹民主与和平的战士。他反对法西斯主义、反犹主义、麦卡锡主义、核试验和越战，他是个国际主义者。另一方面，他却不能分辨幻想与事实，有时候近乎是个自大狂。例如，他宣称蛋白质能导电（事实上是绝缘体）；还宣称蛋白质是由自由基组成的（第178页）。

彼得·梅达沃写道：

> 一位资深的科学家……应该经常倾听他背后的一些声音，就像提醒一位罗马皇帝也不能长生不老一样，这声音提醒科学家犯错的可能性，以及多长时间可能会犯错。（第180页）

例3-2　鲍林这位20世纪最伟大的化学家也有自负的缺点。在他面对他人的反驳时，鲍林不会承认自己可能错了，他无法容忍其他人想到了他还没有想到的问题。而爱因斯坦与他相反，在面对他人反驳时，爱因斯坦会认真思考，一旦发现自己错了，会感到十分高兴，因为他觉得自己避免了一个错误，而且使自己比以前知道得更多。（第218页）

例3-3　科学家的生活方式和性格大不相同。例如，艾弗里并不像一个具备革命性的人，他个子矮小，苦行僧式的柔弱单身汉，他只为他的科学而活着。为他生命的目的——发现肺炎球菌的原因和治疗肺炎的方法——而活着。他戴着夹鼻眼镜，说话苛刻，在公共场所言语谨慎，从没进行过巡回演讲，从未写过书，从不旅游，他从没有与人合著过任何他没有做出积极贡献的研究论文，从不把他的发现申请专利，也从未富裕过。（第236页）

例3-4　沃森和克里克都智力超群，因此两人都极端傲慢。克里克个子高高的，英俊潇洒，衣着考究，口若悬河，每字每句都是纯正的英国口音，然后爆发一阵爽朗的笑声，声音回荡在整个实验室，这和沃森形成了鲜明的对照。沃森经常像流浪汉一样走动，整个学期只穿一双鞋而从不擦拭（这在当时很古怪），他用一种低沉的鼻音和很重的声音说一些断断续续的话，单调而乏味；一句话还没结束，紧跟着就是一个喷嚏。克里克的评论像短剑一样，对无根据的推论进行猛烈抨击，而沃森在遇到令他厌烦的讨论时则打开报纸看报。沃森使克里克将精力集中在DNA的结构上，然而他们的关系有点像师生，因为沃森几乎没有什么可以教给克里克的，但克里克却可以教给沃森很多。克里克对艰深的自然科学、物理学有深刻的理解力，没有这一点，DNA双螺旋结构不可能被发现，但是沃森对DNA的性质有一种直觉的认识。（第239页）

例3-5　所有的科学家和普通人没有什么区别。伟大的成就并不总与良好的健康状态相伴随，例如，欧内斯特·海明威是一个嗜酒者；弗吉尼亚·伍尔夫（Virginia Woolf）是一个躁狂抑郁症患者；陀思妥耶夫斯基（Dostoevsky）是一个癫痫病人；林肯患有遗传性结缔组织失调。

例3-6　除了身体，科学家往往有过分迷恋自己的毛病。佩鲁茨说：

我在付出代价后才学到教训：一个过分迷恋自己的思想的人，往往会牵强附会地解释因科研结果和自己想法不一致而引起的怀疑，而不是去推翻最初的假设。科学研究是一项充满热情的事业，但过分热情会使自己误入歧途。(第147页)

三、佩鲁茨倡导的科学精神

在佩鲁茨的科学生涯中认识了很多科学巨匠，在交往中，佩鲁茨不断吸收他们的科学智慧和科学观点。例如，佩鲁茨说，雅各布发现，科学研究领域并不像人们通常想象的那样是个冰冷、艰苦、僵硬……有点令人厌烦的世界。相反，却是个充满欢乐、意外、好奇和想象的世界。一种由激情驱动、同样也由逻辑驱动的生活。雅各布说，他研究细菌配对、性引诱、间断交配（coitus interruptus）的三四年，是一段欢腾的时期、一段激动和欢欣的时期（第91页）。彼得·梅达沃（Peter Medawar）说：

科学上的每一次努力都是充满激情的事业，追求自然知识是对未知世界的进攻。(第4页)

在科学研究活动中，佩鲁茨一生倡导科学精神，他认为，如艺术创造一样，科学创造不可能通过精心组织产生，而是从各个天才人物自发产生的。设施完善的实验室可以加速这种创造的产生过程，但等级森严的组织，僵硬、官僚的规则，琐碎无用、堆积如山的文字工作则会扼杀这种创造力。科学发现是无法计划的，它们就像莎士比亚戏剧中顽皮的小精灵一样，会在一个意想不到的角落里突然出现。

科学研究的动力何在？佩鲁茨认为，一般来说，这种动力就是解答疑难问题的癖好以及得到同行承认的渴望。

科学已经改变了这个世界，但改变这个世界的科学家很少能预见到他的研究所带来的革命。奥斯瓦尔德·艾弗里（Oswald Avery）从未打算去发现基因的组成；哈恩（Hahn）和迈特纳（Meitner）从未想去分裂铀原子核；沃森（Watson）和克里克（Crick）在发现DNA模型告诉他们遗传信息如何自我复制时不禁大吃一惊；当琼·韦格尔（Jean Weigle）和沃纳·阿尔伯（Werner Arber）对某种病毒感染一种大肠杆菌而不感染另一种的现象疑惑不解时，他们不会预见到，40年以后，他们的研究会使一头名叫多利的克隆羊问世。如同孩子外出寻宝一样，科学家并不知道他们将会找到什么宝藏。在他们发现的若干年之后，可能产生两种结果：其一是解答了某些科学疑难问题；其二是转化为技术，技术转化为产品，产品影响人们的生活质量和生存环境，这时人们才发现这些成果的革命性价值。

佩鲁茨是一位正直、坦诚的科学家。在普林斯顿大学历史学教授盖森（Gerald L. Geison）对巴斯德的科学成就和人品进行攻击时，佩鲁茨勇敢地站出来为巴斯德辩护，他说："我建议盖森教授去普林斯顿大学化学系重复一下巴斯德的实验。他可能要经过艰苦的努力才能接近技术高超的巴斯德在测量这两个值（指酶的浓度和活性——作者注）时达到的精度。其他人后来做的实验证明巴斯德对微小差异的解释是正确的。"自然科学家和科学社会学家在研究含有正确与错误的客观实体时，自然科学家比科学社会学家理解得更深。巴斯德强调：

> 宗教信仰、哲学、无神论、唯物主义和唯灵论在这里都没有存在的空间，这是一个事实问题。我在认识这个问题时并无任何先入之见。(第159页)

四、《真该早些惹怒你》一书中的格言

佩鲁茨在《真该早些惹怒你》一书中大量地引用了其他科学家的名言。例如，

• 免疫学之父保罗·埃利希认为，科学家需要具备四种素质：技巧、耐心、金钱和运气。

• 天文学家弗里茨·兹维基说：有一类游戏是很吃力的，但兴趣会使人忘记辛苦；有一类卑微的工作是用艰苦卓绝的精神忍受着的，最低陋的事情往往指向最崇高的目标。

• 化学界元老威廉·奥斯特瓦尔德说："超乎寻常的成功往往会招致同僚的本能反对。"

• 莫诺说："在大肠杆菌中发现的一切正确结论，也必定适合于大象。"

• 梅达沃说："我们因为对技术的误用感到苦恼，却想当然地认为技术可以造福人类。""真正的麻烦在于我们对人类的失误和管理不当有一种敏锐的感觉，对人类能力的不足的一种新的、沉重的感觉。"不过，"对进步的嘲笑是最大的愚昧，也是思想无聊与精神贫乏的最新表现形式"。

• 佩鲁茨说："你不能将你下级合作者的工作据为己有。"奉行这样的戒律可以避免很多不公正与痛苦。

• 佩鲁茨说：我们靠什么求得人权？发现自然奥秘、为人类造福——这样一个共同目标将世界各地的科学家联合起来。

• 温斯顿·丘吉尔说："在科学中你不要礼貌，只需要正确。"

佩鲁茨认为，达尔文进化论要么是主动的，要么是被动的，要么是两者混合的。佩鲁茨还发现，科学进步并不能归功于某个方法，一些进步是由波普尔的假说－演绎法得来，另一些则是牛顿所描述的通过观察－归纳的结果。实际上，科学进步常常产生于偶然的或预计的观察，而事先在脑子中并没有什么现成的假说。

几乎没有一门学科可以像分子生物学那样，在短短50多年的发展历程中，如此强烈地影响并震撼人类社会。如今，人们往往将这一功绩归于生物学家对遗传物质DNA分子的革命性研究，却忽略了这样一个事实：即对DNA分子结构和复制机理的研究成果是以对蛋白质晶体的X射线分析为起点的。佩鲁茨正是这样一位对蛋白质三维结构研究做出重要贡献的分子生物学先驱人物。佩鲁茨认为：

> “如同艺术创造一样，科学创造毋需精心组织，而是从各个天才人物中自发产生的。”“科学发现是无法计划的，它们就像莎士比亚戏剧中顽皮的小精灵一样，会在一个意想不到的角落突然出现。”（第419页）

他强调，科学不是一种平静的生活，科学家也不是一种转动发现之柄的冷冰冰的机器人。在科学研究中，想象力、创造性、勃勃雄心和冲突的重要性与丰富多彩丝毫不亚于艺术。因此，科学是一项需要激情的事业，这一伟大的事业在给人类带来福祉的同时，也像一首诗或一幅画，能给我们带来无穷的启示。

第四节　艾根关于生命起源的“超循环理论”

德国化学家艾根（Manfred Eigen），因发明快速测定化学反应的技术而与英国科学家诺里什R. G. W. Norrish、波特（George Porter）共同获得1967年诺贝尔化学奖。“超循环理论”是艾根发明的关于系统自组织理论的一种，他用这个理论说明生命起源的问题，这是科学家利用“自组织”理论介入生命起源问题探讨的一次尝试。艾根的超循环理论尽管每一个步骤都有理论和实验根据，但是，其中有些步骤仍有假设的存在。

一、“超循环理论”产生的背景

第二次世界大战后，尽管自然科学的学科分化仍在继续，但学科之间的联系越来越密切。学科间的相互渗透和交融，使科学研究的对象不断向深度、广度扩展，产生出解决复杂科学问题的突破性成果。新学科、新知识系统分支以及新思潮，更多地是以学科的交叉融合的方式出现的。

20世纪60～70年代，跨学科交叉研究得到了迅速发展。哈肯（Hermann Haken，物理学家、斯图加特大学名誉教授）创立了“协同学”，托姆（Rene Thom）创立了“突变论”，费根鲍姆（Mitchell Jay Feigenbaum）创立了“混沌学”，芒德布罗（Benoît B. Mandelbrot）创立了“分形学”，钱学森创立了“系统工程学”，普里高津创立了“耗散结构”理论。这些理论的出现都是学科的交叉融合的成果，它们显示的原理都具有“普适性”的特点。这些跨学科的综合性理论虽然在内容的深度和广度上并不比诺贝尔奖成果差，但因为诺贝尔奖成果是学科性的，因此，他们并没有得奖。在西方，特别是美国，60～70年代各种跨学科研究机构纷纷成立，跨学科的研究文献大大增加，并涌现大量的交叉、横断和边缘性学科。在这个时期，美国的各大学纷纷成立跨学科研究中心，兴起跨学科研究，各种不同的组织机构尤其是各种基金会也都热心支持跨学科研究。因此，20世纪60～70年代被人们称为“跨学科研究的时代”。以“协同学”、“耗散结构”和“混沌论”（通称“新三论”）则在更广阔的科学视野和更深的理论背景下研究非线性问题，使学科间的交叉融合建立在统一的基础上。艾根的“超循环理论”就是在这样的背景下产生的，这个理论企图建立一个生物大分子自组织进化的理论模型。

二、生物学的进展和艾根的“超循环论”

20世纪50年代是生物学丰收的一年，这与1945年薛定谔撰写的《生命是什么?》一书有关，在这本书里，薛定谔号召物理学家、化学家关注生物学的发展，并把自己的研究课题转向生物学，生物学由于这批生力军以及先进的测量技术和仪器的加入得到突飞猛进的发展。1953年，沃森和克里克提出DNA双螺旋模型，并预言DNA是所有生命的遗传物质，这个预言很快被实验证明是正确的。1951年，鲍林对蛋白质的经典单元——α螺旋的结构进行阐述。1958年，肯德鲁（John Kendrew）利用X射线晶体学阐明了第一个球状蛋白——肌红蛋白的结构。

生命起源仍然是他们关心的问题。现代分子生物学的研究表明，蛋白质的合成需要DNA的“指导”，而DNA的合成又需要酶（蛋白质）的催化，这无疑成了一个“鸡生蛋、蛋生鸡”的悖论。根据我们的一般信念——“简单的东西在先”和“丰度较大的东西在先”的原则，蛋白质（鸡）似乎时间在先，但是蛋白质合成需要DNA（蛋）的指导似乎说明，核酸在先。如何破解这个谜？1969年，诺贝尔奖得主赫尔希（Alfred D. Hershey）和卢里亚（Salvador E. Luria）发现病毒的复制机制和遗传结构的噬菌体遗传学，RNA的催化性质给生命起源的研究又带来一丝希望。当时的设想是，病毒的RNA单独存在时不表现出生命特征，如果它与类似的“团聚体”或“微球体”这些前生命体结合，就有可能逐步表现其活性，从而迈出由无机物往生命体过渡的关键一步。

1971 年德国化学家艾根提出了“超循环论”，他企图建立一个生物大分子自组织进化的理论模型。其基本过程如下。

1）物质前提：环境（例如海洋）中存在丰富的类蛋白和核苷酸（A、T、G、C 或 U）。正如我们前面叙述的，在原始地球的环境下，这些化合物可能由无机物合成，并溶解在海洋中。由于 GC 配对比 AU 配对有更好的稳定性，从而表现出进化的优势。密码子 GGC 和密码子 CCG 配对成为最简单、最原始、丰度最大的核酸成分，这两个密码子对应的甘氨酸和丙氨酸也成为丰度最大的蛋白质成分。由于复制误差的存在，这些最初复制单元的信息被限制在 100 个核苷酸之内。否则由于错误的积累会导致信息溃败。这就是进化过程中的“信息危机”，如何才能克服这种危机，出路在于信息的整合。

2）超循环的形成。在原始海洋中，各种长短不一的蛋白质和核苷酸序列可能是同时存在的，但这些生物大分子不能自我复制，因此，不具备生命的特征。在众多的蛋白质和核苷酸序列中，某些非指令性蛋白对于 RNA 的自我复制有催化作用；另一方面，某些核苷酸序列——RNA 对指令蛋白有翻译作用。如果指令蛋白具有非指令蛋白的对 RNA 自我复制的催化作用，那么 RNA 与指令蛋白之间就形成了功能耦合。根据排列组合，这种功能耦合可能产生四种形态，其中只有一种形态才能导致协同进化（相互增进强于自我增进）。这种自复制循环之间的循环就叫做“超循环”，它使两个功能上耦合的自我复制单元，即长度有限的遗传信息整合起来，这样，既突破了单个复制单元的信息量限制，又避免了竞争和选择而导致的复制单元的消灭和信息的丧失，这就是所谓的“相干进化”。“相干进化”是从非生命向生命演化的关键一步。

3）超循环的发展。最初形成的超循环可以通过突变方式向更高的复杂性演化。当越来越多的突变整合起来时，多种密码子（有 $4^3=64$ 个）分配的超循环组织便出现了。空间分割（细胞膜的形成）则有利于加强系统间的竞争，以造成选择优势。这样，系统内的协同与系统间的竞争、选择相结合，进一步加强了超循环的发展。

尽管“超循环理论”在生命起源的探索中迈出了重要一步，并且，过程的每一步都有化学原理和生物化学的支撑，但是，在推理过程中，仍然有很多“如果”，这些假设使我们感到不“踏实”。总之，核酸和蛋白质的因果循环（包括“超循环理论”）需要实验验证（像米勒、福克斯实验那样），尽管这个实验极其复杂。

生命起源问题的探索不但具有重大的科学意义，而且对唯物主义与唯心主义的争论也有重要的现实意义。然而，对这一问题的彻底阐明最重要的不是理论说明，而是用实验证明，这在当前是很难做到的。

第五节　“耗散结构”理论中的哲学思想[①]

1977年诺贝尔化学奖颁给了演化物理学家普里高津。普里高津提出的非平衡热力学与耗散结构理论，构成连接物理、化学与生物学的桥梁。普里高津的自组织过程思想超出自然科学，对心理学、历史学、人类学和经济学都有重要影响，是科学家中跨越了诸多学科界限的大家。普里高津领导的布鲁塞尔学派是物理学继哥本哈根学派之后，有独立思想和系统工作的学派，在跨领域的研究方面走得更远。

托马斯·库恩在《科学革命的结构》一书中曾经说过，科学规范不仅与科学方法的突破有关，也与社会思潮的变化有关。如果我们考察科学思想史，可以看到贯穿科学发展的思想主要有两种：其一，是几何学与原子论相结合的思想，从毕达哥拉斯、欧几里得和哥白尼开始，一直到牛顿、爱因斯坦都是这一思想的体现者，包括分子、原子、基本粒子和遗传基因的发现。原子论的基本思想是把物理的复杂结构转化为简单组元，用这些“组元”的几何运动的叠加来解释复杂的运动。其二，是生物学和演化论的思想，从马尔萨斯、达尔文到马克思和熊比特。演化的思想在生物学、人类学和经济学中有重要地位，但在物理学中却非常罕见，只有普里高津是终身执着的演化论者。他受自催化反应的启发，强调不稳定性与不确定性在形成多样发展的自然与社会中的建设性作用，他强调“混沌产生有序”。

一、对经典物理学的“决定论”和“对称性”的颠覆

物理学的特征首先表现在“决定论”上：牛顿的经典力学、爱因斯坦的相对论、薛定谔和海森伯的量子力学都是用决定论的微分方程来表达。微分方程的特征是，某一时刻的状态（即初始条件）一旦给定后，所有未来的状态和所有过去的状态就被决定了，从而，所有未来的现象都内存于现在的瞬间中。这样的世界可以说是没有时间的世界，因为过去、现在、未来这种时间区别是没有意义的。

物理学法则的第二特征与时间对称性密切相关。也就是说，即使改变时间的

① 陈洪等．论“耗散结构”和“相对论”中的自然哲学观点的差异．思想战线．2005，(4)：132～136. 本节在该文基础上修改而成

方向，法则仍不变。这种特征不论在相对论还是在量子力学都是相同的。

普里高津的耗散结构理论正是在这最基本的两点——“决定论”和“时间对称性”上彻底颠覆了经典力学的基础，使得耗散结构成为一种崭新的、带有演化性质的新理论。

在自然科学发展的漫长历史上，从最近的100多年开始，很多优秀的自然科学家不但把科学实验中的经验总结为系统的理论，而且把这些理论上升到哲学的高度，形成自己的“世界观”和“方法论”，他们的科学成果不仅提高了人类社会物质文明的程度，同时也给辩证唯物论提供了重要的自然科学依据。普里高津就是这些科学家中最杰出的代表之一。

普里高津发现，古典物理学和演化生物学之间存在一道鸿沟：根据热力学第二定律，在孤立系统中熵（无序的度量）永远是增加的（无序增加），而达尔文发现生命演化是从简单到复杂（有序增加），这就与热力学原理发生了矛盾，不可逆性在物理学中也叫“对称破缺”问题。牛顿力学和量子力学都是事件对称的，即可逆的，但是宏观观察到的现象是不可逆的。不可逆现象的起源是什么，现代物理学家至今没有共识。为了解决这一矛盾，普里高津区分了三种热力学系统的存在：孤立系统、封闭系统和开放系统。在孤立系统中，熵永远是增加的；在封闭系统中可以形成低温有序结构。例如盐水降温会析出晶体，但是晶体的结构不能适应环境演变；在开放系统中，耗散结构必须有能量流、物质流和信息流才能维持。生命和社会系统都是耗散结构，而不是低温均衡结构。社会演化和生物的演化可以从非平衡态物理学得到解释。这样，普里高津对物质在不同系统中的运行模式进行了区分，而在开放系统中，“决定论”和“对称性”是不存在的。[4]

二、时间的性质和层次

宇宙中的各种物质无不在时间和空间中运动。时间和空间不仅属于自然科学的范畴，也属于哲学的范畴。

普里高津提出的耗散结构理论就是建立在时间不可逆性的基础上。耗散结构理论认为，一个开放系统（不管是力学的、物理的、化学的或生物的系统）在到达远离平衡态的非线性区时，一旦系统某个参量的变化达到一定阈值，通过涨落，系统可能发生突变（即非平衡相变），由原来的无序的混乱状态转变到一种时间、空间或功能有序的新状态，这种有序状态需要不断地与外界交换物质和能量才能维持，并保持一定的稳定性，不因外界的微小扰动而消失。普里高津把这种在远离平衡态的非线性区形成的新的稳定的有序结构称为“耗散结构”。[5] 地球表层的自然地理系统，生态系统和人类生态系统都是“耗散结构”。而一个系统能否形成“耗散结构”，必须考查它演化的历史。这样，时间不再是系统运动的外界参数，而成了非平衡世界内部进化的量度。

普里高津并没有停留在对时间不可逆这种观点的水平上，他通过对动力学，热力学（尤其是热力学第二定律）、生物进化等学科历史的研究，又提出时间应该分为不同的级别或层次的观点：与经典力学和量子力学相联系的时间是可逆的，时间仅仅是运动的几何参量，这部分物理他称之为“存在物理学”；而与称为“演化物理学”的热力学相联系的时间是不可逆的；与生物进化相联系的时间和历史有关。这样一来，物理学的法仅表达“存在”（being）这种永恒的东西，而不表达“生成”（becoming）这种变化的世界。在“生成”的世界里，当下的“存在”只是可能性，未来的世界也是未给定的。“生成”的世界在本质上是概率的世界，而不是决定论的世界。只有在“生成”的世界里，我们每一个人才能带着想象参与到未来的创造活动中。

我们居住的世界是“存在”的世界，还是“生成”的世界？传统物理学主张，我们居住在“存在”的世界里，而复杂系统物理学主张，我们生活在“生成”的世界里。如果放眼我们周围的事物，结论是不言自明的。

关于“复杂”和“简单”，普里高津展现给当代思想界的结论是，描述作为复杂系统的“生成”世界物理学的构筑是可能的。不同的人使用“复杂系统”这个词具有不同的含义。本质上，复杂系统和简单系统的区别是在严密的、由力学系统的可积性和不可积性加以区别的。现在已经确认，不可积系统的数量压倒性地多于可积系统。

普里高津对时间的研究，是继爱因斯坦后对时间概念的发展，是近年来科学技术高速发展、各学科互相渗透、边缘科学大量出现的结果，是人类对时间认识的进一步深化。

三、世界的简单性与复杂性

“简单性”是20世纪40年代以前人们对于世界的基本认识。很明显，数学的和谐性、简单性、对称性则是现实世界中物质运动规律的高度抽象。

现代物理学的世界观一再表明，物质由“基本建筑材料”构成的思想不能再被接受了，原子和亚原子物理学越来越说明基本粒子的存在是不可能的，粒子是一种过程而不是一个物体。因此，自然界无法归结于最基本的实体，而应该理解成完全是自洽的，即它的组成部分彼此组成，或用通俗的话讲就是：你中有我，我中有你。反映这一观念的有S矩阵理论产生的“靴绊”哲学（自己依靠自己的含义）使现代物理学最终放弃了机械世界观。牛顿的宇宙是由一组具有基本性质的基本实体构成。宇宙就建立了在这些实体的各种机械组合上，因此宇宙是简单的。在“靴绊假设”之前的自然科学理论都是以这种或那种方法表明，可以把世界理解为无法进一步分解的实体的集合。而“靴绊”哲学的世界观则把宇宙看成是相互关联事件的动态网络。在这张网络中没有任何部分的性质是基本的，它们都可以从其他部分的性质导出，它们相互关系的整体自洽性决定了整个网络的结构。“靴绊假说”不仅否定物质基本组成的存在，而且否认任何基本的东西，这就是说不接受基本定律、基本方程或基本原理。几百年来建立在各种“基本”基础上的世界简单性的大厦发生了动摇。

在生物学方面，20世纪60年代兴起的分子生物学已深入生物体内的大分子和基因的内部结构。70年代以后，基因结构与功能关系的研究成果表明：生物体中的自催化作用、自组织作用、自复制作用等都不能仅从研究该问题的各个要素出发，而必须对这个复杂系统进行整体性研究。

人类社会更是一个由民族、阶级及其政治、经济、军事、宗教、文化等组成的庞大结构。这些因素都不可能单独存在，他们处以复杂的相互作用中，而人类社会的发展则是这些因素相互作用的结果。

现在让我们看看由简单性引申出的对称性问题。对称是数学、物理学、化学、生物学、建筑学、美学和艺术中广泛使用的概念。人类对于美的追求，自然科学和工程技术的表现形式无不和对称有关。自然界的混沌状态，热力学系统的熵极大状态等都是对称性最高状态。然而，随着对称性的破坏，产生了以正物质为主的今天的自然界。在微观世界中，“宇称守恒定律”的打破证明微观世界在时间和空间上也不是绝对对称的。当无机世界向有机世界、生物界向耗散结构演变时，对称性更是出现破缺。人的四肢、五官对称而脏器不对称，组成蛋白质的20种氨基酸只有左旋的，生命能量之一的糖类只有右旋的，它们都不对称。耗散结构的形成是以牺牲人们欣赏的对称性为代价的。在这里我们又一次看到简单性原理的局限性。

为什么一个复杂系统不能看成许多小单元的线性组合呢？耗散结构理论告诉我们：一个远离平衡态的复杂系统，各粒子之间的相互作用具有非线性的特点，该系统可以处于大量粒子协同动作的相干状态，因此进行复杂性和整体性的研究就显得十分必要了。普里高津指出：现代物理学的发展正处于结束“现实世界简单性”信念的阶段。今天无论从哪里去看，我们到处见到的都是不断增加复杂性和多样性的进化过程。从整体性和复杂性方面研究事物，就必须重视模型的作用和事件的效果，必须把事物的复杂性与事件的不可逆性联系起来。

当前，自然科学、社会科学的研究已从18、19世纪的分解研究方法中脱离出来，逐渐向综合研究的方向发展，横向学科大量涌现。因此，普里高津说："科学的兴趣正从简单性向复杂性转变，对于微观世界简单性信念已经被打破了，这个转变引导我们把重点放到新概念和新方法上。"[6]

四、决定论和非决定论

普里高津在研究了大量的科学史资料后指出：世界的可逆性和决定论模型只限于有限的简单情况，而不可逆性和随机性才是我们这个世界的根本规律。决定论和非决定论、动力学和热力学规律、力学和热力学规律同等重要的，它们是互补的。他十分赞赏并多次引用了玻尔的名言：在世界舞台上，我们既是演员又是观众。[7]

在耗散结构理论中，随机涨落这一概念起着十分重要的作用。普里高津一再指出：

> 在耗散结构中通常是下列三者彼此相关的：化学方程所显示的功能，由不稳定性所获得的时间空间结构，以及激发不稳定性的涨落。这三者相互作用，导致一些包括"来自涨落的有序"等极其意外的现象。[8]

普里高津认为，历史是发展的，不断出现新情况和新事物，将来并不包括在过去之中，而统计性和概率在事物发展过程中起着关键作用，它反映了客观世界存在着的随机性和偶然性，因此应该成为现实物理世界的本质。

自然界存在着大量的由有序结构成的物质和系统，生物以至人类就是这种有序结构的典型代表，在这些系统中功能和结构的关系，可以通过两条途径联系起来，第一条途径是决定论的。例如，蛋白质一、二、三、四级结构决定其生理功能。第二条途径是非决定论的、随机的。例如，氨基酸的随机组合成为蛋白质，A、T、G、C 四种碱基的随机组合成为 DNA 等。"耗散结构"认为：系统的功能、结构和涨落之间是相互联系、相互制约的，而通过涨落达到有序结构则是产生有序结构的唯一途径。普里高津还把功能、结构、涨落之间的相互作用作为理解社会结构和进化的基础，并认为我们今天正处于一个开放的世界，非决定论才是这个世界的规律。

事实上，20 世纪后半叶兴起的"混沌科学"在更高层次、更普遍意义上对复杂的自然和社会现象提供了更一般的规律。其研究结果表明，我们现存的世界是一个有序与无序的统一、稳定性和不稳定性的统一、决定性和随机性的统一。

第六节 "协同学"里的哲学①

协同学（synergetics）20世纪60年代末由德国人赫尔曼·哈肯首先提出，至80年代，以哈肯出版《协同学——引言：在物理、化学和生物学中的非平衡相变》(*Synergetics—An Introduction. Nonequilibrium Phase Transitions in Physics, Chemistry and Biology*. 3rd ed. Berlin：Springer，1983）为标志，协同学成为一门新兴的、独立的学科。协同学揭示了一个自然界和人类社会普遍存在的规律：系统的集体行为准则。然而，哈肯并没有因此获得诺贝尔奖，因为协同学是一个综合性理论，并不属于物理学、化学、生物学任何一门学科。

协同学，即"协调合作之学"，是一门研究在普遍规律支配下，有关系统有序的、自组织的集体行为的科学。哈肯自称：协同学在综合性上超过了热力学规律，其应用范围广泛得多。[9]事实上，协同学的原理已被很多自然科学和社会科学的事实所证实，并得到了广泛的应用。

一、系统的集体行为

系统的集体行为在物理学、化学、生物学等自然科学中陆续被发现，例如物理学中的"激光"、化学中的别洛索夫-扎包廷斯基反应（B-Z反应）、生物学中的生物分子自催化增殖等。在日常生活中，系统的集体行为也是人类社会存在的一个普遍现象。例如，时尚：社会上众多的人追求某种服饰、某种产品、某种思潮的集体行为。抢购：人们购买某种紧俏商品的集体行为。上学：学生被集中起来学习的集体行为。生产：操作者和管理者生产特定产品的集体行为。经济学：研究集团的集体经济行为，而不是个体经济行为。

高度复杂的经济生活也提供了大量协同效应的例子。例如，同类商店的聚集、城市越来越大、生产什么产品等。此外，像选举、战争等很多社会现象也都是集体行为。在社会生活中，个体行为是没有什么决定意义的，只有集体行为才能形成社会效应和社会变革。集体行为的特点是：当系统受到来自系统内或系统外的某种因素影响时，系统的组成元素会以相同的行为模式集体行动，这种集体行为是系统一种自发反应，是个体不可能做到的。

系统"集体行为"本质上是一种"自组织"过程，这正是"协同学"的研究对象，它和"耗散结构"理论具有同样的重要性。

---

① 陈洪等．协同学和企业管理．中国科技产业，2006，(9)：65-69．本节在该文基础上修改补充而成，引文均来自《协同学——引言：在物理、化学和生物学中的非平衡相变》一书

二、协同学的表述

协同学可以表述如下：

> 一个开放系统（现实的物理、化学、生物、企业、社会都是开放系统）的宏观性质是通过序参数之间的竞争和协作反映出来的。当一个序参数使系统的一部分元素产生自组织，通过这部分的存在和协调使系统的其他元素也产生同样的行为，系统逐渐被这种运动支配，最后，整个系统以一种相同的行为模式进行有序运动，并形成组织和结构。在时间序列中，开始一个序参数占主导地位，支配其他序参数，以后，这个序参数可能失去主导地位，让位给另一个序参数，如此重演。这种主导地位的变化是无规律的，也就是混沌的。

序参数是使事物有条不紊地组织起来的力量。研究发现，在描述系统状态的众多变量中，有一个或几个变量，在系统处于无序状态时，其值为零，随着系统由无序向有序转变，这类变量向正有限值变化或由小向大变化，我们可以用它描述系统的有序程度，所以叫做“序参量”或“序参数”，有时亦称“命令参量”。自然现象中的序参数由系统的元素（或子系统）的协作产生，反过来又支配系统各部分的行为。序参数具有双重性：一方面，它支配子系统的行为；另一方面，它靠子系统来维持。

协同学规律是从自然界和社会现象中总结出来的，因此，其规律包含在物理学、化学、生物学以及社会学和经济学等各种学科中。协同学是研究系统自组织，即集体行为得以进行、实现的规律，并将这种规律应用于未知系统。协同学在发现系统的宏观状态急剧变化并产生新结构时最为成功。

我们生活在一个复杂性不断增长的世界，要理解这个世界是不容易的。对于潮水般涌来的新信息，我们必须有所选择，不能困死在无关紧要的细节上；必须学会观察和把握事物总的场景，也就是系统的集体行为；必须“减少复杂性”。协同学告诉我们，总的场景是由序参数提供的。由于系统的不同，序参数的确定和产生也不同。一些较为简单的系统，在它的各种变量中存在一个明显比其他变量变化慢的变量，它就是序参量。一般说来，序参数是一些长期量，它们支配着短期量。长期量亦称慢变量，短期量亦称快变量，快变量受到慢变量的制约。例如，文化和语言在长期的历史发展过程中是不断变化的，它是一个慢变量，需经历几百年、上千年才有一些变化；而人的一生仅有数十年的光阴，它是一个快变量，个人在一生的时间内不可能发明自己的语言，相反，他要受到语言的支配。又如，地球气候是一个慢变量，植物生长是一个快变量，飓风形成和运动也是一个快变量。再如，与人的一生相比（慢变量），人的行为、体内的生化反应就是快变量。因此，快变量和慢变量是一个相对概念，要看在什么层次上讨论问题。在“协同学”中，快变量被慢变量控制的这种关系被概括为“使役原理”（亦称支配原理）。

使役原理是协同学里起核心作用的原理。此处的“支配”在自然系统中表达的是一种因果关系，而非“伦理学”中的含义。例如，从协同学意义上说：一个民族的成员被其语言所支配。支配是针对特定系统的，支配原理是序参数对于子系统的支配；如果该系统属于一个更大的系统，这个序参数可能失去支配地位。

三、系统的序参数和数学规律

协同学认为：序参数是使事物有条不紊地组织起来的力量。在自然界，序参数本身受逻辑过程的支配，与材料无关，即逻辑过程、思维过程可以在完全不同的实体中进行，可以是水，也可以是电子，还可以是化学过程、激光或生物分子。在一个人造系统如一个电路中，系统的序参数相互作用，并导致新的序参数出现，而这个新的序参数的出现完全是自发的，不需要人为的干预。

协同学原理还告诉我们，竞争并不是唯一的运作模式，等价力量之间可能出现协作而产生新的模式。在这种新模式中，新的序参数出现，并对新模式产生支配作用。然而，如果新的序参数丧失控制能力，甚至产生混沌运动，系统就可能面临一场危机。这场危机的原因不但来自系统外，系统内的因素也可能使系统产生混沌。

协同学研究的是人们的正常行为，正常行为是指事先并未约定的独立行为。独立行为的规律被数学上的“大数定理”所概括。协同学的研究成果已经成功地推广了大数定理，即当个体不再独立，而是以协作的方式行事时，也能建立规律性。研究、利用这些规律性无疑给科学研究学提供了一个强大的理论支撑。

四、协同学的哲学意义

1. 协同学指出系统进化中必然性和偶然性的作用

在自然界存在很多具有两重性的现象，这使科学家感到意外。以图3-1为例，小球下落受牛顿定律支配，即受必然性支配，但碰到刀片后，是落在左边，还是落在右边却受偶然性支配。在我们研究自然的时候，存在着很多这种必然性和偶然性并存的现象。

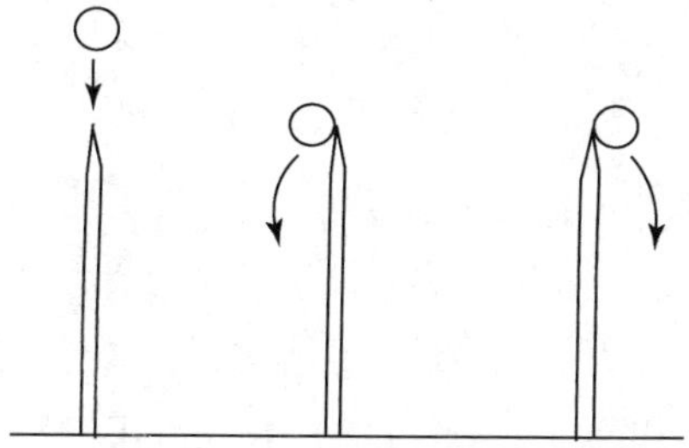

图 3-1 必然性和偶然性

辩证唯物主义认为，现实世界中的任何事物、任何关系、任何过程都具有必然和偶然的双重属性。必然性总是要通过大量的偶然性表现出来，没有纯粹的必然性。对于受动力学规律支配的单个客体的行为（自由落体的小球），可以由它的某一瞬间的状况准确地预言其相继状况，明显表现出必然性特征；同时，这类对象的运动还要受到许多次要的、附带的因素的影响（接触针尖），从而使总方向确定的过程呈现出种种不确定的偏离。只承认必然性而否认偶然性，这就混淆了非本质因素的影响和本质因素的作用，把非本质因素等同于本质因素，陷入机械的决定论和宿命论。

2. 协同学证明了量变到质变的规律

量变是指事物量的规定性的变化，是事物数量的增减、场所的变更以及事物内部各个组成部分在空间排列组合上的变化。量变是一种渐进的、不显著的变化，是在原有度的范围内的变化，它不改变事物的根本性质，因而也称渐变。量变体现了事物发展过程中的连续性和稳定性。人们经常看到的统一、平衡、相持和静止等，都是事物处在量变过程中呈现的面貌。

质变是事物根本性质的变化，是一事物变为其他事物。质变是事物超出度的界限的变化，是事物的显著变动状态，是事物连续性的中断，因而又称飞跃、突变或革命。因此，区分量变和质变的根本标志，在于事物的变化是否超出度的界限。

量变和质变都是由事物内部矛盾双方力量的变化引起的。当矛盾双方力量的对比还没有达到主次地位的改变时，事物呈现出量变状态。当矛盾双方地位发生改变，原有统一体破裂，事物便呈现出质变状态。

量变到质变是一个哲学规律，在自然界，这个规律的一个体现就是系统的“相变”。水被加热至100℃沸腾（相变），沸腾是液态水分子的集体行为。事实上，无论自然界还是人类社会都存在大量的系统，这个系统的元素（所有的水分子）以一种富有意义的方式协同行动，形成集体行为，发生“相变”，“相变”

造成新结构的形成，这就是量变到质变的过程。

3. 适应性

适应性是指生物与环境相适合的现象，适应性是通过长期的自然选择，需要很长时间形成的。应激性的结果是使生物适应环境（如变色龙体色的迅速变化），它是生物适应性的一种表现形式。但生物体的有些适应特征（如北极熊的白色、绿草地中蚱蜢呈绿色等）是通过遗传传给子代的，并非生物体接受某种刺激后才能产生，这与应激性是不同的。达尔文用适应性解释了生物物种进化的原因。

适应性是一个自然界，无论是无生命界还是生命界，都服从的一条基本规则。生命界的适应性早已为人们所熟知。例如，“物竞天择、适者生存”，个体或群体对环境的不适应造成某个物种的灭亡；对于无生命界，电子的适应性令人费解，但已为很多试验所证实。因此，所谓适应性，是指主体能够与环境以及其他主体进行交互作用，在此过程中主体不断地“学习”或“积累经验”，并根据学到的经验改变自身的结构和行为方式。整个宏观系统的演化，包括新层次的产生、分化和多样性的出现、新的更大主体的产生等，都是在适应性的基础上逐步演化出来的。

“协同学”和“耗散结构”同属于研究系统自组织行为的科学，这与对世界的整体性观察方式相一致。在自组织理论中，结构的形成是以普遍适用的规律为基础的，无论是动物细胞、商业公司、经济事态、社会舆论的形成似乎总与这些事件的很多个别部分的富有意义的协同行动完成的。

第七节　对生命起源起决定作用的RNA和人类基因组工程计划

1989年诺贝尔化学奖授予切赫（Thomas R. Cech）和奥尔特曼（Sidney Altman）奖励他们“发现核糖核酸（RNA）催化功能”，这个发现至少在一个领域起了革命性的作用，那就是生命起源。如果RNA分子既是催化剂又是信息携带者，那么我们就可以推测目前的DNA、RNA和蛋白质都是从RNA进化来的。

酶是蛋白质，早在20世纪30年代就被证实了。1971年奥尔特曼在剑桥大学医学研究中心研究特殊的tRNA的突变体，这个工作使他发现了一种新酶——核糖核酸酶P（蛋白质和RNA的复合体），这个酶能够切掉tRNA的一小段，使tRNA变成所需要的形式。这样的组合并不令人惊讶，因为核酸总是和蛋白质结合在一起，以各种不同的复杂形式来执行细胞的各种生化过程，最明显的是染色体是由 DNA 和蛋白质组成的，而核糖体是由不同的蛋白质和一条 RNA 链组成的。但奥尔特曼发现，在核糖核酸酶 P 中的 RNA 本身就具有酶的催化功能，虽然催化缓慢，但毫无疑问地发生了。奥尔特曼设计了一个具有独创性的实验说服自己，然后用更多的实验说服他人。在一个决定性实验中，他从基因上直接转录了 RNA 链，除去蛋白质（除去了蛋白质催化的可能性），花费了几个月的时间得到一个令人难以置信的实验结果——RNA 具有催化性能。

与此同时，切赫也发现了另一种 RNA 分子也具有催化活性，随后又陆续发现了更多这样的实例。这些发现导致了对于生命起源问题的科学回答，因此对于宗教关于生命起源说法的打击是不言而喻的。

生命起源既是一个自然科学问题，也是一个哲学问题和宗教问题。分子生物学的发展使人们认识到，蛋白质和核酸是生命中最核心的化合物，而关于它们哪一个在地球上首先出现的问题一直争论不休。因为核酸链的形成需要蛋白质（酶）的催化，而蛋白质的合成需要核酸的指导，这种"鸡生蛋、蛋生鸡"的循环怪圈一直困扰着生物学家。RNA 分子具有催化活性的发现使生命起源问题似乎出现了一丝转机，也就是说，RNA 分子可能首先在地球上出现，它具有双重功能——遗传信息功能和催化合成蛋白质的功能。其中遗传信息功能向专门化发展，形成了现在的 DNA 链，而催化功能使得蛋白质合成成为可能。

到 20 世纪 80 年代中期，对整个人类基因组作图和序列分析的时间和技术都已经成熟，即定位和鉴定每一个基因和控制因子，以得到每条染色体的全部核苷酸序列。这个目标和结果具有无法估量的价值，并且冲击了分子生物学所有的其他领域。基因组图谱将要确定和区分所有不同的成分，标记它们的功能和相互作用。然而，基因图谱比我们想象的要复杂得多，也许我们根本无法全部理解。这种矛盾起源的唯一原因：人类基因组不是设计出来的，而是进化出来的，序列本身是干枯和没有意义的，只有在体内，它的功能才能有效、全部表达出来。人类基因组计划是由分子生物学家辛斯海默首先提出的，并得到美国能源部的大力支持。

为了做基因图谱（即"人类基因组工程计划"），用做参考的 DNA 来自 70 个大家族成员：53 个来自美国犹他州，13 个来自法国，4 个来自亚洲，它们被保存在巴黎。

人类基因组的测序工作已于 2006 年完成（中国承担了测序工作的 1%）。对于其结果的解读却没有人们想象的那么美妙。不与任何野生物种相比，只与家养的牲畜相比，人类的种群特征具有很大的遗传变异性，这是因为在成百上千年的时间里，我们在很多方面都像家养动物那样地生活着。从一个或几个个体的 DNA 序列构建成一个组合的完整序列均不能捕捉到这个变异。在人类历史上曾经出现过两种关于生物进化的哲学思想：第一种叫做“实在论”，它是从亚里士多德开始，动物学界就坚持的观点：假设每个物种都有一个标准特征型，任何变易都是从这个标准特征型变化而来的，这个标准特征型是动物学家划分物种的方式，而新物种在发现以后，就被插到这个系统中。第二种是达尔文的进化论，达尔文把物种理解为一个种群，变异是物种的特征，这种认识奠定了进化论的基础，从达尔文到今天，变异的来源和本质成了进化的中心问题。最后证明，达尔文是正确的，进化论最终取代了实在论。

最近估测一个人大概有 20 万个基因，而人类种群有上百万的等位基因，那些和遗传疾病相关的只是其中的很小一部分。为了在遗传水平上理解人类种群，为了探索基因组计划能告诉我们什么，我们需要大量的人类基因组。

除了人类基因组外，其他很多动物的基因组也应该包括在这个计划之内，从致病的病毒、细菌、酵母、线虫、果蝇到老鼠和猩猩。即使在现在，物种间的基因组的比较也会对发育生物学的研究产生有益的线索。1995 年，当第一个细菌全部的核苷酸序列发表后，人们马上发现这个生物的几百万个基因的功能从来就没有被检测过。而现在发现，许多细菌的基因与较高等动物的某些基因之间相似程度很高。

遗传学中最基本的概念是，基因是和其他基因协同起作用的，并且在环境因子的影响下，生物幼体发育为成年的生物。摩尔根（因发现染色体的遗传作用而获得 1933 年诺贝尔生理学或医学奖）研究的结论是：每个基因都有“多种作用”；所有性状都是可变化的，任何生物性状不仅是基因单独产生的结果，而且是遗传过程和不同的、可变化的环境因素相互作用的结果；无法区分的性状也许是不同基因的产物；每个性状都是很多基因的产物。虽然 20 世纪中期以后的分子遗传学和分子生物学丰富了我们的认识，但是摩尔根的结论对于理解和解释我们知道的一切都起着重要作用。总之，基因是协同地起作用的，我们的遗传品质、寿命、智力和特殊天分都是很多基因共同作用的结果，并且，在基因之间、基因与环境之间保持着精妙的平衡。鉴于基因作用的复杂性，很多问题我们还不清楚，还需要进一步研究。因此，可以预言，基因治疗不会很快成功。

第八节　凯利·穆利斯的“不可知论”[①]

凯利·穆利斯（Kary Mullis）1944 年生于美国北卡罗来纳州，1973 年获加利福尼亚大学伯克利分校生物化学博士学位。他因发明聚合酶链式反应（PCR）

① 本节的观点和谈话引自：［美］凯利·穆利斯．心灵裸舞——凯利·穆利斯自传．徐加勇，汤清秀译．上海：上海科学技术出版社，2006

获1993年诺贝尔化学奖。

穆利斯是一位思想活跃、兴趣广泛、感情丰富、具有反叛精神、乐观的科学家。他的专业是生物化学，然而，他对文学也产生过兴趣，他的第一篇小说发表在《医学天地》杂志上，并得到120美元稿费；1968年，还是研究生的他写了一篇关于宇宙学的文章——《时光逆转的宇宙学意义》，发表在《自然》杂志上。此外，他对地球上空的臭氧洞、对化学药物的滥用、对艾滋病、对于数学哲学、对于科学研究的功利化等问题都有自己独特的看法，有些看法颇有离经叛道的味道。

他的获奖工作是聚合酶链式反应（Polymerase Chain Reaction，PCR）——扩增特定DNA片段的技术。利用热稳定DNA聚合酶、脱氧核糖核苷酸和引物序列，通过多个循环的变性、复性和DNA合成来完成扩增。PCR是体外产生大量特定序列DNA片段的有效方法之一，穆利斯是这样描述的：

> 什么化学程序能够在拥有30亿个核苷酸的DNA分子上查找一段特定的序列，并把这段序列展示给比DNA分子大1000倍的人呢？……事实上DNA分子的本能之一就是自我复制……突然，我知道该怎么做了。如果用一小段DNA序列从30亿个碱基位点中定位出1000个，那么就能用另一个DNA小片段缩小寻找范围。这另一个片段应该刚好位于目标序列的下游。它将浏览第一次所找到的上千个片段，然后找到我所要的精确位点。在我能提供的一定条件下，利用DNA自我复制的天然特性，我可以让位于两个搜寻短链与长链DNA结合位点间的DNA序列进行复制。一个循环以后，一个片段变成2个，2次循环以后，2个变成4个，10次循环以后……2^{10}应该差不多是1000个左右吧？……因此，我解决了DNA化学上的两个主要问题：丰度和纯化……我创造了一种全新的物质比较系统，恐怕只有一小部分人对它的细节感兴趣。但正是用这种系统，我才最终找出了PCR反应不能得到始终一致结果的原因。在比较每种反应所需成分的分子数时，我发现，很多情况下只是因为缺少足够的酶分子来与所要扩增的DNA相作用。没有人意识到制约PCR实验的因素仅仅是酶分子的数目，因为他们根本不知道自己所使用的酶分子的数量。[10]

从上面的描述可以看出，科学研究的第一步是要正确地提出问题；在经过长时间的思索以后，解决方法可能以“尤里卡闪现”的方式出现；不满足已经得到的结果，仔细分析实验出现的问题，并给出合理的解释和解决方法。

穆利斯的数学、哲学观点非常独特，他首先提出一个问题：感觉与逻辑和数学有什么关系？他认为：

> 19世纪中叶，所有思考过这个问题的人都认为科学的基础是数学，而数学是对感觉输入的抽象概括。数学定律，特别是几何学和微积分学被认为是万物运动的根本。（第29页）

穆利斯把数学家称为“少数工作着的怪人”，他们依赖感觉获取信息，从中得出结论，然后用已有的经验去理解那些不能被感知的，可能今后永远都不能被感知的东西。这就是数学，它也许源于我们的感觉，然而，任何事物都有一种漂离它们源头的倾向。穆利斯认为，拓扑学、几何学、微积分学都不是事物运动的真正的潜在基础。几何学和微积分学定律来自人的感觉……但是这些并不是20世纪我们生活的现实基础，这是一个重要的社会学观点。在微小物质的世界——物理学的某种层次上，微积分一无是处。它过分依赖时间和空间。我们现在认为粒子是构成这个世界的基础，而时间和空间在粒子世界没有什么意义。因此，感觉也没有什么意义。几何学根本不适用于粒子世界。

穆利斯对于世界本源，尤其是关于微观世界的讨论，说明他是一个“不可知论者”。他说：

> 我们人类，包括数学家，总认为事物越小越重要，越接近根本。也许应该弄清楚，我们所说的“根本”到底是什么含义……我们从什么时候开始，认为微小粒子是世界的根本？我认为是从20世纪原子弹的研制开始的……这样做的结果是什么呢？美学、存在哲学等纯理论科学消失得无影无踪。今天，人在地球上脱颖而出，成为唯一的智慧生物……我们总是竭尽全力地探索万事万物，却忘记了探索我们自己的内心世界。我们已经掌握并一次次地运用几何学与微积分学原理，我们发明了让我们看得更远、更深的仪器，我们制造了计算机，能够进一步分析所观测的数据。但是在亚原子领域，物质的结构与我们已知的情况完全不同：粒子既不像立方体也不像球体，也不像4面体，甚至也不像性感的12面体以及恐怖的20面体，它们也不是复合体，他们什么都不是。对于它们存在或不存在，我们无从知晓，也找不到丝毫线索。（第109页）

穆利斯对于地球和人类的未来一直感到深深的忧虑。“今天，一场新的灾难即将来临，又一个完美的生态系统即将化为乌有。”因此，穆利斯认为：

> 有两件真正重要的事情值得当代物理学家去完成。第一，研究可能与地球相撞大天外来客，以及怎么发现它们、改变它们运行的方向。第二，与太空中的其他智能生物取得联系，借鉴他们的经验来解决第一件事。……当前，我们竭力在那些我们感受不到的领域探索来探索去，而

那些我们感受得到，而且又明显地需要我们立即去探索的领域，却无人问津，这样做无异于押错赌注。(第127页)

对于什么原因引起地球生态灾难，穆利斯否认人类活动是原因之一。“地球的温度，与地球围绕太阳公转轨道的大小和形状，与地轴和公转轨道间的角度，与白昼的长短、与射线的淬灭和深藏在地壳下的引力余热、与自地球诞生之日起就存在的元素，以及只有上帝才知道的其他什么东西有关。反之与我们无关。”

对于科学研究的功利化，穆利斯也感到忧虑。他说：

20世纪以来，世界变得越来越复杂。政府的很多功能已经涉及高科技领域。利益相关的局外人或机构，难以有效地监督他们。……科学家成为各种科研项目的行政管理者。此时，科研的动力是追求最大的经济利益，而不再是强烈的好奇心，这可能是20世纪科学发展的最大特点。……因此，一个职业科学家在维持和扩大他的实验项目时，肯定感到很大的压力。这些钱大部分来自国家科学基金、NIH、国防部、能源部等机构，而要获得基金，必须通过激烈的竞争。(第201页)

现在的问题是，说服有钱人资助有技术的人专心完成那些科学项目。穆利斯认为：

自然科学对很多现象还不能解释，我们不能盲目乐观，也不能趾高气扬。广袤世界的大部分，我们依然感觉不到，我们的耳朵只能听到其中的一小部分声音。我们的手指无法感受其中微妙的结构。甚至动用所有的仪器，包括山顶上的高倍望远镜、太空中的哈勃太空望远镜，我们依然像瞎子一样，看不见四周充满无数种复杂的能量。……人类应该做的就是，为生存感戴幸运，在浩瀚无垠的宇宙面前认识到自己的渺小，然后坐下来喝杯啤酒，放松。(第239页)

第九节　克鲁岑的“人类世”

保罗·克鲁岑（Paul J. Crutzen）因“阐述了对臭氧层产生影响的化学机理，证明了人造化学物质对臭氧层构成破坏作用”，与莫利纳（M. Molina）、罗兰（F. S. Rowland）共同获得1995年诺贝尔化学奖。他在2002年提出了“人类世”的概念（Paul J. Crutzen. Geology of mankind. Nature，2002）。克鲁岑是德国人，在德国马普学会化学所工作，是一位大气化学家，因研究南极上空的臭氧洞而获得过1989年泰勒环境奖。

“人类世”是一个地质学概念，地质学是一门与历史有关的学科，它涉及生物进化、地壳演化、地表物质以及大气变化等。地质学的一个重要分支是地质年代学，它研究地质时期各种事件的年龄和确定各种事件发生的事件和顺序，其主要任务是建立地质年代系统，包括确定表示地层之间新老关系的相对地质年代；用岩石中放射性同位素蜕变产物含量测定而获得的岩石形成之后所经历的实际年龄数据，即绝对地质时代。“全球地质年代表”是其研究的最终结果。地质年龄分为“宙”、“代”、“纪”和“世”几个等级，即“宙”包含几个“代”，“代”包含几个“纪”，“纪”包含几个“世”。我们今天所处的地质年代是显生宙（PH）—新生代（Kz）—第四纪（Q）—全新世，距今1万年开始。人类出现的地质年代是显生宙—新生代—新近纪（新第三纪，N）—中新世，距今约23.3百万年。克鲁岑认为：

> 我们今天所处的“全新世”的提法是不对的。因为在过去200多年的历史中，人类已经成为地质变化的主导因素。过去认为，地质变化的动力叫做“地质营力”，分为内力和外力。内力指的是地壳构造的运动，如地震和造山运动；外力是指大气、海洋、河流、冰川等的运动，例如大气运动造成了沙漠、黄土、沙尘暴等，在传统的地质学那里，人是不包括在“地质营力”里的。

按照克鲁岑的观点，“地质营力”应该把人包括进去。而且在工业革命以后，人已经成为一种“地质营力”的主导力量。地球作为一个系统，包括了大气圈、水圈、土壤圈、岩石圈、冰冻圈、生物圈等等，所有这些圈均受到人类的影响，人类成了整个地球系统中最活跃的因素。人可以影响到大气、生物、海洋、河流、土壤、岩石……

与克鲁岑的观点相反，1993年诺贝尔化学奖得主凯利·穆利斯认为：

> 地球的温度与地球围绕太阳公转轨道的大小和形状，与地轴与公转轨道间的角度，与白昼的长短，与射线的淬灭和深藏在地壳下的引力余热，与地球诞生之日起就存在的元素，以及只有上帝才知道的其它什么东西有关。反之，与我们无关。……地球上的每种能量都以一定的信息向外界表现出来。其中大多数信息我们还没有破译出来。大部分能量的传递方式我们仍然摸不着边。……广袤世界的大部分，我们依然感觉不到，……我们依然像瞎子一样，看不见四周充满无数种复杂的能量。这些能量夜以继日地、年复一年地、一个千年又一个千年地在我们周围旋转、振动、互相撞击。[12]

中国科学院刘东生院士谈到人类影响自然的动力学过程时，指出可能主要有7种过程：

①人类可能在百年或数百年之内用尽地球几亿年积累的化石燃料（与此同时，根据物质不灭定律，大气成分有可能回归到原始大气）；②50%的陆地表面直接因人类的活动而改变，并伴随着生物多样性、营养物质循环、土壤结构、生物和气候等方面的变化；③用作氮肥的人工合成的氮，较陆地生态系统自然合成的多；④人类已经使用了一半以上的淡水；⑤温室气体中其他微量成分的含量在大气中不断增加；⑥海岸带和海洋生境的改变：大约50%的红树林消失，湿地也减少了一半；⑦据相关数据统计，22%的渔业过度捕捞（其中44%达到了极限）。

刘东生院士接着说：

> 西方国家已经做了很多关于人类活动与自然界变化之间的系统分析的工作，其主要目标是判断哪些环境问题与人类活动有关。首先判别人类的作用有哪些，然后把人类的作用分为近因和远因，以讨论如何把环境问题的复杂内容条理化。显然，现代的可持续发展科学在很大程度上，不仅需要自然科学向社会科学的融入，社会科学本身也要努力向自然科学倾斜，这既是自然科学与社会科学相互融合的一个良机，同时也为环境问题找到了出路。[12]

克鲁岑的“人类世”的提出有现实意义和科学意义。从现实讲，“人类世”是鉴于当前环境恶化，其中人类活动对环境的破坏是不容忽视的事实。人类对于大自然的索取必须有节制，人类的物质欲望必须加以限制，才能保证一个和谐的世界。从科学讲，如果把人类力量与自然力量和自然变化力度进行比较，我们会发现，虽然人类属于自然界，而自然界不属于人类，但随着人类能力的不断增强，对自然界影响的力度也不断加大。虽然人类的短期活动不会对自然界产生大的负面作用，但是长期活动的积累（如煤炭的使用）对地球气候的影响是不可否认的。

结　语

化学是我们理解宇宙、地球、生物的基础学科之一，构成地球上所有生物基础的有机物质仅仅是现代化学庞大结构中的一个小的子集，我们周围自然界的一切变化都与化学有关。然而，如果我们考察诺贝尔奖得主的工作就会发现，要区分他们的工作究竟属于哪一个学科变得越来越困难，往往是某一传统学科的成就却在另一些学科中大放异彩，科学的融合趋势已经成为不可阻挡的潮流。此时，作为科学更深层次思考的哲学尤其值得人们的关注和研究。

到20世纪前夕，在进化论、周期表、电磁理论、统计力学等巨大进展出现之际，化学研究对于揭示生命现象、对于改善人类的生活品质也取得了巨大的成就。种种迹象显示，以理性完全破解自然所有奥秘以及重新认识自然秩序的胜利，已经为期不远。20世纪前30年就出现的相对论、量子力学和量子场论，为人类世界观、高能现象和宇宙整体的了解打开了大门。这轮革命和发现有两个直接的后果：

第一，引起了产业革命和人类生活方式的改变——IT行业的兴起、航空航天的发展等新兴产业的诞生。此外，这些科学成果为人类更美好的生活带来了希望。例如，2010年诺贝尔生理学或医学奖授予英国剑桥大学的爱德华兹（Robert G. Edwards）教授，奖励他对“人类体外受精治疗”做出的贡献，这项成果使全世界400多万对不孕夫妇有了自己的孩子。

第二，新的科学成果带给科学家的不是欢欣、兴奋，而是迷惑、沮丧。为什么？因为相对论摧毁了传统的时间和空间观念，量子力学摧毁了传统的因果观念和本质统一观念，而这两者与经典力学似乎都不相容。也就是说，科学这个严密体系本身在前进中似乎出现了裂痕，变得无从“理解”。特别是，康德根据西方哲学大传统以及牛顿力学的观念，辛辛苦苦建立起来的那个纯粹理性的架构一下子倒塌了。我们发现，世界虽然可以计算、预测，甚至在某种意义上的“了解”，但是我们向往所谓的理性，人类企图对于世界运行规律的掌握其实并不合“理”———不符合深入研究所显示的实际！虽然更深一层的自然奥秘——生命及其运动规律逐渐被揭露，但是和我们原来所想象的完全不一样，生命的起源和化学本质、宇宙中是否还有智慧生命的存在都还是个谜。

因此，化学研究必然面临两个重大课题的挑战：科学层面，对于生命所有细节的认识以及宇宙其他地方是否还存在生命的探索；技术层面，为人类创造更多、更美好的新物品、新方法以及更安全的生活环境。

参考文献

[1] 阿瑟·科恩伯格．酶的情人——一位生物化学家的奥德赛．崔学军，倪红梅，王伟译．上海：上海科学技术出版社，2006：261-263

[2] 同［1］：265

[3] 霍勒斯·贾德森．创世纪的第八天：20世纪分子生物学革命．李晓丹译．上海：上海科学技术出版社，2005：3a：77；3b：129；3c：202

[4] 陈平．纪念演化物理学家伊利亚·普里高津．科学文化评论，2004，1（5）：30-35

[5] 韩德刚，高执棣，高盘良．物理化学．北京：高等教育出版社，2001：273

[6] 湛垦华，沈小峰等．普利高津与耗散结构理论．第2版．西安：陕西科学技术出版社，1998：215

[7] 同［6］：214

[8] 普里戈金，斯唐热．从混沌到有序．曾庆宏，沈小峰译．上海：上海译文出版社，1987：48
[9] 赫尔曼·哈肯．协同学——大自然构成的奥秘．凌复华译．上海：上海译文出版社，2005：9
[10] 凯利·穆利斯．心灵裸舞——凯利·穆利斯自传．徐加勇，汤清秀译．上海：上海科学技术出版社，2006：2-4，71
[11] 同［10］：152-153
[12] 熊卫民．“人类世”之反思——访刘东生院士．科学文化评论，2004，1（2）：108-109

第四章　诺贝尔生理学或医学奖得主的哲学思考

生物学被定义为研究生命物体的科学，包括解剖学、生理学、胚胎学、细胞学、遗传学、分子生物学、进化论和生态学。

探索生命、治疗人类疾病是诺贝尔生理学或医学奖的主要目标，这个目标在20世纪50年代以后取得了巨大的成就，人类对于自身和疾病的认识进入了分子水平。

如果考察1901～2010年诺贝尔生理学或医学奖获奖项目情况，就会发现，诺贝尔奖获奖工作涉及关于生物（从细菌到哺乳动物，包括人）生长、发育、遗传的一般原理，以及这些原理在治疗人类疾病上的应用。前者增加了人类的知识域，使人类对于自然界和人类自身的认识更加深刻；后者对于人类健康长寿的生活有着不可磨灭的功绩。研究这些成果中的哲学思想实际上需要深入地挖掘，而不仅仅是诺贝尔奖得主本身的思想。

生命科学在20世纪的进展正一步一步地把人们引向对生命问题的深刻认识，很多生理、病理现象可以得到解释，但是心理现象、心灵却很难用已有的理论进行解释，很多吊诡和不确定的情况，造成人们的疑惑、混乱、沮丧是很自然的。

与此同时，日益膨胀和实体化的科技已经不知不觉地成为我们的主宰而非仆人了。在这种情况下，早在18世纪末萌芽的反科学思想以各种不同的形式迅速滋长，成为人文领域中高涨的反理性潮流，也就同样是很自然的了。[1]

与上述的物理学和化学发展趋势不同的是，诺贝尔生理学和医学的成就中具体的技术成果比较多，这些成就实实在在地促进了人类的健康、对某些疾病的认识逐渐“正确”、医疗方法不断改进，所有这些都极大地改善了人类对于生存环境和疾病的认识。

20世纪60年代，是诺贝尔生理学或医学奖丰收的10年，1962年在DNA双螺旋模型获奖之后，1968年霍利、尼伦伯格、科拉纳以及1969年赫尔希、德尔布吕克、卢利亚先后获得诺贝尔生理学或医学奖，他们的成就对于认识生命系统有很大的帮助。生理学和医学研究的都是生命系统，生命系统有两个与众不同的特征：复杂和组织。控制并左右生物一切行为的化学结构是由成千上万的原子组成的分子，而这些原子是以复杂的、高度特殊的方式组合起来的。为什么一些无生命的原子凑在一起就有了生命？这个问题一直困扰着人们，长时间以来人们一直认为，生物中必有某种添加的非物质成分或生命力，它来自上帝（活力论）。20世纪以来的诺贝尔生理学或医学奖成果向人们显示，对于生命的解释、对于疾病的解释完全在事物本身，不需要求助于上帝。

人类是好奇心和探究心都十分旺盛的生物。有史以来，人类的好奇心和探究心产生了所谓的“科学”。近代和现代科学有两个指向：一是自然界，包括宇宙、地球万物；二是关于人类自身，人对于“自己是什么”的疑问和探索热情根深蒂固，这个问题多半与“心灵在何处”或者“心灵与身体有何关系”的问题有关。有关的争论主要在哲学家之间进行，现在依然如此，不同的是，由于近年来脑科学研究的急速发展，使我们逐渐接近了问题的答案。

本章内容主要涉及两个方面：其一，二战后的诺贝尔奖得主的获奖工作；其二，某些得主在获奖后展开的自己感兴趣的、对科学发展有重大影响的科学研究和哲学研究。

第一节 诺贝尔生理学或医学奖所涉及的领域

一、诺贝尔化学奖和诺贝尔生理学或医学奖的界限

诺贝尔生理学或医学奖中的哲学研究是一个很困难的课题，因为和物理学、化学相比，生理学或医学不能算是基础学科，它们是更为基本的化学、解剖学等学科的应用。应该说已经颁发的诺贝尔生理学或医学奖项到底属于物理、化学或是生理医学领域，并不能严格地加以区分。正如伦琴（Wilhelm Conrad Röntgen）获得的是诺贝尔物理学奖，但是他的发现对于化学和医学都是非常重要的。薛定谔和玻尔在物理学方面的建树和对生命的解释，使得生物学家得到在原子和分子水平上分析生命的启示，从而为建立了分子生物学奠定了基础。在20世纪的最后25年里，有三分之一以上的诺贝尔化学奖的研究成果涉及生物化学、分子生物学领域；而在2001年以后的6年里，除了2005年颁发给“有机换位合成法”外，全部的化学奖都颁给药物化学、生物大分子结构、细胞生物学和分子生物学领域的成果，化学家已经开始从以自然物质为研究对象转向研究人和生命体，很多诺贝尔化学奖得主的工作都涉及医学和生理学。[2]为此，每年春季，诺贝尔生理医学和化学委员会要举行联合会，互通情报，保证每一项科学研究成果的提名不会同时出现在两个领域。

从16世纪近代化学产生之日起，至19世纪已经分化出“无机化学”、“分析化学”、“有机化学”、“物理化学”四个分支。化学是生物学和医学的桥梁，生

理学、病理学、毒理学、药理学中的很多问题最终都可以用化学原理进行解答。沃森和克里克于1953年提出了DNA分子结构模型，他们指出，遗传的基本物质——脱氧核糖核酸（DNA）具有一种微妙的双螺旋结构。这一重大发现为探讨遗传的化学本质开辟了一个新纪元，引起了一场生物学的伟大革命，并可以和达尔文的进化论、孟德尔的遗传定律的成就相媲美，其结果是在此后不久就完全阐明了遗传密码问题。如果从传统的学科内容看，DNA结构的成果属于化学领域，而它的应用却涉及生物学和医学的各个领域。

20世纪60年代以后，化学和生物学的融合结果是建立了以研究生物分子为目标的“生物化学”。生物化学源于有机化学、医学和农学，这可以追溯到100多年以前，而分子生物学（以DNA双螺旋模型建立为标志）的建立和应用至今还不到60年。科恩伯格（1959年诺贝尔生理学或医学奖得主）说，我喜欢1931年F. G. 霍普金斯对于生物化学的描述，在斯坦福大学演讲时，我每次都要引用：

> 生物化学家希望解答的问题是独特的，他必须研究一个“系统”，这个系统中化学实践的复杂程度远远超过较为简单的无生命系统。现代哲学忙于强调陈词滥调：整体的特性不仅仅是部分的总合，而是实现于各个部分的总合。一些人先验性地认为，一些物理化学数据无法阐明作为一个整体的有机体的本质。生物学家把活的有机体作为整体长期进行研究，而且对此越来越有兴趣。但是这些研究并不能告诉我们“生命的物理基础”的本质——一种任何形式的哲学都不能忽视的问题。化学和物理学应该以更真实的、可描述的东西取代“原生质”这个纯粹抽象、模糊的概念。我所知道的现代成就不能处理现实问题。生物化学家必须记住：他只有把获得的数据资料与机体的整体活动相联系，才能充分表达其意义。在实验时他应该是大胆的，但在下结论时应该慎重。他的推论不可能是描述生命的最后定论，但是如果没有这些推论，最后的结论将永远无法得出。[3]

物理、化学、生命以及它们之间的联系正有机地成为一个整体，有时候，诺贝尔物理学奖、化学奖、生理学或医学奖的界限是模糊不清的。

二、诺贝尔生理学或医学奖所涉及的领域

诺贝尔生理学或医学奖分为五个领域：①DNA、分子生物学与分子遗传学；②免疫学；③细胞生物学、细胞信号转导；④神经、感觉及大脑；⑤新方法和新的发病机制。[4]第1、3领域涉及生物（从细菌到哺乳动物，包括人）的生长、

发育、遗传的一般原理；第2、4、5领域基本上只涉及人。如果我们在更高一个层次俯视这些学科就会发现，“控制”、“信息”、“系统”、“结构”、“功能”、“能量”等概念（起源于“控制论”、“信息论”、“系统论”）是这五个领域提炼出来的共同特征，可以覆盖生理学或医学。如果我们考察20世纪上半叶的科学进展（微观的原子物理的突破、生物学的细胞结构到亚细胞结构再到生物大分子结构），就会发现，“自然观”的中心问题已经从运动形态的相互转换转移到物质层次结构的问题。到20世纪下半叶，“控制论”、“信息论”、“系统论”的思想已经渗透到自然科学和技术的各个领域，“系统”成了哲学不得不面对的问题，并成了哲学的逻辑体系与起点，而经典学科的淡化和整合已经成了不可逆转的趋势。

如果我们再用传统哲学的概念如物质演化、物质运动形态、物质层次结构、自然系统及其组织来考察诺贝尔生理学或医学奖，必然推及生命起源、生命演化、生命运动规律等问题。只有在这个层面上，诺贝尔生理学或医学奖的成果才真正与哲学发生关系。

第二节　生物的能源——三磷酸腺苷的发现

在经典生物化学的后期（大约20世纪30年代），最显著的成就之一是李普曼（Fritz Lipmann）的关于生物能源——三磷酸腺苷的发现，这个成就使他分享了1953年诺贝尔生理学或医学奖。另一位获奖者是英国的克雷布斯（Hans Krebs），他发现了细胞如何使用可用的能量来驱动大多数细胞的生理过程。他发现的原理是简单的，但其化学网络却复杂得可怕。

生物的能量像一堆大篝火，李普曼回答了这样一个问题：什么是引燃这堆火的火柴呢？当酶在催化化学键形成并合成复杂分子时，需要使用当时（千万分之一秒）当地（1~2埃距离）能够利用的能量。李普曼在1937年偶然遇到能量问题，当时他正在破解用德氏乳杆菌降解葡萄糖的步骤中的一个谜。这个步骤属于一个传统的步骤，在这个步骤中丙酮酸被氧化成醋酸和二氧化碳，即

$$CH_3C(O)COOH + O_2 \rightarrow CH_3COOH + CO_2$$

由于一个偶然的小实验变动，他观察到，在没有磷酸的情况下，氧化就不会发生。磷酸是一个简单的小分子，每个核苷酸中都含有磷酸。当李普曼往体系中加入磷酸时，反应速度马上加快——氧化以正常的速度进行。李普曼猜想磷酸的加入也许制造出一个结合磷酸的中间产物，分子和磷酸的连接叫做“磷酸化”。李普曼说：

从那个时刻起我开始意识到，代谢不是为了氧化物质，而是为了给

细胞提供能量。它必须能产生一种细胞可以利用的能量类型。[4]

当他鉴定了磷酸化的中间产物后，他发现磷酸连接的化学键很不寻常，基因的排列和带电性使这类键与其他类型的键相比更富有能量。在当时的生物化学中，还没有出现过这样的中间产物，因此，核苷酸像是一个装满磷酸的能量袋。

李普曼的好奇心被激发了，他还记得在20世纪20年代，高能磷酸键就推翻了肌肉生物化学中已被接受的认识，证明肌肉力量的直接来源是小分子的三磷酸腺苷，它很容易形成，也很容易裂解，当它们裂解时，电子的瞬间重排会释放出很多能量。三磷酸腺苷通常简称为ATP。

现在我们知道，在生物化学途径的迷宫中，有大约60种小构造材料在分解、变换，并在一两千个分开的化学步骤中合成。甚至在知道催化每个步骤的酶是大分子并且有其专一性的时候，李普曼宣布了一个相反的发现——大胆而富有想象力的飞跃。他认为，参与同样步骤的能量载体是少数几种极富多样性的小分子，它们有一种共同的特性——含有高能的磷酸键。

李普曼说，我们已经知道，在每个合成反应中，必须准备进入合成的基团，必须给它们在浓缩时所需要的能量，那是充电，其化学含义是这个基团被活化了……遗传学上一个最简单的例子是，核酸是由三磷酸合成的，任何核苷酸都可以形成带有高能键的三磷酸。现在已经知道连接氨基酸的肽键是以相同的方式形成的，在反应开始前，能量就加在氨基酸上。

1953年在他的获奖报告中，他说他早年观察到的能量问题使他不仅提出普通能量分配系统的磷酸键，“而且提出了像生物合成的基本反应那样通过载体转移活性基团的基本概念”。在他报告的最后一句话中，他说，最初的线索“很具有试探性”，这也许表明，他提出的关于生物能量分配的概念可以延伸到蛋白质和核酸的合成上。

看来，每一种生物过程也必须遵守能量守恒和转换定律。“上帝已将一种秘密的艺术赋予大自然，使之摆脱混沌而形成完美的世界体系。”而能量守恒定律和热力学第二定律是到目前为止还没有被打破的自然定律。这两个定律对哪些过程可以发生、向什么方向演化加以限制。深刻理解这些思想使我们直接面对哲学的核心问题之一——时间的本质。人类在19世纪就认识到这两个定律了，然而对它们的诠释以及它们在理论和实验方面的广泛应用直到20世纪生物学发展之后才有了更深刻的认识。

一直以来，科学家和发明家就一直试图绕开这个原理，希望创造出这样一种机器，其产生的能量比它消耗的还要多。达·芬奇设计过几种方案，玻意耳也提出过一种方案。如今我们在网络上可以找到各种各样的永动机设计。早期的这种机器是机械的或是利用引力的，后来又结合了蒸汽机和电磁装置，而较现代的形式则是靠相对论和量子论中的“漏洞”，或者靠到处兜售的所谓“真空能”之类的一些“隐蔽能源”。

然而，迄今为止还没有发现任何已知的过程违反能量守恒定律。20 世纪前半叶以前，人们对于各种各样的物理、化学现象进行过考察，毫无例外地发现，不可能建造一种机器，它遵从已知的物理规律运转产生能量，却不消耗任何能量。20 世纪后半叶，分子生物学的发展表明，生物的特殊性并不存在，能量守恒定律不仅存在、适用于生物的宏观运动，也存在和适用于细胞活动。

今天的宇宙学研究发现，现在的宇宙是大约 137 亿年前一次猛烈的大爆炸中产生的，而后就不断地膨胀和冷却。太阳系形成于大约 45 亿年前，与此同时地球也诞生了，生命在地球上诞生于 38 ~ 40 亿年前，猿人诞生于大约 250 万年前的非洲，人类历史大约 1 万年，有文字的历史有七八千年，近代科学诞生于 300 多年前。从这个时间序列我们可以看出，从宇宙到原子这样的空间广度，所有宇宙过程和地球上的过程都遵守能量守恒定律（爱因斯坦的相对论发现之后的现代的表述是质量 - 能量守恒定律）。我们人类利用如此短暂的时间就掌握了如此多的知识，不能不说是一个奇迹。然而对于宇宙的认识，对于物质运动规律的认识，我们尚处于婴儿时期，更多的科学规律等待我们发现。

第三节 DNA 双螺旋模型的产生和意义

沃森（J. D. Watson）和克里克（F. H. C. Crick）于 1953 年提出的 DNA 分子结构模型可以与达尔文的进化论、孟德尔的遗传定律相媲美。沃森和克里克指出，遗传的基本物质——脱氧核糖核酸（DNA）具有一种微妙的双螺旋结构。这一重大发现为探讨遗传的化学基础开辟了一个新纪元，引起了生物学的一场伟大革命，其结果是在此后不久就完全阐明了遗传密码问题。由于这一伟大科学成果，沃森、克里克和威尔金斯（M. H. F. Wilkins）分享了 1962 年诺贝尔生理学或医学奖（威尔金斯在伦敦国王学院实验室提供的 DNA 的 X 射线衍射图，并阐明了 DNA 结构的一些物理约束条件。他从 1969 年“英国科学社会学会”成立起，就一直担任主席）。沃森撰写的《双螺旋——发现 DNA 结构的故事》一书是作者自己亲身经历的重大事件印象记，书中不仅有科学知识，亦有科学工作方法。沃森为中译本写的前言是：

> 我十分高兴，通过这部中译本，可以有更多的中国人了解我们如何弄清了携带遗传信息的 DNA 分子结构的故事。同克里克进行合作的那些日子，是我一生中极为难得的一段时期。在撰写本书时，我力图表达出我们在探究这种我们认为可能是最重要的分子时的兴奋心情。我们所

发现的双螺旋果然没有使我们失望。(沃森 1983 年 6 月 14 日 纽约冷泉港)

一、与沃森工作过的科学大家

沃森在《双螺旋——发现 DNA 结构的故事》一书中讲述了一段历史，很多著名的科学家都出现在他的书中，并对他的工作——双螺旋结构的发现有过重要影响：

薛定谔写的《生命是什么?》一书非常清楚地提出一个信念，即基因是活细胞的关键组成部分，要懂得什么是生命，必须知道基因是如何发挥作用的。

西兹（Wil1y Seeds）研究 DNA 纤维体的光学性质。

佩鲁茨（Max Perutz，1962 年诺贝尔化学奖得主）发现血红蛋白的结构，是克里克所在单位的领导人。

布拉格（W. H. Bragg）爵士是 1915 年诺贝尔物理学奖得主，晶体学奠基人之一。

艾弗里是细菌学家，他的实验表明，遗传的特性能够被纯化的 DNA 分子由一种细菌传递给另一种细菌。

威尔金斯关心 DNA 的 X 射线衍射图谱以及 DNA 结构的工作。

卢里亚（Salvador E. Luria）是微生物学家、沃森的导师。卢里亚知道他已不可能重新学习化学了，他觉得最聪明的办法是把他的第一个治学严谨的学生送到一个化学家那里去。

德尔布吕克（Max Delbrück）是理论物理学家、加利福尼亚理工学院教授。他希望仅用遗传学方法研究生物学问题；卢里亚却常常考虑是否只有当一个病毒（基因）的化学结构完全搞清楚以后，才能得到真正的答案。

鲍林解决了蛋白质三维结构这样一个激动人心的问题。

韦格尔（Jean Weigle）是瑞士噬菌体学者，他参加过鲍林宣布蛋白质结构的讲演会。

肯德鲁（John Kendrew）是佩鲁茨的合作者，沃森与他工作过。发现了肌红蛋白的结构。

马肯姆（Roy Makham）从事植物病毒工作的英国生化学家，马肯姆和沃森曾经每天交谈至少几小时。

克里克是沃森的合作者，常常向沃森问及噬菌体方面的问题。其他时间，克里克就用晶体学的知识武装沃森的头脑。这些知识通常是需要耐心阅读专业杂志才能获得的。1949 年，克里克到卡文迪许实验室，同佩鲁茨、肯德鲁一起工作。

霍奇金（Dorothy Hodgkin）是英国最杰出的晶体学家，与克里克一起工作过。

在与沃森接触的这些科学大家中，诺贝尔奖得主占67%。沃森在这个科学大家庭中吸收了丰富的营养，并为他和克里克破解DNA结构奠定了基础、准备了条件。

二、DNA双螺旋及其功能的发现

1953年4月25日，英国《自然》杂志发表了两位年轻科学家——沃森和克里克写的一篇论文，宣布发现了DNA双螺旋。消息传开，不胫而走，它的内容广为流传。对遗传机制感兴趣的多数生物学家很快就认识到，用携带遗传信息的生物大分子角度研究遗传学的时代到来了。遗传学创立于1865年，孟德尔发表了他用种子形状和花的颜色等遗传性状各不相同的豌豆品种进行杂交实验的结果。他的杂交实验结果使他得出了有机体携带着并传递给子代很多遗传因子或称“基因”的著名结论。每一个基因决定生物的一个性状，因此有机体的全貌受其全部基因的控制，而这些基因都是由其亲代传授下来的。

35年后的1900年，孟德尔的研究成果又重新受到重视。遗传学在20世纪前20年发展成生物学领域内一门最重要的前沿学科，这在很大程度上应该归功于摩尔根（Thomas H. Morgan）及其助手们所进行的大量工作。这些实验结果大大推动了对于生命的认识。从理论上来说，它为了解生物进化打下了坚实的基础。这时已经可以看出，基因突变是生物界新物种产生的基本源泉，因此也成为推动生物进化的动力。

基因自我复制的机制以及基因对细胞功能的控制吸引了许多物理学家转而研究遗传学。其中最有影响的一位物理学家就是杰出的丹麦物理学家玻尔的学生——德尔布吕克。1935年，29岁的德尔布吕克因为以生物学家的身份发表了一篇题为“论基因突变和基因结构的性质”的纯理论性文章而崭露头角。1918年，在加利福尼亚理工学院（帕萨迪纳），德尔布吕克作为博士研究员开始研究细菌病毒（通常称噬菌体）。两年后，德尔布吕克结识了卢里亚以及在圣路易的华盛顿大学的赫尔希，他们的结合创立了噬菌体小组。1947年，卢里亚任印第安纳大学教授，他接受了19岁的沃森作他的研究生，并举荐他参加噬菌体小组。

1944年，纽约洛克菲勒研究所的艾弗里及其同事们首先直接证明，DNA事实上是遗传物质。后来，艾弗里又指出，细菌DNA包含细菌基因。1952年，赫尔希（A. D. Hershey）和他的年轻助手蔡斯（Martha Chase）终于指出，噬菌体颗粒感染寄主细菌时，实际上是噬菌体DNA进入细菌，而噬菌体蛋白质却被留在细菌外边，这个过程对于后来发生在细菌体内的噬菌体再生并未产生任何作用。因此，可以得出结论，指导合成子代噬菌体的亲代噬菌体基因寓于它的DNA之中。赫尔希－蔡斯再次证明DNA是遗传物质的实验产生了直接和深远的影响。从那时起，有关遗传机制问题的研究便全部集中于DNA上了。

到了1952年，有关DNA结构的观点发生了变化。哥伦比亚大学的夏格夫(E. Chargaff)对DNA进行了一系列严格的生化分析。他发现了DNA中四种碱基的相对数量，在不同生物来源的样品中并不相同，因此也就可以想象，任何DNA分子都可以用多核苷酸链中严格的碱基顺序储存其遗传信息。在此基础上，生物遗传的问题可以归纳为DNA分子的两种不同的功能：一是自我催化功能，即通过亲代DNA分子严格的碱基顺序的复制，产生遗传信息，传给后代。二是异体催化功能，即DNA通过有机体的一系列生化反应的控制或主导，将其遗传信息表达出来。为了搞清楚DNA是如何完成这些功能的，就不仅需要了解DNA的化学组成，而且需要详细研究它的三维结构。

布拉格父子于1912年建立了X射线晶体学，并创立了晶体结构学派。奥斯特伯、贝纳尔和布拉格的其他几位学生的早期工作为晶体学后来的飞速发展奠定了基础，而晶体学的成果又为DNA双螺旋结构的研究和出现奠定了实验基础。

1951年，为了学到X射线方面必要的技术，沃森到剑桥与肯德鲁一起工作。在剑桥，沃森遇到了克里克。克里克当时已经想到，DNA的三维结构对于了解基因的性质是很重要的。于是，沃森和克里克合作，在1953年春天发现了DNA分子是一个包括两条相互缠绕的多核苷酸链的双螺旋。DNA双螺旋是自身互补的。其中，一条链的腺嘌呤核苷酸（A）对应另一条链的胸腺嘧啶核苷酸（T）。同样，鸟嘌呤核苷酸（G）对应胞嘧啶核苷酸（C）。这两组相互对应的核苷酸都由氢键维系着，双螺旋中全部核苷酸皆是如此。沃森和克里克早已发现，同类生物循环繁衍，其过程看来就是双螺旋中互补氢键的形成过程。

DNA双螺旋结构是结构分析和遗传学概念相结合的光辉典范，它开辟了分子生物学的新纪元。沃森和克里克不仅仅是这个新纪元的开拓者，而且在以后的十年中，在分子生物学研究方面，他们仍处于主导地位。特别重要的是，他们是分子生物学的“中心法则”的主要创始人，而这一法则对DNA赖以获得自我催化和异体催化这两种基本功能的机制提供了清晰的说明，对后来大量关于基因性质的研究也起了指导作用。中心法则的一个基本特征是从DNA到蛋白质的单向信息流；这种单向信息流是永远不可逆的。

至于自我催化功能，沃森和克里克认为，亲代DNA分子的两条互补的相互缠绕的多核苷酸链条必须首先分离，然后才能得到它自己的复制本。两条亲代链都可以作为模板合成它自己的互补子代链，根据互补原理，新的子代链与母链的结构应该是完全一样的。从中心法则的观点看，基因突变可以看做是在模板复制过程中出现的细微误差，这种误差导致了DNA的核苷酸顺序发生变化。显然，这些变化引起了相应的基因编码的遗传信息的变化。亲代链到子代链的形成是一个复杂的化学过程，这个化学过程需要催化剂才能快速进行，大约花了五年时间，人们才证明自我催化功能观点基本上是正确的。

中心法则及其附属"顺序假说"使人们相信有遗传密码的存在。这种遗传密码把DNA的核苷酸顺序与相应多肽链的氨基酸顺序联系了起来。在沃森和克里克发现DNA双螺旋后不久，就已推论出了密码子的存在，而且，物理学家伽莫夫（George Gamow）在1954年就已以文字形式发表了这种观点。直到1961年，才最后证明遗传密码确实含有一种语言。

核糖核蛋白体是一种小的颗粒，由三分之一的蛋白质和三分之二的RNA所组成。活细胞内有大量核糖核蛋白体。但是，基因编码的遗传信息是如何通过核糖核蛋白体转变成多肽链的氨基酸顺序的呢？为了回答这个问题，1961年雅各布和莫诺（J. L. Monod）提出，按照中心法则，首先由基因的核苷酸顺序转录出称为信使RNA（mRNA）的核酸。这种mRNA分子与核糖核蛋白体表面相结合后，再由mRNA的核苷酸顺序以密码子为单元，翻译为多肽链的氨基酸顺序，在翻译过程中，mRNA正像录音带穿过录音机一样穿过核糖核蛋白体。

沃森和他的学生们在阐明核糖核蛋白体的结构、mRNA形成的机制以及mRNA翻译成蛋白质等方面都做出了重要的贡献。首先，他们发现了一类小分子RNA，即tRNA，它由80个左右的核苷酸组成。每个细胞都含有几十种不同的tRNA。每一种tRNA都只能与一种氨基酸相结合。这种tRNA后来证明就是克里克预见到的适应子，因为它有一个与密码子互补的反密码子。其次，后来发现了一批酶，这种酶能催化一种氨基酸与相应的tRNA分子结合，这些能使每一种氨基酸和相对应的tRNA接头的酶就成为识别遗传密码的工具。

遗传密码的破译是由一个当时并不知名的年轻生化学家马歇尔·沃伦·尼伦伯格（Marshall Warren Nirenberg）开始的。1961年春天，尼伦伯格研究出了一个无细胞体系，在他的体系里，多肽的合成有赖mRNA加入反应混合体。尼伦伯格把人工合成的只有尿嘧啶核苷酸的均聚多核苷酸（与含有四种核苷酸的天然mRNA不同）加到无细胞体系中，他得到了一个意想不到的结果：在体外体系中加入的人工均聚的mRNA可以合成均聚的多肽，即只含有一种氨基酸的多肽——聚苯丙氨酸。这个实验结果只能有一个意义：在遗传密码中，UUU（U即尿嘧啶核苷酸）三联体为苯丙氨酸的密码子。1961年8月，在莫斯科召开的国际生物化学联盟代表大会上，尼伦伯格宣布了他鉴定的第一个密码子。这件事引起了全场轰动，也就是说，能够直接运用化学实验来破译遗传密码了。后来，64种密码子全部破译。到了20世纪60年代中期，DNA自我催化和异体催化功能的一般性质已经基本上搞清楚了。通过互补氢键的形成，DNA获得了双重功能：一是作为模板合成自身的复本，完成DNA复制的自我催化功能。二是转录成mRNA，然后在蛋白质合成中，mRNA通过与其反密码子形成互补氢键完成它独特的异体催化功能。中心法则结果被证明基本上是正确的，在没有借助任何物理学和化学未知原理的情况下，基因的奥秘被揭开了。

要理解分子的性质，不仅要了解其结构，而且要了解得十分清楚。其中，三维结构知识及其重要，如果不了解组成生命细胞的大分子的结构，就永远不能理解其功能。其中氢键的作用非常重要，尽管氢键不太强，但它在决定物质性质方面却很重要。在氢键形成和断裂过程中，需要微小的键能和激活能，故氢键特别适合在常温条件下发生的化学反应中起作用，人们将发现氢键对生理学的重要性远远大于任何其他要素。1940年鲍林和德尔布吕克预见了后来被证明是DNA结构和复制基础的分子互补性现象，他们指出，现在人们对分子间的相互作用有相当深入的了解，这种相互作用产生的稳定性位于两个具有互补结构的并列的分子之间，而不是两个结构完全一样的分子之间。在对分子和酶之间存在特殊吸引力的讨论时，应主要考虑互补性。

三、DNA双螺旋模型的科学意义

DNA双螺旋模型的发现以及后来一系列在此基础上的关于生物生殖、生长、发育、疾病等科学原理的发现使得20世纪60年代以后生物学的发展进入了一个崭新的时期——分子生物学时期。DNA双螺旋模型的发现虽然是一个自然科学事件，但是由此产生的一系列社会科学的问题也逐渐显现出来，如关于生命的起源和进化、DNA的产生是历史事件还是自然定律或两者的结合、信息和生命一起诞生、选择和逻辑等问题都与DNA双螺旋模型有关。

1. 生命的起源和进化

普里高津的耗散结构理论认为，生命是一种耗散结构，耗散结构出现的一般条件是，有关系统的尺度要超过某一临界值……同时还涉及该系统在其中自始至终作为一个整体活动的长程有序状态。其中心问题是“临界值”，超过此临界值，就会产生自组织，一系列自组织的终端产品可能就是DNA。在进化过程中，大量的小偶然变异积累起来，产生了复杂的有组织的结构，相应的有序的增长是以更大量的有害突变为代价的。而通过自然选择，有害的突变被除去了。

2. DNA 的产生是历史事件和自然定律的结合

值得指出的是，遗传密码的选择性所遵从的规律与核酸共价键所遵从的化学和物理规律不同，DNA 和 RNA 上的遗传代码序列代表了比它们本身高得多的组织层次，他们是整个机体不可逆的选择的历史遗留物。因此，DNA 的核酸系列既反映了历史事件，也反映了化学定律，这两者一起最后约束了自然界的信息产生和信息处理。

这种重复某种行为的能力首先出现在生命中，即自复制系统。自然选择把"记忆"功能分配到不同的结构中，从免疫系统到反射，最后到意识。记忆本身是一种系统性质，它使选择出来的性质在时间上具有适应环境的价值。如果说对称性是物理学的一条刚性定律，那么，选择性系统的记忆就可以当做生物学的一条大原则。

3. 信息和生命一起诞生

信息是从生物学发展出来的一个概念。20 世纪中期，信息论才把信息纳入科学的范畴，并给予数学表达。人类不但能够说话，还能够表达极为精巧的事物——人工代码、逻辑证明、数学创造等都是信息的表现。此外，在人类社会活动、经济活动中，信息还有一些稀奇古怪的表现，如股票狂热、时尚热等。自然界不是一种计算机，直到有语言的智人出现之前，自然界没有语法。其结论是：进化中最重要的事件——大脑的出现和语言的发明是稍后才发生的，这个事件是一个从简单神经系统到给予"再进入"动力学的复杂神经系统的飞跃。这种整合把很多信号和个体经验之上的记忆关联起来，构成一幅场景，这就是记忆中的现在。这幅场景在短于 1 秒的时间里整合产生了大量的信息。信息在生物进化上第一次获得了一种新的潜力——主观意识。

有意识的脑是自然界最富有创造性的信息源泉。我们必须问一个问题：是否可以在完全没有人类观察者的情况下，用信息一词描写自然界的某种状态，信息是一个纯客观的词吗？如果把信息定义为"在远离平衡态时有序的度量"，此时，信息这个词是客观的。如果在定义信息时要求具有和记忆或可遗传的状态有关的历史过程，那么信息只有和生命起源一起才能发生。有一点是清楚的，即真正处理信息的系统第一次是依靠自然选择的进化结果产生的。这种说法意味着，信息的起源不仅要求先有变异和选择，而且这种选择还要导致遗传的变化。从这种观点看，遗传性、变异性和选择性都是产生信息的关键因素。信息产生与对环境的匹配和稳定化有关，但这些过程没有涉及一个有知觉的观察者。

如果没有意识的话，人类所有的极为精巧的信息交换是不可想象的。在智人和高级意识出现之后，才有了可能创造出语法这种丰富的符号系统，创造代码，甚至创造出逻辑，最后发明科学分析方法，使自然定律得以表达。对我们来说，所有的自然定律都是信息。

意识状态最卓越的性质就是信息性：当出现某种特定的意识状态时，我们的大脑可以在几分之一秒内排除无数的其他可能性，这种排除过程在很短的时间里把数量极大的信息整合起来。我们的任何发明（包括计算机）都不能和大脑这种能力相匹配。

如果我们说某些信号或物理状态有信息的话，必须满足下列条件：

1）必须和模式识别有关，它包括了物理和化学的科学定律，但不限于这些定律。蜜蜂跳舞包括信息，但晶体形成不包括信息。其原因是第一种情况与历史、进化形成的某种原始价值有关，而第二种情况与此无关。

2）一个刺激信号要成为信息，必须有一个发送端或接收端（或两者都有），这要求把分子相互作用排除在外，也把微观尺度和宇宙尺度的事件排除在外，还把没有丰富记忆的有机体（如变形虫）排除在外。例如，细菌的向性运动、原生动物的摄食等都与信息交换无关，而有发达神经系统的动物（它们能通信、记忆和学习）的行为都与信息交换有关。

4. 选择和逻辑

霍金认为，宇宙中的任何事物似乎都是根据科学定律的演化所确定，所以很难看出我们何以成为自己命运的主宰。在现时刻，不确定性不太重要，因为，事物被分隔得很开。但在极早期的宇宙，任何东西都靠得很近，这样就有了大量的不确定性，即宇宙具有很多可能的状态。这些可能的态演化成宇宙的不同历史，而生命的诞生就是在某一个历史宇宙中产生的事件。[5]

选择和逻辑哪一个更基本呢？逻辑学被定义为，对不管代入什么都不变的所有命题关系的研究。从发生的意义来讲，选择比逻辑更有力量，即选择对于生物是一个更基本的过程。现在看来只有两种基本的模式思维方式：选择和逻辑。如果能发现第三种方式，那将是哲学史上的一件大事。

第四节　从 DNA 到蛋白质

自从发现了 DNA 的结构，科学家便开始致力研究有关制造蛋白质的秘密。伽莫夫指出需要以三个核酸一组才能为 20 个氨基酸编码。1961 年，美国国家卫生研究所的尼伦伯格等在无细胞系统（Cell-free System）环境下把一条只由尿嘧啶（U）组成的 RNA 转译成一条只有苯丙氨酸（Phe）的多肽，由此破解了首个密码子（UUU→Phe）。随后，科拉纳（H. G. Khorana）破解了其他密码子，接着罗伯特·W. 霍利（Robert W. Holley）发现了负责转录的tRNA。在沃森、克里克和威尔金斯分享了1962年诺贝尔生理学或医学奖以后的第6年，科拉纳、霍利和尼伦伯格分享了1968年诺贝尔生理学或医学奖。

1964年在纽约召开的第六届国际生物化学联盟代表大会上，尼伦伯格宣布了他的发现：只有3个核苷酸（密码子）长的人工RNA使核糖体与互补于那个密码子的tRNA结合，也就是说，这种RNA携带被3个核苷酸信息所指定的是一个确定的氨基酸，三联体生物密码被发现。此后，人们通过试验开始破解了生物遗传密码，到1966年，密码几乎全部被解读了。克里克制定了一张简洁的密码表（表4-1）。

表4-1　生物密码子表

第一个核苷酸	第二个核苷酸				第三个核苷酸
	U	C	A	G	
U	Phe	Ser	Tyr	Cys	U
	Phe	Ser	Tyr	Cys	C
	Leu	Ser	Non 2（ochre）	Non 3	A
	Leu	Ser	Non 1（amber）	Trp	G
C	Leu	Pro	His	Arg	U
	Leu	Pro	His	Arg	C
	Leu	Pro	Gln	Arg	A
	Leu	Pro	Gln	Arg	G
A	Ile	Thr	Asn	Ser	U
	Ile	Thr	Asn	Ser	C
	Ile	Thr	Lys	Arg	A
	Met	Thr	Lys	Arg	G
G	Val	Ala	Asp	Gly	U
	Val	Ala	Asp	Gly	C
	Val	Ala	Glu	Gly	A
	Val	Ala	Glu	Gly	G

表4-1对生物学的重要性可以和元素周期表对化学的重要性相提并论。

表4-1还可以用另外一种缩写形式表达，见表4-2。

表 4-2　20 种氨基酸与三联体密码子的对应关系

氨基酸	英文名	缩写	三联体密码子
丙氨酸	alanine	Ala（A）	GCU，GCC，GCA，GCG
精氨酸	arginine	Arg（R）	CGU，CGC，CGA，CGG，AGA，AGG
天冬酰胺	asparagine	Asn，Asp(-NH_2)（N），Asx*	AAU，AAC
天冬氨酸	aspartic acid	Asp(D)，asx*	GAU，GAC
半胱氨酸	cysteine	Cys，Cys-SH（C）	UGU，UGC
谷氨酸	glutamic acid	Glu（E），Glx**	GAA，GAG
谷氨酰胺	glutamine	Gln，Glu（-NH_2）（Q），glx**	CAA，CAG
甘氨酸	glycine	Gly（G）	GGU，GGC，GGA，GGG
组氨酸	histidine	His（H）	CAU，CAC
异亮氨酸	isoleucine	Ile，Ileu（I）	AUU，AUC，AUA
亮氨酸	leucine	Leu（L）	UUA，UUG，CUU，CUC，CUA，CUG
赖氨酸	lysine	Lys（K）	AAA，AAG
甲硫氨酸	methionine	Met（M）	AUG
苯丙氨酸	phenylalanine	Phe（F）	UUU，UUC
脯氨酸	proline	Pro（P）	CCU，CCC，CCA，CCG
丝氨酸	serine	Ser（S）	UCU，UCC，UCA，UCG，AGU，AGC
苏氨酸	threonine	Thr（T）	ACU，ACC，ACA，ACG
色氨酸	tryptophan	Trp（W）	UGG
酪氨酸	tyrosine	Tyr（Y）	UAU，UAC
缬氨酸	valine	Val（V）	GUU，GUC，GUA，GUG

*决定氨基酸顺序时，天冬酰胺和天冬氨酸两者之中未明确时，用此缩写

**决定氨基酸顺序时，谷氨酸和谷氨酰胺两者之中未明确时，用此缩写

科拉纳用人工方法合成了基因，这使得控制人的遗传成为可能。后来，尼伦伯格等用多种不同的人工 mRNA 进行实验，观察所得多肽链上的氨基酸的类别，再用统计方法推算出人工 mRNA 中三联体密码出现的频率，分析与合成蛋白中各种氨基酸的频率之间的相关性，以此方法也能找出 20 种氨基酸的全部遗传密码。最后，科学家们还用了由 3 个核苷酸组成的各种多核苷链，来检查相应的氨基酸，进一步证实了全部密码子。

在密码子发现的同时，如何把生物密码（genetic codon，三联子）翻译成氨基酸（氨基酸连接成蛋白质），即 DNA→蛋白质的机理，霍利前后经过 7 年的努力，终于解决了这一个困难的问题。其中最关键的工作就是被称为转运 RNA（tRNA）的全部序列和结构的测定——三叶草构型的确定（图 4-1）。克里克说，

tRNA 是一个试图像酶一样起作用的核酸分子。

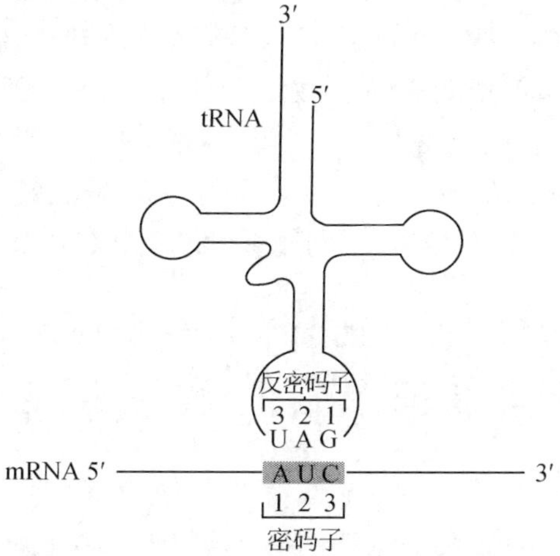

图 4-1 tRNA 的结构

因为密码子由三个核苷酸组成（三联子），故一共有 $4^3=64$ 种密码子（表 4-1）。例如，RNA 序列 UAGCAAUCC 包含了三个密码子：UAG，CAA 和 UCC。这段 RNA 编码代表了长度为 3 个氨基酸的一段蛋白质序列。

密码的最终破译是由实验室而不是由理论得出的，遗传密码体现了分子生物学的核心。在地球上，所有生物共用一套遗传密码，只在某些生物中有微小的变异（蛋白质生物合成的整套密码，从原核生物到人类都通用。但已发现少数例外，如动物细胞的线粒体、植物细胞的叶绿体）。遗传密码犹如元素周期表是化学的核心一样，但二者又有很大的差别。元素周期表很可能在宇宙中的任何地方都是正确的，特别是在温度和压力与地球都相似的条件下。但是如果在其他星球也有生命的存在，而那种生命也利用核酸和蛋白质，它们的密码与地球上的密码很可能有巨大的差异。克里克认为，遗传密码如同生命本身一样，并不是事物永恒的性质，至少在一定程度上，它是偶然的产物。密码最初的进化很可能对生命起源起重要作用。

从 DNA 到 RNA 再到蛋白质向人们揭示了生物信息流动的方向，而信息源则是 DNA，一个人的 DNA 来自父亲的含有单链 DNA 的精子和母亲的含有单链 DNA 的卵子，在受精以后，父母亲的两条单链 DNA 结合成为子代的第一条双链 DNA，子代的所有生物学特征都是这条 DNA 的表现。20 世纪 60 年代 DNA 结构和功能的探求使我们第一次看到所有生物的共同之处——同一起源。把这个巨变的起源按时间顺序完整地记录下来，不仅对历史学家，而且对每一个怀着更好地理解世界的人来说都会受益匪浅。

从古代到现代，关于生物、人类繁衍的机理一直是神学甚至神话研究的范畴，这种建立在神学基础上的“理论”只能使人们陷入美好的想象中，并且经过了几千年的历史，真正把这个问题给予科学解答是20世纪60年代一系列诺贝尔奖得主的工作。科学正把人类从宗教信仰的迷茫中领到“设计—实验—证实(或证伪)—应用”的正确道路上。

遗传密码的破解除了给人类繁衍，疾病，尤其是遗传性疾病的治疗带来希望，也对生命产生、生物演化等哲学问题都带来了积极的影响。

第五节　需要调节的体内生物化学反应——1965年诺贝尔生理学或医学奖得主勒沃夫、莫诺和雅各布

1965年诺贝尔生理学或医学奖颁给了法国人勒沃夫（A. M. Lwoff)、莫诺和雅各布，奖励他们对“发现酶和病毒的遗传调控（基因调节操纵子模型和病毒重组)”所做的贡献，这是30年来第一次给法国科学家的奖励，这三个人成了当时法国的国家英雄。

他们合作最紧密的课题是酶合成的调节，但他们的研究重心却各不相同：雅各布更关心遗传，对操纵基因和操纵子的发展做出了贡献；莫诺对阻抑物更感兴趣，并发展了“别构理论”。当然操纵子、操纵基因、阻抑物和诱导物在细胞内分别相当于发动机、点火器、锁和钥匙，是整个生物化学中的相互作用的各个因子。

莫诺、勒沃夫和雅各布写的关于别构蛋白的第一篇文章发表在1962年底的《分子生物学杂志》上。在这篇文章中，作者提出了“一个普遍表达控制蛋白质功能结构的模型。”这个模型清楚地描述了关于酶的作用机制：

> 这些蛋白质被假设含有两个或两个以上空间特征不同的、不重叠的收纳体位点，其中一个位点是和底物结合的活性中心，它对蛋白质生物活性负责。另一个位点是别构位点，它与另一个代谢物的结构互补，别构效应物可以专一而可逆地结合到这个位点上。酶和别构效应物形成的复合物不会激活与效应物本身有关的反应。模型只是假设蛋白分子结构发生了互不关联的可逆改变（或别构转换)，这个改变或转换改变了活性中心的特性，改变了一个或几个酶生物活性特有的动态参数。
>
> 模型的一个基本假设是，由于别构效应物在酶上结合的位置和活性中心不同，并且它在任何阶段也不参与蛋白质引起的活化的反应，因此，这个效应无不需要具备任何与底物相关的化学或代谢关系。因此任何别构效应的专一性和它的实际作用就能够被认为是来自蛋白质分子自

身的特殊结构。蛋白质分子在于别构效应物结合后能够引起一个特殊的、不连续的、可逆转的构象变化。底物和别构效应物之间缺乏任何必然的、内在的化学类似物或缺乏反应性，这个事实具有很重要的生物学意义……[6a]

在获奖以后，他们都开始写作，比较重要和有影响的著作包括莫诺写的《机会和需要》、《偶然性与必然性》和雅各布写的《生命的逻辑》。

一、莫诺的哲学思考

在莫诺写的《机会和需要》（*Chance and Necessity*：*An Essay on the Natural Philosophy of Modern Biology*）一书中，他认为，机会和需要开始于对自然/人工目的、再生产、不变性等问题的哲学思考，就生物化学，其核心就是生物以化学的方式进行的工作，用不着“活力论”、“目的论”和“泛灵论”的解释和支持。莫诺试图用图解的方式向外行解释生物学的主要发现、重要策略，然后他还在书中说明了信念的作用：所有宗教、几乎所有的哲学以及一部分科学都企图证明，人类对于必然的肯定和偶然否定的努力是一直持续的，不疲倦的，而信念却是科学家进行研究的前提，科学家的信念来源于宗教、哲学，并且对于科学结论的解释有着深刻的影响。在对生物学进行展望后，他列举了信仰和伦理行为（如无神论者、反马克思主义者和理性主义者）的一些影响。正是由于人类的存在，对于客观事物认识的机会和必要也是存在的，我们情愿认为人类是机会的产物，而不是“被造物”。

《偶然性与必然性》是莫诺的一部生物学哲学著作。该书以现代生物学材料为背景，集中论述了偶然性与必然性的关系，并涉及自然观、认识论与伦理学等多方面的哲学问题。作者认为，生物是赋有目的或计划的客体，这种目的性寓于生物的结构中，通过生物的动作显示出来。生命的特点就在于“目的性”、“自主形态发生”和“繁殖的不变性”。“目的性”是指有机体的功能结构执行或实现某种具体计划，目的性行为的承担者是蛋白质。“繁殖的不变性”是指遗传信息的稳定性，它在从上代传递到下一代的过程中保持不变，从而维持原来的有序结构。这种不变性只与核酸有关。“自主形态发生”包括个体分子的发生和宏观形态的发生，它们归根结底依赖于蛋白质的立体专一性识别功能。蛋白质的装配定律是随机的，进化依赖于核酸分子的突变，突变本质上无法预言，突变所造成的蛋白质功能效应的变化是纯粹偶然的。在这本哲学著作中，莫诺看到了偶然性在基因突变中占有重要地位，但得出了偶然性支配整个有机界错误的哲学结论。

1967年11月莫诺就职法国大学校长，在就职演说中他强调提高现代生物学地位，用物理学的方式来研究进化论，他攻击了“生机说”。他还讲到了观念和意识形态的演化，讲到了现代人对科学文化的疏远，以及知识的伦理：

> 知识的伦理与宗教或者功利系统是截然不同的。知识伦理认为，知识发现本身不是终点，而仅仅是到达终点的一种手段。我们必须承认，知识伦理的终点、崇高的价值和“至高无上的美德”不是人类的幸福，也不是它暂时的力量或惬意，甚至也不是苏格拉底的“知道自身”；它只是知识自身的客观存在。

1971 年莫诺担任了巴斯德研究所所长。他在那里整顿了混乱的行政，挽救了不景气的财政，并把它作为疫苗生产的商业基地，改善了该研究所和政府的关系—政府仍然提供资金，但又保持了研究所的自主性。他的这些措施、他的灿烂、独裁、理想主义和虚荣得罪了很多老科学家，因此，尽管他在研究所是成功的，但也是孤立的。

莫诺讲演的大部分内容在法国很多报纸上发表，并引起了巨大的反响。

二、雅各布的工作

雅各布的工作主要是研究细菌及噬菌体的遗传机制以及突变的生物化学效应。他先研究溶原性细菌的体征并证实它们有“免疫力”，也就是说，这些细菌体内存在一种机制，可抑制原噬菌体内（和同类型的感染性粒子一样）的基因的活动。1970 年，他开始研究培养的哺乳动物细胞，尤其是它们某些遗传特性的研究。同年，雅各布出版了《生命的逻辑：遗传史》一书，他从 16 世纪谈起，对过去三个世纪科学中占统治地位的观念进行历史回顾，追溯了研究生物的各个阶段，直谈到分子生物学。书中还特别提到了遗传科学及遗传学的最新进展和胚胎学的发展。雅各布在书中还阐明了物种的概念，通过介绍时间和生物的进化，讲解了细胞的基因和分子。在书中他也谈到了对探索不确定性的喜悦。

莫诺、勒沃夫和雅各布研究的主题是生物学的，确切地说是进化论的，他们用分子生物学摧毁并重建经典生物化学。对于进化论，他们的观点非常明确：

> 对实验者来说，拥有这个几乎是万能钥匙的理论具有潜在的危机。然而，它对生物学有如此的价值，所以，自然选择一定会用它到极致。

莫诺说：“化学平衡意味着死亡。”这也许是他对生命过程的基本认识，他的结论是：

> 一个生命系统是在不断地抗击、而不是依赖其热力学平衡。特殊细胞控制系统的热力学意义在于它们成功地智取热力学平衡（至少是到生

物死亡之前）……然而随意从化学上提到某种别构效应，猛一看是很令人吃惊的，但正是这种随意性给予了它独特的生理学意义，这显然是自相矛盾的论点，其生物学解释是明显的。任何蛋白质的特殊结构当然是自然选择的纯产物，然而也是被实际反应物的结构和化学特性所限制。选择压力无论多么强大，都不可能建造一个酶来活化在化学上不可能的反应。在构建一个别构酶时，这个界限被消除了，因为效应物不与反应的底物或产物反应或相互作用，而只与蛋白质自身作用……通过使用某些蛋白质（它们不仅作为催化剂或转运蛋白，而且还可以作为化学信号的分子接受体和转导物），就能挣脱难以逾越的化学束缚而获得自由，并使选择得以发展，能与生物中无比复杂的循环相互联系。[6b]

今天，“酶和病毒的遗传调控”理论已经成为“分子生物学”教材的一部分，莫诺等的工作是从一个新角度认识生命，这种认识不是从生物个体，而是从分子角度得出的，因此，人们有了一种对生物进化的分子机制的新认识。

第六节　寻找新的生物学法则——1969年诺贝尔生理学或医学奖得主卢里亚、赫尔希和德尔布吕克

一、生物学革命的特点

在DNA双螺旋模型建立以后，分子生物学开始建立，分子生物学的兴起采取了与其他学科不同的模式。哥白尼的天文学、牛顿的物理学、爱因斯坦的相对论、哥本哈根学派的量子力学是物理学发展中的一个个阶梯，但生物学始终没有这样鲜明的、前后连贯的理论说明自己的历史。生物学不是通过一个个伟大的战役前进，而是通过很多小规模的遭遇战、游击战来实现的。生物学革命不是通过推翻大规模的、紧密连锁的、完全清楚的、占有统治地位的思想，而是在整个生物学殿堂里突然出现了一个新的理论，因而使很多不同于新理论的其他理论、知识和理解仍然能够持续很长时间。从生物化学和细胞研究开始，特别是从分子生物学的兴起至今，生物学革命不是通过推翻，而是通过开拓发生的。

二、病毒的复制机制和遗传结构

1969年诺贝尔生理学或医学奖授予了美国噬菌体组的奠基人卢里亚、赫尔希（Alfred D. Hershey）和德尔布吕克。奖励他们在“发现病毒的复制机制和遗

传结构——噬菌体遗传学”所做的贡献，他们的工作是对莫诺、劳夫和雅各布工作（见本章第五节）的开拓。这三位科学家具有同样的气质，热爱科学和艺术。德尔布吕克在获奖的讲话中，把科学家和艺术家做了比较，他说：

> 科学家只是人类极其稀少的小部分。他的信息并不缺乏普遍性，但这个普遍性是无实质内容和个性特征的。而艺术家的交流总是与其原始的形式相联结。科学家把其他人的想法和结果修改、扩大并且和自身的融合，并把它们汇入我们文化的知识宝库中。科学家和艺术家只有一点是共同的：他从世界上找不到更好的报偿，除了他的工作之外，他和世界就没有什么更紧密的联系了。[7a]

德尔布吕克在谈到科学家专注于自己的课题时说：

> 对我来说，在科学和存在之间有个基本的矛盾。在科学中我们伪称我们是不朽的，我是说，我们忽略我们中的所有人都将不存在这个事实。不仅是在科学中，在每天的生活中我们也假装我们是不朽的。我认为，我们对生命的整个思考模式，即使在科学中，都包含着一种认为我们仿佛是不朽的态度，好像死亡不存在似的——至少认为科学家的死亡不存在。作为渴望的一部分，如果你看到存在主义之父的海德格，他的确抓住了存在主义的特征，首先人类的存在是要走向死亡的。存在的本质是渴望；另一类存在的本质是关注……某人存在——在你知道你在那里之前你就在那里了。
>
> 当一个科学家想去做更多的事，不仅是慰藉他的渴望，他也试着得到一张他想包含的现象的完整图像，而有些人想包含我们自己的存在，你也许会说他们是存在主义者……我对科学家假装自己是不朽的感到不安。[7b]

三、存在主义和还原主义

德尔布吕克的这段谈话涉及存在主义，事实上，很多西方科学家（包括德尔布吕克）的哲学信仰是现代西方哲学学说和流派之一的存在主义。存在主义以1927年海德格尔发表《存在与时间》一书开始，标志着德国存在主义的形成。第二次世界大战前后，存在主义在西欧和美国广泛流行，并被很多科学家信仰。存在主义把“存在”当做哲学的对象，认为个人存在是一切存在的出发点，人的真正存在可还原为个人的纯粹意识活动，由此展现出世界的真实存在。而人的存在不同于物的存在，是一种积极能动的超越的存在，即人的谋划、选择和创造。人的真正存在就是人的自由，人就是在自己的创造活动中获得自己的规定性和本质，所以，人的存在先于人的本质。存在主义者还认为，人本质的存在不能用传统的理性方法去认识，只能通过揭示孤寂、畏惧、烦恼、死亡等非理性的体验去领会。研究自然科学的人常常生活在孤独中，在研究课题遇到不可逾越的困难时，常常产生烦恼和畏惧，这种处境成为他们信仰存在主义的客观基础。

存在主义至今仍然是一种重要的哲学流派，并发展出很多分支：海德格尔着重从本体论方面去研究存在，故其学说被称为“本体论存在主义”。雅斯贝斯、马赛尔等则认为世界的统一性在于上帝之中，故他们的学说被称为“有神论的存在主义”；海德格尔、萨特等则认为只有真正领会到自己的存在，才能超越个人的界限，他们的学说被称为“无神论的存在主义”。梅洛·庞蒂、萨特还企图将存在主义和马克思主义结合起来，建立“存在主义的马克思主义”。

德尔布吕克在讨论“还原主义”时说：

> （科学）不是还原主义，我认为以现在的方式，科学要导致丧失存在。当你想做心理生物学时，你想把渴望看做是激素现象，还是把它看做存在的现象？如果把它看做是存在的现象，它是否能够渗入你的科学画面？……我的感觉是，那种从不朽科学家的观念中产生的心理学只是愚蠢的心理学，那使你错过很多你想理解的问题。[8]

德尔布吕克对于所有的科学都必然导致还原主义持怀疑态度。还原主义（Reductionism）和整体主义（Holism）是研究复杂系统的两种相对的思想：还原主义将高层次还原为低层次、将整体还原为各组分加以研究，而整体主义则强调研究高层次本身和整体的重要性。由于生物体是目前在地球上存在的最为复杂的系统，还原主义和整体主义在生物学史上的对抗最为强烈，并且一直持续至今。还原主义在历史上的表现形式有：（朴素）原子主义、机械主义和物理主义。现代还原主义的基本信条是：用物理、化学作用原理和自然选择足以解释一切生命现象。具体地说，是用物理、化学作用解释功能性的生命现象，而对历史性生命现象也即生物进化的解释，则除了物理、化学作用（基因漂移、基因组自组织等）之外，还需要加入自然选择的因素。

当现代科学已经深入心灵研究，物理、化学、生物进化、数学和工程技术成为研究心灵的手段，并用来破解心灵之谜的时候，新的哲学原理必将应运而出。

第七节　可移动的遗传因子

20世纪70年代以后，遗传实验和分析技术的进步使分子生物学迅速地发展起来，有时候，新技术实际上就是科学。

一、可移动遗传因子的发现

1983年，诺贝尔生理学或医学奖授予81岁的麦克林托克（Barbara McClintock）女士，奖励她对于移动基因的发现。20世纪30年代，她开始了玉米遗产学的研究生涯，1941年入冷泉港实验室研究玉米籽粒色斑的形成机制，发现了“Ds Ac调控系统”，提出基因可在染色体上移动的学说。但这同当时遗传学的主流观点相悖，因而陷入无人相信、孤立无助的境地。直到20世纪60年代后期在细菌中发现了DNA插入因子、质粒和游离基因，麦克林托克提出的“可动遗传因子”、“跳跃基因”等概念才被科学界接受。由于她在40年代做出超越时代的遗传学贡献，1983年获得诺贝尔奖。

早在20世纪40年代，研究玉米的麦克林托克开始对反常的遗传现象就有了一些初步认识：某些现象暗示了某些基因具有很明显的控制元件的作用。1960年，当莫诺和雅各布发表细菌基因表达速度控制的观点时，麦克林托克立刻意识到，这种观点与她自己观察到的现象吻合，并且写文章来说明这个观点。她首先提供了证据，表明高等生物中遗传调节和细菌中的调节相类似。

拓展经典孟德尔遗传学的方法，并凭借对没有规律的数据的感觉，麦克林托克发现，有证据表明有些基因从一个地方移动到另一个地方。移动有不同的效果，通常是影响邻近的基因，这取决于移动基因所在的位置。她相信取决于位置而有不同作用的可移动遗传因子也许能够解释发育和分化，因此，可移动遗传因子一定有进化意义——意味着直接突变和拉马克遗传。然而，她的推测引起了人们的怀疑和迷惑，说她的结论和男人主导的遗传思维是背道而驰的，因此她在遗传学和新兴的分子生物学领域受到了孤立。

事实上，在对麦克林托克大量传记的研究中发现，可突变的基因、可移动的基因和相关的现象在20世纪50年代对遗传学家来说并不陌生，其他的遗传学家也在研究可移动的因子，她的文章也曾被广泛地被引用，但是她认为的可移动因子能够解释发育、证明直接突变的观点并没有被接受。

麦克林托克理论的影响是非常深远的，她发现能跳动的控制因子，可以调控玉米籽粒颜色基因的活动，这是生物学史上首次提出的基因调控模型，对后来莫诺和雅可布等提出操纵子学说提供了启发。转座因子的跳动和作用控制着结构基因的活动，造成不同的细胞内基因活性状态的差异，有可能为发育和分化研究提供新线索，现代的DNA重组和基因工程技术也从这里得到过启发。

到了20世纪70年代中期，遗传学家在其他生物中也发现了跳跃基因，并且用标准的分子生物学方法分离了这些跳跃基因，给它们取名，叫做“转座子”。

突然间麦克林托克20年前的发现对所有人来说都变得可以理解了。在1980年冷泉港研讨会上，专门研讨了可移动的遗传因子，并对麦克林托克20年前的工作给予肯定和理解。

二、麦克林托克获奖的启示

在麦克林托克的一生中，虽然有时环境对她的才能给予了极不公平的待遇，但她的成就仍旧不断被肯定。1944年她成为美国国家科学院第三位女性院士，次年被选为美国遗传学会第一位女性会长。在她一生所获得的荣誉中，除上述之外，还包括1967年Kimber Medal、1970年National Medal of Science、1981年Lasker Award。最后，1983年她获得了科学研究的最高荣誉，成为诺贝尔生理学或医学奖得主，这年她已经81岁了。

1. 诺贝尔奖忽略了女科学家的贡献

到2008年，在189位诺贝尔生理学或医学获奖者中，只有6位女性科学家，占获奖人数的3%，女性科学家获奖比例偏低已成为不争的事实。幸运的是，麦克林托克在她的成果被误解20年后，终于得到承认。

2. 库恩“科学革命”理论的启示

麦克林托克的关于“可动遗传因子”、“跳跃基因”等概念属于科学发现。她的遭遇使我们再一次想起库恩的“科学革命”理论。对于科学发现，库恩认为：一个通常不为现有的理论框架所预期的、难以解释的例外的事实可能成为一个科学发现。

科学发现是科学活动中对未知事物和规律的揭示。包括科学上的新事实、新概念、新原理的提出和理论体系的建立，是科学活动的直接目标和科学进步的主要标志。重大科学发现特别是重大理论的提出，往往构成某一学科甚至整个学科的革命。对科学发现模式的探讨可追溯到亚里士多德，他提出的归纳-演绎的发展模式。在近现代则有归纳主义的发现模式，假说-演绎模式、逆推（溯因）模式等。科学发现是创造性思维的结果。其中，既有归纳、演绎、类比等形式逻辑的因素，又有想象、灵感和直觉等非形式逻辑的因素。从麦克林托克的遭遇中，我们看到，“守旧”的科学家对新事物往往采取“怀疑”、“否定”的态度，这不但对新事物发明者造成打击，也使科学前进的步伐受到阻碍。

库恩认为，科学革命是由新概念驱动的。麦克林托克的关于“可动遗传因子”、“跳跃基因”等就属于新概念。然而，麦克林托克的工作并没有在科学原理上有所突破，而只是提出了一个新的发现，因而引起了人们的怀疑和迷惑，因此，科学家应该熟悉库恩的科学革命理论。1962 年，库恩对科学革命提出了统一的解释。他把科学革命看做是科学范式之间的更替。以新旧范式的不可通约性强调科学革命的不连续性。在科学革命时期内不仅相应的理论图式发生变化，而且科学思维方式、自然观和科学的自然图像发生变化。科学革命往往是社会变革的先驱，推动着社会进步。按照库恩的理论，科学发展模式应当表示为：前科学—常态科学—危机—革命—常态科学。当观察的事实与既定的范式产生不可调和的矛盾时，引发了科学革命。科学革命的结果是一种新范式的诞生。

3. 科学家应该加强哲学和方法论的学习

现代科学家特别注重自己的课题研究，往往忽略对于宏观的科学发展趋势和科学哲学的学习。在麦克林托克的遭遇中，如果其他科学家本着尊重客观事实、尊重他人研究成果的基本的科学规范，她的研究成果也许可以较早地用于指导后来的科学实验。我们高兴地发现，麦克林托克最终取得了成功。科学是对客观事实的揭露和理论说明，这个过程必须有相应的科学规范、科学道德加以限制，以免出现虚假的科学成果。同时，哲学和方法论的学习就成为达到科学目标不可避免的工具。

4. 诺贝尔奖历史上出现的重大失误

麦克林托克的遭遇使我们想到了诺贝尔奖历史上曾经出现过几次的重大失误。例如，艾弗里（Oswald T. Avery）和他领导的研究小组经过多年的研究，终于在 1944 年证实，在不具有致病能力的光滑型肺炎双球菌转化成为具有致病能力的荚膜型肺炎双球菌过程中，所谓的“转化因子”就是 DNA，DNA 是遗传信息的载体物质。这是 20 世纪生物科学的一个重大发现，也是现代生物学的基础。但是那时很多人认为，组成 DNA 的成分只有四种碱基，作为如此丰富多彩的大自然生物界遗传信息的载体物质是难以想象的。科学家们更钟情于蛋白质。艾弗里完成这项发现时已经 67 岁，尽管艾弗里也得到多次生理医学奖提名（现在可以查到 1951 年以前对他的提名情况），但是当诺贝尔奖委员会认识到他的发现伟大之时，他已经谢世了。

1923 年，生理学或医学奖授予了加拿大的班廷（Frederick Grant Banting）和苏格兰的迈克劳德（John James Richard Macleod），表彰他们对胰岛素的发现和有关研究。颁奖后不久，科学家们提出了异议。因为在进行胰岛素实验时，迈克劳德根本就不在现场，他只是系主任和研究室创建人。同时，诺贝尔奖把班廷的真正合作者查尔斯·贝斯特（C. H. Best）排除在外，显然有失公平。

1926 年生理学或医学奖授予了丹麦的费比格（Johannes Fibiger），由于他用在蟑螂消化道发育成为幼虫的螺旋体寄生虫（*spiroptera*）饲喂小鼠，引起大多数小鼠胃癌，以肯定他发现了致癌寄生虫。这早已是公认的错误，其实，那个时代对于癌的发生所知甚少，由于对遗传密码、突变、肿瘤病毒以及其他与癌有关的生物机制认识的积累，直到 40 年后的 1966 年，第二个有关肿瘤的诺贝尔生理学或医学奖才得以颁发获得者为劳斯（F. P. Rous）。

如果麦克林托克的工作是在她死后被证明是正确的，她就失去了获奖的机会。我们欣慰地看到，尽管麦克林托克工作的获奖被推迟了 20 多年，但她最终受到了公正的待遇。已经有 100 多年历史的诺贝尔奖正走向成熟，对诺贝尔奖的颁发也更加慎重，它的成就正受到世人尤其是科学家的关注。

第八节 脑科学——埃德尔曼和克里克对人脑的研究①

如果我们考察诺贝尔奖得主，就会发现，他们中的很多人在获奖之后的一个非常重要的工作就是对科学本身和科学的将来进行深入的思考，并通过实验给出一些非常深刻的结论，不管这些结论正确与否，他们的思考已经变成人类思想库的一部分，并成为以后发展的参考系。这种做法在诺贝尔奖得主中比较典型的有克里克和埃德尔曼。

克里克，DNA 双螺旋结构的发现者之一，分享了 1962 年诺贝尔生理学或医学奖。1977 年到加利福尼亚圣迭戈索尔克生物研究所，开始神经科学的研究；埃德尔曼（Gerald M. Edelman），美国洛克菲勒大学神经科学研究所所长、神经科学研究基金会主席，因对“抗体的化学结构和机能”的研究分享了 1972 年诺贝尔生理学或医学奖。两人在获奖后，都投入了脑科学的研究。

500 多年前宗教学者认为，脑是存放灵魂的容器，记忆占据一部分，幻想、想象和常识占据另一部分，思维和判断占据第三部分。现代科学认为：人的大脑被分成由神经元组成的 104 个布劳德曼（Brodmann）区，每一个区域都有一些更小的结构，并体现出功能组构原理。脑科学的兴起则是 20 世纪初的事件，在 20 世纪以前的物理学、化学、生理学取得一系列成就的基础上，脑科学的出现和进展无疑是人类对为何、如何认识客观事物的哲学思考。

1994 年克里克撰写了一本脑科学家不敢涉及的、难能可贵的书《惊人的假说》。脑是人和脊椎动物中枢神经系统的主要部分。分为大脑、间脑、小脑和脑干四部分，平常所说的“脑”，主要指大脑。“意识无异于数量众多的神经元群

① 本节主要参考文献见：本章文献［10～13］

以及与之相关的分子作用。”以“神经元”为中心，脑科学以及涉及意识与自我的具体系统和作用，迈出了一步。

埃德尔曼在获奖后开始研究“物质变精神”的问题，于1995年和托诺尼完成《意识的宇宙——物质如何转变为精神》一书[9]。“物质变精神”原本是一个哲学问题，然而，如果注意到物质对象与观察过程不可分离的状况，哲学问题就会在物质层面上表现出来。在科学家的头脑里，科学没有边界，对问题的追索可能导致哲学的思考。

一、埃德尔曼对人脑功能的理解

当我们思维的时候，我们的头脑里发生了什么？为什么脑会产生意识经验？为什么脑能产生包括我们所感觉到的一切的认识？两千多年来，科学家和哲学家费尽心机思考这个问题，但没有找到正确的答案。埃德尔曼在《意识的宇宙》一书中提出了一种由经验支持的全面的意识理论。这一理论对于意识的最基本和最普遍的性质第一次提出了一种科学的认识。意识来源于经验，而经验的私密性和整体性，构成了无穷多种不同的意识，这些意识包容了人们所有的记忆和想象。

什么样的神经过程才能产生数量如此巨大的统一的意识呢？埃德尔曼运用了近代神经科学的全部知识和思想来回答这个问题：从最大的计算机模型到当我们接受刺激时，检测脑活动发生的变化，埃德尔曼把这些实验过程和结论写成三本里程碑式的著作——《神经达尔文主义》、《拓扑生物学》和《记忆中的现在》。这些工作把达尔文主义的原理应用于脑的发育和心智的产生，并对许多传统思想提出了挑战：意识过程不断地和脑的各种各样的无意识过程相互作用；意识过程并不局限于某个脑的特点区域，而依赖于很多脑区之间的相互作用；这些相互作用并不彼此雷同，而是极富个性；脑的复杂性和独特性表现为个体行为的多样性等等。埃德尔曼的工作对于哲学和对我们的认识都有着极为重要的意义。

一个健全的成年人的脑重约1.3千克，有大约1000亿个神经细胞（神经元）。人的大脑皮层外表有一层褶皱表层，含有约300亿个神经元和1000万亿的联结或突触。在《意识的宇宙》一书中，埃德尔曼提出了如下的观点：

1. 人脑不是计算机

现代很多人都把计算机看做人脑的模仿物，埃德尔曼反对这一观点。因为：第一，与电脑不同的是，人脑中几十亿联结都不是精确的，并且任何两个脑的这种连接方式都不相同，即没有任何两个脑是一样的，即使同卵双胞胎的脑也不一样，这种千差万别使得每个脑都是独一无二的，这些证据给“脑的选择性理论”提供了强有力的基础。第二，人的发育史和本身经历都会独一无二地印记于每个脑中，这是因为某些突触永远处于变化中，某些细胞收缩它们的突起，另一些会长出新的突起，某些会死掉，所有这一切都有赖于这个大脑的历史，随之而来的个体差异影响我们记忆事情的方式，并且能适应将来可能发生的无数不可预测事件。这样，脑就形成了“个体多样性”，这是现在任何一部计算机都不能做到的。

2. 脑的特有性质

人的大脑是感知世界和认识世界的器官，它有什么特殊的性质呢？

第一，呈现在脑面前的世界并不是一串确切无误的信号，脑能感觉到它的环境，并从这些信号中归纳出一个模式来，脑能通过学习和记忆不断修正模式。神经系统能够对各种不同的视觉信号、声音信号进行分类，并且不需要预先设定代码，这种能力是脑特有的，而计算机并不具备这种能力，为什么会这样？目前还不大清楚。

第二，脑中有一些特殊的弥散性投射核团—价值系统，他对学习和适应性极为重要。

第三，“再进入”是高等动物脑的特性。再进入使脑内的联结区域之间不断进行着循环式相互交换，这些区域不断协调着时间、空间两个方面彼此映射的活动，它有很多通道，并且没有特别的指令性误差函数，这对协调区域之间的功能联系至关重要。

联结性、多变性、可塑性、分类能力、对价值的依存关系以及再进入的动力学——脑的所有这些特性的综合作用产生了协调行为。为了认识作为意识基础的知觉分类、运动和记忆过程，我们必须考虑脑、身体以及来自环境的各种各样并行信号相互作用的非线性性质。

3. 对于意识的哲学

埃德尔曼在《意识的宇宙》一书的最后对他的工作进行了哲学总结。他认为，求索事物的终极意义——哲学问题是每一个科学家的责任。哲学的两大领域是形而上学（它关心现实的终极本质）和认识论（它关心的是知识和信仰的基础及其合理性）。这两个领域在某种程度上是联系在一起的，并且也和一些与价值，如美学和伦理学的问题有关。意识是否和这些问题有关呢？埃德尔曼认识，答案是肯定的。尽管意识很特殊，但它仍然是脑和肉体进化的产物。精神是从肉体及其发展中产生的，是自然界的一部分，因此物理学和进化论就是埃德尔曼理论的基础。

埃德尔曼对于笛卡儿的二元论、还原论和泛心论都持怀疑和批判态度，他企图建立一种新的哲学，即合格的现实主义和建立在生物学基础上的认识论。这两者赖以建立的一个关键性思想是，概念并不是语言中的命题，而是在语言之前，脑通过映射它的反应而发展起来的产物。在他看来，概念先于语言，语言是以后发展起来的，用以加强我们的概念交流和行为交流。

埃德尔曼反对哲学上的行为主义，也反对通过行为心理学用自然科学的理论解释认识论的做法，他提出了“先验综合”的可能性，这就为思考有关思想和感觉问题创造了一个更广泛的基础。他相信，科学可以阐明意识的内部机制，而不必求助于行为主义或内省主义。基于认识论，使我们有机会扩展有关动物行为和人类本质的见解，这一立场把物理学和进化论作为哲学发展的两大支柱。

和动物相比，人类具有高级意识以及由此产生的有关宇宙的宏伟图像，同时，我们也用艺术的手段为我们人类所处的地位感到舒适和荣耀。为实现这两个伟大的目标，正是意识给了我们自由和保证。

二、克里克关于视觉注意与脑内机制的“探照灯假说”

二元论的哲学观点来自笛卡儿在《论灵魂的激情》一书中提出了二元论的心身相互作用的原型。他主张“心”与脑不同，是没有物质实体的；“心”通过松果体控制脑，包括脑在内的身体不过是一架机器。肉体可以消亡，而灵魂是非物质的、不死的。灵魂是宗教所信的居于人的躯体内的精神体。这种观念产生于原始社会。当时人们还不清楚身体的构造及各器官的功能，受梦中景象的影响，以为思维和感觉不是人身体的活动，而是一种独特的寓于身体之中，在人死亡时就离开身体的被称为“灵魂”的精神体在活动。克里克不仅批判唯心的神创论和二元论，并且极力宣扬一元论的唯物主义哲学观点。

克里克的研究是从“意识”开始的，他主张“意识”就是神经活动本身。意识是智力的先决条件，人类智力的辉煌表现在于对客观事物机理的认识、对事物之间关系的认识，正因为如此，人类才能做以前从未做过的事情，思考事物的细节和它们之间的关系。现在虽然我们还不能解释已经知道的全部事实，但是已经懂得了它的某些方面，很多学科如行为学、神经生理学、进化，甚至对自组织原理阐明了相应的原理，所有这些原理导致了对理解进化质的飞跃。然而，对于脑的研究的确是一个非常困难的课题，到目前为止，仍然有大量的现象没有得到合理的解释，各种“理论”、“学说”并存，各种“概念”多如牛毛，也许对于人脑的一系列疑问的科学解答还要等待相当长的时间。

在《惊人的假说》一书中，克里克提出了关于信息加工方式的“探照灯假说”。这是一个针对注意，特别是视觉注意的脑内机制提出的假说。他非常重视大脑皮层第五神经元群与丘脑神经元群之间所形成的回路，认为此回路是形成意识的物质系统。关于脑对信息的加工方式，他认为，在注意视觉对象时，我们脑就像探照灯（search-light）那样逐一投向目标。由于丘脑神经元不断的瞬时活动，使大脑新皮层与视觉有关的各个脑区逐个发生作用，我们可以逐次转移对不同对象的注意，犹如黑暗中移动探照灯那样。然而，随后的研究证明，脑对信息的加工程序是“平行信息加工”方式，而不是像探照灯假说所主张的顺序信息加工。我们将在下一章再讨论这个问题。

意识可能是最后未解的科学之谜之一。当然还有一些其他的奥秘，如宇宙起源、生命起源，时间空间、重力等，对于这些问题虽然目前我们还没有得到答案，但是我们知道该怎么办。然而对于意识，我们至今不但没有一个科学的答案，甚至连一个公认的科学研究方法都没有，这不能不让我们感到忧虑。面对这样的科学难题，克里克没有回避，而是通过科学实验企图揭开问题的谜底。

什么是“意识”？事实上，“意识”（consciousness）一词存在多种解释：自我感觉到、能思想、有知觉、有意志的、充分了解情况的、清醒的、故意的、敏感的等等。哲学家保罗·丘吉兰德（Paul M. Churchland）指出，“意识”事实上有多种含义，如短期记忆或工作记忆；不依赖感觉的输入，即思考并不存在的东西和想象非真实的东西；可驾驭的注意力；若干感觉模式的内容；等等。而克里克在论述物体辨认和回忆中的“联结问题”时采用这个词，他认为，在丘脑皮层理论中，意识在思考物体辨认中非常有用，并且涉及问题的预测和决策。现代科学研究指出，意识通常包括精神活动的以下方面：集中注意力、警觉、思想上的复述、自主行为、潜意识刺激、意象、理解、思考、决定、概念的改变等。

作为一位诺贝尔获得者，克里克在研究脑科学时深刻认识到，自我意识必须有复杂的“智力性”精神结构参与。而意识研究是否需要新的科学原理？因为在量子力学和意识之间可能存在10多个组织层次：化学键、分子及其自组织、分子生物学、遗传学、生物化学、膜及其离子通道、突触及神经传递、神经元、神经回路、皮层柱和模块、大规模皮层的动态活动等。意识研究属于哪一个层次？我们对世界的认识越深、越广，认识意识所必需的知识层次就越复杂。要想把意识搞清楚我们仅需要以上这些层次的知识吗？如果这些知识不够，是否需要创造新的知识？

关于意识和精神关系的问题，克里克认为，精神只在具有意识的时候才能实现，如果不存在意识，精神就变得没有意义，因此把意识看成某种精神，即个性化脑的第一手、第一人称的真实经验可能是有道理的。意识使精神充满生气，也是神经科学家探索的最终之谜之一。

对于意识的探索还刚刚开始不久，这个问题事实上已经进入了哲学的探索范畴。对于任何纯科学的探索（即客观事实的探索），在研究意识的主观经验之后就会发现我们对于脑的认识、对于意识的认识还有很多问题等待回答，但是20世纪70年代以来，神经科学家已经做出了很多激动人心的、具有根本意义的发现，但对于物质－精神、意识－精神问题的解决还需要更深入的工作，克里克的研究不过是其中的一个插曲。

第九节　发育生物学首要问题的解决

1995年诺贝尔生理学或医学奖授予美国的刘易斯（Edward B. Lewis）、德国的女性科学家努斯莱因－沃尔哈德（Christiane Nüsslein-Volhard）和美国的维思乔斯（Eric F. Wieschaus），奖励他们“在胚胎早期发育的遗传控制方面”的发现。有人相信，努斯莱因－沃尔哈德的工作仅次于孟德尔和沃森－克里克的发现。现在我们知道，DNA携带的某些对发育和分化的控制是很基础的，横贯从昆虫到灵长类的整个动物世界。

一、问题的提出和解决

在发育生物学中，一个首要的问题也是最简单和最不可理解的问题是：一个受精卵、一个单细胞最初是如何开始区分生物的前和后、上和下的？受精卵是怎么知道哪条路是朝上的，或者朝前的？20世纪80年代德国的努斯莱因－沃尔哈德和她的几个同事用果蝇所提供的系统解答了类似的问题，然后又将这些研究推进到的分子层面，这个努力目前还在继续。

努斯莱因－沃尔哈德根本性的目标是系统地搜寻影响最早期的胚胎而不影响成年果蝇的突变体，由于一些因素的影响，要找到这样的突变体很复杂。许多基因在胚胎生命开始的几个小时就开始工作了，一个基因的突变体也许被其他有重叠功能的基因所补偿。有些关键的突变也许不是这个新生命的突变，而是其母体的突变，这对母体能否产生有功能的卵子都有影响。努斯莱因－沃尔哈德必须筛选大量的胚胎研究20 000种果蝇家族。她的筛选工作就像流水线一样，工作需要一些简单的、新的小技巧，但不需要高技术的突破。

寻找结果的过程很复杂，但是原则上很简单。结果发现，果蝇的卵子在受精前就已经标记了前后和上下。母体在卵子形成过程中就在mRNA链上的一个称为biocoid部位的蛋白质上做了标记，这个mRNA不是一个基因，而是基因的转录物。mRNA上被标记的那一点，此后就是头顶位置。母体用同样而复杂的方式在细胞的另一端也做了标记，上和下也是如此。母体的全部贡献，加上这个过程与卵子细胞核染色体毫不相关的事实，表明卵子在受精的那一刻起就有分化的潜力。从受精那一刻起，这些 mRNA 就开始工作，它们的生物化学产物扩散到细胞的整个细胞质中。结果造成化学浓度梯度，重叠的梯度就像是“前和后”以及“上和下”的产物一样，各种各样的相互作用依赖浓度而发生，形成最初的模式。在细胞分裂启动时，这些模式就规定了正在出现的细胞株系的命运。果蝇是高度分节的：这些模式决定了沿节序列的差异。

二、“人类基因组工程计划”和基因治疗

在 1993 年一次纪念 DNA 结构发现 40 周年的会议上，沃森在谈到自己的观察时说：如果患亨廷顿病的人在怀孩子之前就去做检查，这个病在一个世纪中就能够被完全消灭，因为这个病是由一个显性等位基因造成的，除非有这个基因的人怀上孩子，否则这个基因本身是不会表现出来的。亨廷顿病可以尝试基因治疗，但不会马上成功，而且代价也十分昂贵，这是努斯莱因－沃尔哈德已经准备好在果蝇上研究的内容。

基因治疗在“人类基因组工程计划”完成后正尝试着治疗某些遗传性疾病，亨廷顿病就是其中之一。基因图谱要确定和区分人类 DNA 所有不同成分，标记它们的功能和相互作用。基因图谱比我们的想象要复杂得多，也许我们根本无法全部理解，这种矛盾起源的唯一原因：人类基因组不是设计出来的，而是经过千百万年进化来的。不与任何野生物种比，只与家养的牲畜比，人类种群特征具有很大的遗传变异性，这是因为千百年来我们自己就像家养动物那样地生活。从一个或几个个体的 DNA 序列不能捕捉这个变异。这反而使一个叫做“实在论”的错误成为不朽。自从亚里士多德以来，动物学界就坚持这个观点，“实在论”假设每种动物都有一个标准特征型，任何变易都从其中被排放出来，那是动物学家划分物种的方式，把新物种插到系统里面去。而达尔文把物种理解为一个种群，种群是物种的特征，从而取代了实在论，这种认识奠定了进化论的基础，并且也奠定了达尔文方法成功的基础。从达尔文到今天，变异的来源和本质变成进化的中心问题。

三、哲学的实在论

实在论（亦译“唯实论”）是西欧中世纪经院哲学的两大派别之一，与唯名论相反，认为“共相”（一般）先于个别事物而存在，是独立于个别事物的客观

"实在"；"共相"是客观事物的本质，个别事物不过是由"共相"派生出来的个别情形、偶然现象，并不真实存在。实在论有两种类型：①极端实在论，以安瑟伦、香浦等为代表，认为"一般"是上帝创造个别事物时所依照的原型，即上帝所具有的"理念"；②温和实在论，以托马斯·阿奎那等为代表，认为一般是一种"实体形式"（亦称"隐蔽的质"），它既存在于个别事物之内，又存在于上帝与人的概念之中。实在论把"共相"看做是独立存在的精神实体，也把它看做是第一性的东西，显然是一种客观唯心主义观点。

实在论有时亦被用以指相对于唯心论的唯物论。列宁指出：

> 实在论这个术语是在唯心主义的对立物的意义上使用的。我照恩格斯那样，在这个意义上只使用唯物主义这个名词，并且认为这是唯一正确的术语（《列宁选集》第2卷第55页）。

第十节　诺贝尔生理学或医学奖得主对于进化论的探讨

很多诺贝尔生理学或医学奖得主除了在本专业有很高的造诣，对于支撑这些成果的哲理，对于哲学中"本体论"的关注、对于"复杂性"的研究、对于"混沌"的讨论，尤其是参与达尔文进化论的争论，都大大开阔了人们的眼界，使科学哲学的研究内容大大深化。表4-3列出了一些诺贝尔生理学或医学奖得主讨论进化论的著作。

表4-3　诺贝尔生理学或医学奖得主对于哲学的讨论

诺贝尔生理学或医学奖得主（获奖年份）	获奖内容	讨论的哲学内容
[美] 摩尔根（Morgan, T. H.）(1933)	发现染色体的遗传作用	著《基因论》
[英] 梅达沃（Medawar P.）(1960)	证实获得性免疫耐受性及克隆选择学说	参与"现代进化论"的讨论
[美] 史密斯（Smith H. O.）(1978)	限制性内切酶的发现及在分子遗传学方面的应用研究	著《进化与对局理论》
[美] 麦克林托克（Mc-Clintock B.）(1983)	发现移动基因	被认为是可与双螺旋结构并列的当代遗传学成就，是对获得性遗传的支持
[美] 费歇尔（Fischer E. H.）(1992)	发现可逆性蛋白磷酸化过程及其生物调节机制	著《自然选择的遗传理论》

生理学和医学的基础是生物学，因此对于生物学的发展始终是生理学家和医学家关注的问题之一。在生物学发展过程中，达尔文的进化论可以说是一个里程碑，它把纷纭复杂的生物进化问题归结于自然选择。然而进化所涉及的问题广泛而深刻，从达尔文时代开始，对于这个问题的争论就从来没有停止过。例如，霍尔丹著的《进化的成因》，赖特著的《族群的进化及遗传》，威廉斯著的《适应与自然选择》，道金斯著的《自私的基因》、《盲目的钟表匠》和《延伸表型》，里德利著的《进化的问题》，克雷布斯和戴维斯著的《行为生态学》，玛丽昂·道金斯著的《动物行为解密》，史密斯著的《进化与对局理论》，费歇尔著的《自然选择的遗传理论》等都是关于进化理论的讨论。其中，史密斯和费歇尔都是诺贝尔奖得主。另一位诺贝尔奖得主、英国人梅达沃曾惋惜地说：

> 现代进化理论最主要的弱点，莫过于未曾完整地发展变异理论。变异正是进化的候选者，也是自然选择所偏好的遗传物质的形式。[14]

生物进化的证据主要来自四个方面：古生物学证据、比较解剖学证据、比较胚胎学证据、比较生理学和分子生物学证据。此外，还有分类学证据、生物地理学证据、人工育种学证据。不可否认生物进化论带有浓厚的哲学色彩，但它是建立在大量经验科学的基础之上的，因而不应该被看成只是思辨、猜测和信仰的产物。

生物为什么进化？进化的动力和方式是什么？这是进化论的一个重大问题。从19世纪初到20世纪下半叶，将近200年关于生物进化的机制不断地创新。其中，“获得性遗传”、“自然选择”、“中性突变”是三种主要观点，其主要内容见表4-4。[15]

表4-4　关于生物进化机制的各种学说

学说	发明人（时间）	主要内容
直接适应模式	拉马克（1809）	用进废退　获得性遗传 环境变化→机能变化→形态结构变化
自然选择	达尔文（1859）	生殖过剩 资源限制　生存斗争 不定变异　自然选择 变异积累　物种进化
新达尔文主义	魏斯曼（20世纪初）	彻底否定拉马克的获得性遗传，深化了达尔文的不定变异理论
遗传因子	孟德尔（1865）	分离组合定律、提出遗传单位——染色体

续表

学说	发明人（时间）	主要内容
非连续进化的“突变”论	德弗里斯（1901）	生物进化的非连续性
基因论	约翰森（1909）	提出基因概念，将生物进化区分成“基因型”（可遗传）和“表型”（不遗传）
基因突变论	摩尔根（1917）	把遗传物质（染色体）和遗传单位（基因）结合起来，阐明了基因突变、重组和染色体畸变等不定变异的具体方式。著《基因论》因发现染色体的遗传作用，1933年获诺贝尔生理学或医学奖
新拉马克主义	米丘林（20世纪初）	生物体变异的根本原因是外界条件的变化；生物体没有特殊的遗传物质和器官；获得性可以遗传
基因“转座”学说	麦克林托克（1945）	基因移动的信息来自全体细胞，来自生物整体，甚至来自环境。1983年获诺贝尔生理学或医学奖
中性突变进化论或非达尔文主义进化论	木村资生、雅克·金、托马斯·朱克斯（20世纪60～70年代）	突变大部分是中性的（无害无利）；分子水平上的进化自然选择不起作用；生物进化的速率由中性突变的速率所决定，同一分子的进化速度在不同物种中是相同的
广义进化论	爱德华兹、普里高津（1977）	基本的遗传变异、繁殖方式把变异组成遗传的各种途径、自然选择导致亚种的形成，这三种作用交织在一起。广义进化范式指出：非平衡约束与随即涨落不是不相容的；非线形作用把系统失稳和随机涨落放大了。1977年普里高津获诺贝尔化学奖
间断平衡理论	古尔德、埃尔德里奇（1972）	“平衡概念”是指物种同环境的动态平衡，进化之所以产生，是由于其他物种打破了占支配地位的循环圈，从而使支配地位的种群失稳，从而使处在边缘的物种产生进化性飞跃。它解释了新物种在相当短的时间间隔内涌现出来等现象。生物进化在宏观上是长时间的静态稳定和突然发生的进化飞跃交替进行的

20世纪60～70年代出现的“中性突变进化论”使进化论深入分子层次，它所计算的结果与化石研究所确定的时间十分接近。但由此得出的“自然选择根本无效，进化方向纯属偶然，与环境无关”的结论似乎理由不太充分。如果中性突变进化论没有断言所有突变都是中性的（还有非中性的），那么就不排除选择，其实，“中性”本身潜在地承认了选择（“有害”不会被选择，“有利”和“无害”都会被选择）。另外，核酸和蛋白质等生物大分子的“中性突变”不等于对

生物个体也是中性的。事实上，中性突变进化论本身也不否认自然选择对表型水平的进化有重要作用。

20 世纪 70 年代以后，由于非平衡热力学的发展，生物进化理论发展了物理学的热力学表达：非平衡约束与随机涨落不是不相容的，非线性作用把系统失稳和随机涨落放大了，因此基本的遗传变异、繁殖方式把变异组成遗传的各种途径、自然选择导致亚种的形成，这三种作用交织在一起，使得生物进化问题转变为更为广泛的非平衡热力学问题。

各种不同的进化理论分别从不同角度阐述了生物进化的机制，它们都有一定的合理性，同时又不具有完备性，也就是说单靠任何一种理论都不足以完美地解释生物的进化。从哲学上看，获得性遗传有其合理性。当然承认获得性遗传在生物进化中的作用，不等于否定不定变异以及自然选择的作用。事实上，两种机制是有可能共存并互补的，即外在的一定变异和内在的不定变异共存；必然的连续渐进和偶然的离散突变互补。[16]

结　语

在近代，人类经历了两次科学革命：第一次科学革命以 17 世纪牛顿力学的出现为开端，第二次以 20 世纪相对论和量子力学的出现为开端。这两次革命都给人类社会带来了翻天覆地的变化，然而它们所产生的文化冲击截然相反。第一次革命的启示是精密、确定和简单自然规律之存在以及其可以为人类掌握。由此而产生的是逐步了解和控制自然的信心以及将此能力扩展、应用于其他领域的意图。第二次革命的启示是自然规律在结构和观念上的复杂、吊诡、不可穷尽，乃至违背常理，难以理解。第一次革命产生于宏观世界，第二次革命产生于微观世界。由此产生的，是混乱、迷惑、无力感和对科学以及其所代表的理性之强烈反感、叛逆心理。20 世纪已经过去，可是第二次科学革命所开拓的无数新领域还在迅速扩展，不见尽头，所带来的社会变革更是一浪高过一浪，方兴未艾。在人类命运的巨大转折点上，来思考和衡量现代科学革命对某些人文领域的冲击，无疑是有其必要和魅力的。[17]

现在让我们反思一下不同时期的诺贝尔生理学或医学奖得主的整体表现，看一看 20 世纪 70 年代以后，生物学的科学研究发生了什么样的变化。

首先，20 世纪 70 年代以后，科学的结构和组织发生了巨大的变化，国家已经成为科技发展的主要计划者和投资者，国家鼓励科研成果向技术和产业转化，这与 17、18、19 世纪有很大的不同。

其次，虽然 20 世纪 50 ~ 70 年代出现的一系列诺贝尔奖成果已经成为了大学生的教材，然而科学创新不足：实验室和研究小组的数量成倍地增长，研究课题被搞得平淡无奇，大的突破性的、没有经济效益的课题受到限制，科研课题追求改进而不是创新，这里搞点资金，那里搞点合作，在别人工作的基础上搞点小的改进，每个小的成果都发表一篇小文章，生物学的科学研究失去了远大的目标。生物学家罗杰·科恩伯格说，20世纪70年代以来的那些日子，真正的科研过程被搞得很平淡了。

最后，与过去相比，科学家在很多问题上变得谨小慎微，抓不住或者回避根本性的战略问题，这势必影响生物学今后的发展。很多奠基的老科学家逐渐退出历史舞台，但继承者无法继续导师的研究。表4-5列出在美国冷泉港举行的世界研讨会出现的趋势。

表4-5　参加冷泉港研讨会的人数和报告数[18]

年份	研讨主题	参加人数/人	报告数（占出席人数比例）
1941	基因和染色体	85	33（38.8%）
1953	沃森——DNA双螺旋等	281	41（14.6%）
1970	巴尔的摩报告逆转录等	325	97（29.8%）
1980	可移动遗传因子	302	117（38.7%）
1989	免疫识别	446	114（25.6%）

由表4-5可知，这个具有世界影响并且讲述过众多科学成果会议的参加人数虽然逐渐增多，但报告数量的比例却没有增加。经典分子生物学领域曾经有过很多伟大的科学家、优秀的学派和优良的学术传统，如鲍林、劳伦斯·布拉格、德尔布吕克、利沃夫、莫诺和雅各布、佩鲁茨、克里克等，然而到20世纪70年代以后，这个领域不再有这种典型的宝塔式的人才结构了。

当前分子生物学的发展形势呈现出如下几个特点：

1）人才知识结构。在分子生物学成为热门专业以后，大批学生蜂拥而至，这些人也许很能干，具备足够的专业知识（有些人甚至是才华横溢的），但很多人似乎知识面很窄，因为他们是直接接受分子生物学训练而不是从其他领域转到这个领域来的。由于他们缺乏足够的物理、化学、数学等基础学科的知识，所以思考问题的角度狭窄，深度也很有限。

2）人才培养机构（如大学）以医学应用和科学前景作诱饵，使得很多优秀学生考入生物化学、分子生物学等专业。在经过数年的专业培养之后，由于相应专业就业形势的变化，很多人无法从事自己所学专业，只能从事非专业工作。

3）研究资金和设备投入的增长。分子生物学的成就是巨大的，然而，通过多年的普及宣传，尤其是对于生物科学发展前景的过分宣传，使民众和政府官员的期望值越来越高。因此，这门学科的科研得到了比以往任何时候都充足的经费，并与计划的大小、实验室设备和实验经费的增长是成比例的。为了得到研究经费，很多科学家申请一些表面很雄伟、实际上没有可操作性的课题，或者实际效果远没有他们吹嘘的那么辉煌的课题，而这些课题往往能得到财政支持，使这门学科的科研得到了比以往任何时候都充足的资金。与 20 世纪 50 ~ 70 年代的研究比较，投入 – 产出比在增长，而成果水平在降低。

4）分散化趋势越来越强。随着投入的增加，科研机构越来越多，越来越分散。现在几乎每个理工科大学都设立了相应的教研室，而有成果的科学家成为他们争夺的对象，一个科学家（或教授）可能在几所大学兼职，有限的时间和精力使他们无暇思考生物学发展的重大问题，也无暇顾及本人科研的细节，大量的工作由研究生取代，大量的时间浪费在行政、会议上。科研机构和科研成果分散化的结果使得成果的水平降低，一些涉及生物科学的根本性问题没有人研讨。和 20 世纪 50 ~ 70 年代相比，科学成果的总体水平在下降。

5）竞争的加剧。随着增长，竞争也变得更加残酷和无情，为了取得优先权，科研文章发表的速度越来越快。一个科学家再也无法多年研究一个课题，像诺贝尔奖得主，艾弗里、麦克劳德和麦卡蒂鉴定 DNA 是肺炎球菌中的转化因子那样权威性的文章恐怕再也不会出现了，这必然导致研究质量的下降，一些深层次的生物学问题及其答案也许会被永远埋没。实验室负责人以竞争加剧为理由，要求学生保守技术秘密，正常的信息流动受到阻碍，像 20 世纪 50 ~ 70 年代那种没有私利的合作恐怕不会出现了，这也势必影响到这门学科的发展。

从牛顿开始的第一次科学革命到爱因斯坦和玻尔开始的第二次科学革命经历了 200 多年的时间，20 世纪下半叶开始的第三次科学革命实质上是一种技术革命，这时人们的兴趣开始转向：对科学的追求转变为对技术应用的努力，随之而来的是功利化倾向的强化。可以预言，人类的科学兴趣已经由地球转移到宇宙，天文学的成就有可能成为未来诺贝尔奖的来源。2011 年 3 月 11 日发生的日本大地震和海啸引起了全世界人们的关注，地球活动规律的探索和预报还有很多事情可做，其成果也是诺贝尔奖的候选者之一。

参考文献

[1] 陈方正．在科学与人文之间——理性的成功、限度与蜕变．科学文化评论，2004，1（1）：36-37

[2] 李雨民，陈洪．诺贝尔奖和诺贝尔奖学．上海：上海科学技术出版社，2008：9

[3] 阿瑟·科恩伯格．酶的情人——一位生物化学家的奥德赛．崔学军，等译．上海：上海科学技术出版社，2006：248-250

[4] 同［2］：24

[5] 史蒂芬·霍金，列纳德·蒙洛迪诺．时间简史．吴忠超译．长沙：湖南科学技术出版社，2006：303
[6] 霍勒斯·贾德森．创世纪的第八天——20 世纪分子生物学革命．李晓丹译．上海：上海科学技术出版社，2005：6a：231；6b：390
[7] 同 [6]：7a：418；7b：51
[8] 同 [6]：419
[9] 杰拉尔德·埃德尔曼，朱利欧·托诺尼．意识的宇宙——物质如何转变为精神．顾凡及译．上海：上海科学技术出版社，2004.
[10] 苏珊·格林菲尔德．人脑之谜．杨雄里，李萍，等译．上海：上海科学技术出版社，1998.
[11] 威廉·卡尔文．大脑如何思维——智力演化的今昔．杨雄里，梁培基译．上海：上海科学技术出版社，1997.
[12] 同 [9]．
[13] 松本修文．心灵之谜多面观——脑与心理的生物物理学．宋文杰，王钢，程康，等译．上海：上海科学技术出版社，2007.
[14] 海伦娜·克罗宁．蚂蚁与孔雀——耀眼羽毛背后的性选择之争．杨玉龄译．上海：上海科学技术出版社，2000.
[15] 张华夏，叶侨健．现代自然哲学与科学哲学．广州：中山大学出版社，1996：250-256
[16] 同 [15]：260-262
[17] 陈方正．在科学与人文之间——理性的成功、限度与蜕变．科学文化评论，2004，1（1）：35-36
[18] 霍勒斯·贾德森．创世纪的第八天——20 世纪分子生物学革命．李晓丹译．上海：上海科学技术出版社，2005（表 4-5 由该书第 429 页文字叙述转换而成，最后一栏中的占出席人数比例由本书作者计算）．

第五章　科学知识产生的动力和过程

在近代，人类经历了两次科学革命：第一次以17世纪牛顿力学的出现为开端，第二次以20世纪相对论和量子力学的出现为开端。这两次革命都给人类社会带来了翻天覆地的变化，然而它们所产生的文化冲击，却截然相反：科学是运用范畴。定理、定律等思维形式是反映现实世界各种现象的本质和规律的知识体系，是社会意识形式之一。按研究对象的不同可分为自然科学、社会科学和思维科学以及总结和贯穿三个领域的哲学和数学。在现代，科学技术是第一生产力，正沿着高度分化和高度综合的整体化方向蓬勃发展。[1]

数学是科学的基本工具，两者息息相关、同步前进。然而，很奇妙的是两者在其根本之处遇到了相类似的问题，即终极基础之难以确定。到17世纪中叶，欧洲迎来观念和方法的大突破。这一突破不但是近代科学出现的先决条件，也是科学需要激发出来的。科学大突破所需要的数学工具是在突破之前产生的，表5-1列出近代数学家及其贡献。

表5-1　近代数学家及其贡献

时间	创立人	数学概念	主要内容	意义
1614年	纳皮尔	对数	对数概念和对数运算规则	把高次运算降为低次运算
1626年	卡瓦利亚里	原始积分法	积分概念	影响牛顿、莱布尼茨二人
1637年	笛卡儿	解析几何	数－形相对应	数和方程的几何化、几何代数化
1656年	华理斯	无限小算术	无限小等级和运算规则	极限理论前奏
1684年 1687年	莱布尼茨 牛顿	微积分	微积分概念和运算规则及应用	科学技术发展的主要工具
1736～1748年	欧拉	全面重写牛顿力学	系统微积分教材	符号、概念、方法、理念系统化
19世纪	柯西	极限概念引入	ε-δ语言和机制	严格定义连续、趋于、极限概念
1732～1766年	萨克利和伯兰	非欧氏平行公理	欧氏平行公理的研究	非欧几何前身

续表

时间	创立人	数学概念	主要内容	意义
1826~1854年	罗巴切夫斯基 鲍耶 黎曼	非欧几何 非欧几何 微分几何	非欧几何定理，扩张到高维空间	客观空间的非欧化
1899年	希尔伯特	《几何学之基础》	重整几何公理系统	几何最终基础是“数”，回归希腊
1872年	戴德金	发明“切割法”	区分有理数和无理数，提出23个问题	解析学和数论集大成
1875年	坎托	建立基数概念	可数集、非可数集——自然数、有理数、代数数和超越数	不同种类数构成“无穷集”，无穷的可度量性
1847~1854年	布尔	语言逻辑推理改用符号表达，建立布尔代数	逻辑可以演算，符号运算表达理性思维过程	数学本质是结构即推理形式
1879~1903年	皮亚诺、弗雷格	数学公理系统	数理逻辑——数学即逻辑、数学基础和规律	符号逻辑所建立的公理系统和证明规则是基础
1910~1913年	罗素、怀海特	“类型论”和“化约原则”	定理可从公理和规则自动推出来	数学基础的悖论
1931~1933年	哥德尔	不完备定理	系统自洽性不可在其本身内证明	数学的第二次革命，人类理性有限度

表5-1显示，19世纪末和20世纪初的数学成就对现代科学发展几乎是稍微超前的，如果近代微积分的产生和发展为20世纪前的科学所显示的确定性提供了工具，那么，罗素和怀海特的“数学基础的悖论”和哥德尔的“不完备定理”则给新的科学革命带来了必需的工具和思想。

不完备定理不但是数学发展的重要里程碑，也成为科学革命—相对论和量子力学的工具，数学革命使人们认识到人类理性是有限度的。科学和数学都得益于严格的推理和证明，但它们似乎又不必全然依赖逻辑、无可置疑的稳固的基础，即允许科学家在不那么确定的情况下摸索前进，并且获得惊人成果。数学定理的内涵虽然非常清楚，但数学这门学科的性质却不那么清楚，从20世纪30年代到现在这个问题仍然没有定论。这种不确定性无疑对于人文世界的思想转向起到提示和催化作用，数学的进展为科学革命提供了工具和思想。[2]

第一次和第二次科学革命对人类的影响大不相同，然而，科学对于技术的推动力却没有丝毫的减弱。尤其是第二次科学革命所带来的新技术深刻地影响着我们的思想、生产和生活。

科学作为一种职业，需要一些最低限度的条件——较高的智力、对解决问题的兴趣和对自然现象的好奇。另外还必须有忍受寂寞的耐力、独到的见解、完成令人精疲力尽的系统测试、表明正确性和相关性的统计测试，与同行的有效沟通等等。科学是促进人类自我认识的主要手段，科学使人形成这样的信念：人类的思维超越所有动物，而对探索自然现象、理解和认识自然现象一定能够取得成功。科学还被认为是一种具有“自我监督”机制的活动，因为研究结果最终使不正确的结论或虚假的数据露出原形。

本章讨论诺贝尔奖得主之所以取得科学成果的一些共性问题——好奇心、科学组织中的团队和个人、“积木块”与创新、数学和科学等问题。在论述这些问题之前，让我们首先总结一下诺贝尔奖得主是如何认识科学和人生的。

第一节　诺贝尔奖得主论科学技术①

科学大师不以知识传授为主，而是以知识探索为主。他尝试开拓，至于新学科所需的基础知识是什么，是科学工作者自己摸索的事。一个好的科学导师真正的作用在于辨别未来科学发展的方向，他高瞻远瞩地知道前人在哪些尝试是无望的，哪些问题是最基本和核心的，因此真正的科学家应该是科学战略家。

一、阿卜杜斯·萨拉姆和国际理论物理中心

阿卜杜斯·萨拉姆（Abdus Salam）因提出“亚原子粒子弱作用的电磁作用统一理论”分享了1979年诺贝尔物理学奖。在他获奖之前，在意大利政府、国际原子能机构（IAEA）以及联合国教科文组织（UNESCO）三方共同支持下，于1966年成立了“萨拉姆国际理论物理中心（ICTP）”。这是一个独立运作的机构，致力于科学知识的传播、研究人才的培养，多年来进行了很多先驱性的工作并做出了巨大的贡献。在2006年中心成立40周年之际，该中心组织编写了一本特殊的文集——《成为科学家的100个理由——庆祝阿卜杜斯·萨拉姆国际理论物理中心成立40周年》，邀请当时健在的91位著名科学家，其中包括26位诺贝尔奖得主（25位科学奖得主，1名经济学奖得主）撰文，畅谈他们科学人生的苦涩甘甜、经验教训，也畅谈他们的科学成就、对社会人生所作的思考。本节将以

① 本节引文均出自：阿卜杜斯·萨拉姆国际理论物理中心．成为科学家的100个理由——庆祝阿卜杜斯·萨拉姆国际理论物理中心成立40周年．赵乐静译．上海：上海科学技术出版社，2006

这本书为蓝本，并进行适当扩充，所注页码为该书页码。

在这部书中出现的1985年诺贝尔物理学奖得主克利青（Klaus Von Klitzing）曾说：

作为一名科学家，我对人类的未来充满信心，只要我们能够抑制各国生活差距的扩大，改进全球教育体制，并使公众意愿得到自由表达。我认为，科学家对此负有崇高的责任和使命，因为科学的基本规律是普遍适用的，其逻辑结果没有给意识形态解释留下任何余地。萨拉姆创立的国际物理中心（ICTP）是国际化的美妙例证。我深信，只要有世界性的科学网络存在，全球范围内科学家成长和国家的友好共存便充满希望。(第324~325页)

二、诺贝尔奖得主论科学和人生

1. 论科学

萨拉姆在谈到发展中国家的科学发展时强调：

我已经不止一次地表明，在发展中国家从事科学研究面临诸多困难和困扰。在此，我还要再次呼吁：发展中国家一定要加大科学研究的投入力度；一定要切实提升科学共同体的地位；一定要充分认识到：科学家是一个国家最宝贵的财富，他们应该被给予更多的机会，在国家科技进步方面发挥更大的作用。改变当今有科技实力强弱所决定的不均衡、不平等的世界格局，应当成为发展中国家的心之所思、力之所向。(第5页)

一直以来，我都痛切地感到，阻碍发展中国家年轻才俊成为优秀科学家的最大障碍，主要在于他们极度缺乏与够资格的同行进行交流。事实上，许多在发达国家的科学家看来是理所应当的研究条件，对深受经费匮乏、交流机会稀缺之苦的发展中国家科学家而言，只是一个不可企及的奢望。(第4页)

萨拉姆还说：

科学是一段神奇的探险历程，每一次新发现都会拓展我们关于世界的知识。如同绘画、音乐和诗歌一样，科学是人类文化不可或缺的组成部分。理解我们所见所闻、纷繁复杂的自然现象的基本规律是人之所以为人的最伟大的成就，而基础科学的进步，无疑将会使我们更有信心地面对层出不穷的实际问题：寻找新的清洁能源、保护环境、为人类提供充足的食物，改善人类健康状况……每一个人都应该清楚：我们需要更多的科学成果才能迎接挑战，造福人类。任削弱科学的言行都是不负责任的。我还认为，通过倡导批判性的思考与相互尊重的对话，科学对提高人类道德水平、消除狭隘以及盲从迷信，同样具有重要意义。有鉴于此，我真诚地呼吁：全世界的年轻人，献身科学研究吧。(第 57 页)

杜维在讨论科学研究时说：

通常把科学家描写为知识渊博之人，这种想法是有一定道理的。为了胜任科学研究，你至少得接受某一门科学的专项训练——数学、物理学、化学或者生物学。事实上在大多数时候，还需要学习更多学科的知识，接受多方面的训练和锻炼。此外，你得对自己的专业领域有真切的了解，特别是应该清楚同行正在做什么。当然，成为科学家所应该知道的远远不止这些。但是，“无所不知”并非成为科学家的充分条件，正如名画收藏者并不必然是艺术家一样。衡量科学家的真正标准，是看其能否产生新的知识，或者更准确而言，看其是否具有从事科学所需的理解力，因为科学的使命是正确理解世界。我们中的大多数人缺乏洞悉宇宙奥秘的超凡才智，而只能做些为已有科学大厦添砖加瓦的工作。在日复一日的常规活动中，科学研究在大多数时候只是解决“小问题”。在这种情况下，一个人从事科学、成为科学家主要是受好奇心的驱使。当你面对陌生的事实与现象时，总会情不自禁地想去探个究竟。你让自己的想象力纵横驰骋，你让自己的思考层层递进。你汇集所有可能的线索。并挖掘记忆中的一切相关细节。就这样尝试着对未知世界做出相对可信的解释，或曰假说。这是科学活动中至关重要的创造环节，它在一定意义上是与艺术相通的。接下来就是对假说艰苦的“证实”或“证伪”过程。(第 72 页)

科学是一个非常广泛的概念。它包括：科学传播、科学发现、科学方法、科学符号、科学革命、科学管理、科学技术、科学精神、科学世界观、人生观等等。科学教育已成为 21 世纪各种教育的重要内容，同时也使研究者获得乐趣。

科学的另一个特点是结果的不可预测性。科学是探索未知的事业，按此定义就意味着“人们无法预言某项研究必然会导致某一发现”，也很难断言所做出的发现是否“有用”和可能带来何种经济效益。然而，很多政治家和科研经费的管理者往往忽视或漠视这一明显的事实。他们过分想当然地将“投入—产出”的经济考虑应用于科学，认为科学研究的结果是可以预期计算的，是必须带来利润的。我认为，这种观点不但在逻辑上难以成立，更重要的是，它忽略了科学的真正价值，即科学对人类文明的贡献。

在科学影响时，杜维说：

> 科学对社会的最重要的影响在于科学精神的传承，即对世界、人生及社会的科学、理性态度的培育。人类常常处于意识形态高压、教条主义、僵化的传统以及战争和被侵略的危险当中。科学所倡导的国际性、相互理解以及没有边界和阶级划分的“超民族”精神，对于当今的人类无疑具有重要意义。(第177页)

2. 论教育

在书中出现的诺贝尔奖得主多次谈到教育对他们科学事业的影响。例如：

- 奥尔特曼说：

> 大约在6岁时，我便感受到战争的残酷；应用科学对结束太平洋战争夺发挥的巨大威力，更使我在幼小的心灵中产生了强烈的震撼。那些成功设计和制造具有神奇威力原子弹的科学家，成了我心目中的英雄。当时我甚至觉得，“核科学家”是所有科学家中最具吸引力、最伟大的人物。与此同时，我对太阳和恒星也比较感兴趣，并阅读了一些有趣的作品。12岁时，我读到一本介绍核物理的书。让我感到新奇的是，该书结合门捷列夫周期表谈论核物理。特别是门捷列夫在设计周期表时，将很多当时尚未发现的元素列入周期表的作法，简直令我佩服得五体投地。对我而言，这可谓是体验知识之力量、感受科学之美的生动的一课。我由此受到极大的鼓舞和激励，想象着自己有朝一日也能成为一名伟大的核物理学家。(第73页)

- 克鲁岑说：

> 我1946年进入高等市民学校（HBS），当时我对化学不大感兴趣，而喜欢数学、物理学以及英语、德语和法语。我对各种体育项目充满热情。中学期间我阅读了大量的天文、地理以及环球探险方面的书籍，对书中描写的世界著名山峰充满向往。1959年7月1日进入斯德哥尔摩大学。我觉得在大学工作的一个最大的好处是能够有机会接触、参加各种各样的课程学习。(第45页)

- 科恩-塔诺季（Claude Cohen-Tannoudj）1953年考入法国“巴黎高等师范学校”，期间，参加了法国最优秀数学家、物理学家担纲的有趣讲座。科恩-

塔诺季说："我原本喜欢数学，但与卡斯特勒（A. Kastle）教授相遇，改变了我的初衷。他所开设的物理学讲座极为精彩，其个人也非常富有感染力。于是，我满腔热情地投身于物理学研究。"科恩－塔诺季一直以为，杰出物理学家的示范作用和个性魅力是唤起年轻人献身科学的有效催化剂。科恩－塔诺季接着说：

貌似散漫的研究风格可以产生意想不到的积极结果，它使我能比较自由地对新发现作进一步的探索和思考，从而在一定程度上避免了先入为主的观念对新思想的扼杀，或急功近利的"拔苗助长"。

新技术正在全球范围内深刻地影响着人类的生存与发展，而新技术的源泉全在于基本的科学发现。每一个国家都需要谙熟科学方法的新一代领导人物。(第36页)

3. 论家庭教育

- 芬恩说：

我下午放学回家，爱读书的母亲总会为我们念上几段好作品。他还是"家长教师协会"的积极分子。母亲的思想比父亲开放得多，甚至订阅了《国家与基督教世纪》这样偏于激进的杂志。受母亲影响，我从小学5年级就养成了良好的阅读习惯，是当地公立图书馆的常客。直到大学毕业，我始终坚持每周读四五本书。我最早拥有的一本书是《日常生活中的奇妙故事》，很小的时候，父母每晚睡觉前都会在窗前念给我听。这本书描述和解释了日常生活中很多复杂神奇却又被视为理所当然的事情。在我七八岁时，父母花大价钱给我买了一套20卷青少年百科全书——《知识之书》。我被书中的内容深深地吸引，可以毫不夸张地说，《知识之书》便是我的大学。中学是在贝拉联校度过的，当时的校长是声望极高的、深受学生爱戴的J. 霍金斯。在学校可以领略当时最杰出人物的书信、艺术、科学和宗教思想，每周三在"团结礼堂"聆听知名人士的高谈阔论，这为我们留下了最难忘、最美好的记忆。1938年进入该校的高级学院，这在很大程度上受到了化学教授朱里安·卡布斯（Julian Capps）的感召，他是一个百科全书式的人物，兴趣广泛、知识渊博。当时学生非常喜欢听他的课，总是期待着下一节课的到来。今天很多大学的类似课程，非但没有起到激发思想火花的作用，反而成了扼杀专业兴趣的"帮凶"。(第57页)

- 泽维尔说：

我的伯伯里兹卡对我童年的生活、学习以及志向的形成影响至深。

我从他那里学习了一种批判性分析思考方式。他教会我欣赏音乐，还特别注重培养我的综合素质和人文情怀……在文化方面，我的兴趣逐渐转向阅读、音乐、运动和玩双陆棋等方面……不论过去还是现在，阅读是我真正快乐的源泉……我喜欢不断地追问“为什么”和“怎么样”，可以说，这是从小养成的一种习惯。(第 350 页)

4. 论运气

科学研究可能需要一些运气，但运气只眷顾那些长时间关注某一特定事物的科学家。金兹堡说：

过分偏科对一个人的成长肯定是有害无益的。机遇在科学研究中也同样重要。

……运气或许对像爱因斯坦这样的科学巨人影响不大，因为他几乎伟大到无与伦比的地步，超前到无人能及的境界。麦克斯韦、玻尔、普朗克、鲍林、费米、海森伯和狄拉克这些天才也很少受运气的影响。在我看来，劳厄和薛定谔就不同了，他们的成功有机遇垂青的成分，更不用说大多数诺贝尔奖得主的好运气了。可能有 3/4 的诺贝尔奖得主或多或少都是运气眷顾的结果。我要强调的是，科学上的成功既有运气的成分，也包括其他各种各样的因素，例如健康状况、定期阅读论文和书籍，参与相关活动，以及进取心等许许多多其他事情。研究这些因素对科学家的影响，本身就是一项有趣的课题。(第 104 页)

5. 论数学

格里菲斯论数学。他说：

数学是一种灵活而精确的语言。描述世界的方式很多，从诗歌到绘画，各有所长，但是我觉得数学的描述更特别，因为它是科学家理解和表达世界运行“规则”的语言。数学以其独特的方式阐明宇宙飞船如何因引力而绕地球飞行、描绘蛋白质的折叠结构、或者解释岩石周边水流的特征。根据有关现象，数学家提出假说，并努力寻找支持或反对假说的依据。所谓数学“证明”，即以数学家的方式解释世界是怎么运行的。

数学家能在其专业领域获得乐趣的重要原因是他们能够对认识世界有所贡献。一个具有良好数学基础的人，可在其他学科领域取得更多的成就，因为数学提供了描述现象、分析复杂问题的有效语言和工具。数学广泛应用于物理学、计算机科学、材料科学、流行病学、工程学等领域。在理解基因和蛋白质作用的机理方面，数学家已经与生物学家结成了新的联盟。数学家与流行病学家探讨疾病的传播，与气象学家一道研究南极臭氧层的空洞。数学拓展了许多学科的疆域，例如它帮助经济学家更好地估计股市风险，让网络专家研制有效的安全密码。事实上，数学不仅是一套解决问题的基本工具，其影响还渗透到社会文化的各个领域。(第108页)

6. 论物理

霍普菲尔德说：

物理学是探索未知事物及其成因的学科，它寻求关于世界的基本原理、事实和定量描述。一些人沉醉于探究宇宙起源的奥秘，或者极微观事物的性质。我是在一个对周围世界充满好奇的环境中长大的，所以热切地想理解和影响自然。最有意思的物理学莫过于按人的尺度去关注事物的性质，并在更微观的层面上探索事物的结构和属性。(第89页)

莱格特说：

在西方文明中，数学一直是一种主要的文化力量。几乎每个人都知道，数学在工程设计中具有极其重要的实用价值。但是却很少有人懂得数学在科学推理中的重要性。至于数学决定了大部分哲学思想的内容和研究方法，摧毁和构建了诸多宗教教义，为政治学和经济理论提供了依据，塑造了众多流派的绘画、音乐、建筑和文学风格，创立了逻辑学，而且为我们必须回答的人和宇宙的基本问题提供了最好的答案，这些就更加鲜为人知了。(第175页)

7. 论化学

莱恩说：

科学为我们的未来开辟了激动人心的前景，使人类对宇宙的理解达到了空前的深刻与完整，而关于生命与非生命的结构及其转化的化学也日益成为一种巨大的创造力量。无论是对疾病和衰老甚至人种进化的控制，还是对大脑工作机理、意识本质以及思维起源的更深入研究，化学都发挥着非常重要的作用。化学在自然科学和知识体系中占据着重要地位。同时，化学与人类日常生活关系及其密切，并具有显著的经济意义。也许正因为化学无所不在，所以常常不被人重视，很多时候甚至被遗忘和忽视。假如没有化学，人类所取得的辉煌成就多半会大打折扣，许多造福人类的好东西也不会问世，如新的医疗手段、航天业绩乃至许多技术发明。正是化学帮助了人类更好地满足自身衣食住行、医疗保健、能源材料以及交通工具等方面的需求。同时，化学也为物理学及相关产业提供原材料，为生物学医学提供建模依据和生化基础，为科学和技术提供创造工具和实现途径。

除了在分子层面探索生命的奥秘之外，化学还设法创造具有某些特殊化学、物理性质的非自然生成的材料。在化学与生物学、物理学的相聚处，化学家的创造力和想象力得到了淋漓尽致的发挥和张扬。

如同艺术家一样，化学家也具有化腐朽为神奇的力量。他们将普通之物转变为奇妙的产品。正如石头、声音和词语没有雕刻家、作曲家和作家的加工便无法称为真正的作品一样，只有经过化学家对源于自然之基本要素的转变，才能使这些要素成为具有独特性能的新材料。化学的本质不仅在于发现，更首要的任务是创造。(第276页)

8. 论真理

卡达诺夫说：

值得欣慰的是，我年轻时的梦想已有不少成真，我感受到一次次发现的快乐和创造的喜悦。同时，我的眼界也更开阔了，意识到探索和公布研究结果不应当以忽视生活的其他更重要方面为代价。理解“爱、正义、人性”这些人类最宝贵情感的真谛，也许比单纯追求“真”更有意义。因此，我对科学在人类生活中所能发挥的作用，保持了一种更为客观、谦逊的态度。我始终坚持认为，科学的真正价值，在于它代表着人类发现和描述大千世界丰富内涵与真理的可能性。

在研究过程中，科学应当成为人类其他活动的典范。我们的世界承受了太多的虚假繁荣：一些群体被妖魔化；枯竭的油田伪称还可以丰产；狭隘的政治观点被无节制地到处兜售；不法经营者成了股东利益的“守护神”。在此意义上，科学和科学家对社会的重要贡献，也许是告诫人们：如此作为则过莫大焉！断然不可趋附效法，更不可谬奖溢美。(第138页)

9. 论教育

莱恩说：

我们中学、大学的科学教育和一般公众教育应在社会生活中占据更为重要的地位，只有这样才能达成如下目的：

训练明天的研究人员、发明家和发现者；

消除非理性的恐惧和拒绝；

培育、发展科学精神和科学态度，并与似是而非、欺诈和非理性作斗争。

10. 论实验科学

玻尔说：

科学家的公众形象和科学研究过程往往受到歪曲，致使很多有才华的年轻人远离科学。在此我将以自己从事实验科学50年的切身经历，对科学究竟如何运行略加说明，我总结出实验科学令我流连不舍的13条理由：

- 在选择学科及研究课题时，要考虑自己的爱好。
- 最好根据自己的想法去做实验。
- 你不必是一个反应灵敏、心直口快的人。相反，科学家最好别充当这样的角色。
- 你不需要万事皆通，必要时，相关的知识和技能是可以学习的。
- 在得到一个好主意前，会有一二十个想法。不要指望自己的主意总是正确的、可行的，只要有一两个好主意就该满足。
- 准确预言工程或科学领域的技术应用前景是不可能的。
- 要欣赏甚至迷恋你所用的技术和数学工具，这样，最不顺利的试验也会显得很有趣；痴迷于所用技术或数学工具的另一个作用是，你会想方设法去改进、完善它们。
- 也许你不喜欢甚至害怕在大型试验或工程项目中应用某些技术或数学工具，你很乐意把这些领域的工作留给你的同事。但如果必须由你自己进入这些领域，也不必茫然失措。
- 应该相信你所用的技术和数学工具，但又不能沉湎于它，或许还有其他更好的方法。
- 应该学会在科学技术研究中坚持与舍弃的艺术。
- 在科学的很多领域，既擅长试验又精通理论的人才日益难觅，在粒子物理、天体物理领域尤其如此。
- 理论应当成为实验家、发明家和工程师的亲密伴侣；有时它是试验为先导，有时它又紧随理论之后。实验家和工程师不应当让理论流于形式，或者为理论所左右。

● 理论，甚至思辨性很强的理论，如今，业已在科学共同体内主导着人们的思想和表达。试验通常要依据及其抽象的理论来进行。无论你做何种实验，往往不会花时间去检查猜想本身。但如果你做了自己相信的实验，便可能会更多地认识自然并感到快乐。就本质而言，科学的有效性取决于实验和测量结果。(第245～248页)

在谈到科学研究的环境时，汤斯说：

事实上，科学的大规模发展乃是一种社会现象，取决于一大批科学家的相互协作和艰苦工作，同时，也和社会整体环境状况关系密切。我还一直认为，科学家确实站在巨人肩上攻关。如果没有众多科学家广泛合作并在相互间慷慨地共享成果，个人之成就与力量便不可能融入科学事业的“大海”。科学家个人离开了整个人类知识的海洋与宝库，亦将孤掌难鸣、寸步难行。并且，为确保人类崇高目标的实现和维持科学的客观性，我们需要更加认真地对待非科学领域。在这些领域，即使犯了错误也难得有清晰明了的实验结果来帮助我们明辨是非。与此相比，科学殿堂的建设则向世人昭示了一种积跬步以致千里、踏实不懈求真知的成功历程。(第314页)

11. 论好奇心

好奇心和正确的功利观是科学研究的动力。努尔斯说：

最初激起我对科学兴趣的是一种想要探索世界运行之谜的好奇心。我对自然界的奥秘充满着不可遏制的好奇。例如，苍蝇怎么靠翅膀扇动而停在空中？毛毛虫和蝴蝶的关系怎样？为何不同化学物质有不同的颜色？人们怎么知道恒星与地球的距离？等等。如今，我依然对自然界充满好奇，而且仍不断地提问题，当然所用的语言较儿时复杂多了。我认为，提问对保持与提高科学兴趣至关重要，特别是以下两点：其一，始终保持对现实世界的好奇心；其二，表述对所见所闻的确定解释。缺乏好奇心，人的求知欲和从事科学的激情多半难以维持太久。(第237页)

12. 论自然规律

霍夫特说：

涉及自然规律的事情有个优点，那便是它们都崇尚客观公正。自然规律面前人人平等，任何权力都无法改变。这与人类社会的习惯、规则颇为不同。例如，说话要有礼貌，吃饭要用刀叉、为人要守规矩，而且应当上学，必须刷牙等等。凡此种种社会规范，可能在没有任何征兆的情况下，一夜之间便遭到更改甚至颠覆；自然规律则不同，它的客观性固有天成。再则，自然规律合乎逻辑，彼此间不会自相矛盾，这也是社会规范不能企及的。科学犹如跟自然界的博弈，但规则并非由人制定。在探索自然奥秘的竞争中，只有最聪明者才能赢得第一。(第309～311页)

13. 谈科学和经济

索罗1987年说：

经济学是一门依据事实合乎逻辑的定量分析学科。也只有如此，它才能最大限度地避免偏见和自我利益的干扰。事实上，如何避免利益因素对经济学的影响至关重要，甚至比自然科学所要求的客观性条件还要严格。这是因为：科学试验中的可能性相对较少，而自我利益在经济学中往往可以成为影响理论的关键因素……

我发现，人均产值和收入的提高并非如以往认为的那样主要来自机器、厂房等物质资本的增量，而是来自技术革新以及新技术、劳动力所受教育水平的提高。这一发现甚至也适用于农业生产领域。事实上，引入新型机械设备的意义在于它是一种新技术的转化和应用，就是把图纸和计算机屏幕上的新设想引入实际生产过程。在此，技术创新也包括生产组织方面的改进。以上所有结论均适用于那些正在走向工业化的国家；即使就相对贫穷的国家而言，用机械化代替繁重的体力劳动也是一项极为重要的任务……

关于长期经济增长的研究远未结束，也许永远都不会结束。这也体现了经济学（以及其他社会科学）与自然科学之间的差别。随着经济学的发展，技术的进步，很多隐含的因果关系在不断改变着，因而经济学家的预测能力总是有限的。在此意义上，经济学本身必须不断反思其基本思想和假设。(第302～304页)

这些诺贝尔奖得主的经验和发自内心的感想让我们读起来既亲切又语重心长。科学研究作为今天最基本、最重要的人类活动之一，不仅需要我们的参与，也需要我们的守护，更需要我们的思考。

第二节 好奇心——寻求“第一因”的动力

在上节，我们讨论了众多的诺贝尔奖得主的有关论述。科学家米哈伊·奇凯岑特米哈伊把他们的性格、品质归纳为十个方面：

> 有创造性的人精力充沛，并且把实验置于自己的控制之下；有创造性的人聪明，但同时又很天真；经常把玩笑和纪律结合，或者说把责任心和无责任心相结合；充满想象和幻想，但脚踏实地地工作；把对立的倾向置于一个统一体中；对待事物表现得既非常谦虚又特别骄傲；在所有文化中，创造使性别“中性化”；有创造性的人具有叛逆性和独立性；对自己的工作充满热情，但又非常客观；比较开放，比较敏感，这常常使他们既承受痛苦又感到极大的愉悦。[3]

然而，要获得知识，无论在什么情况下，都必须从问题开始。只要地球上存在着有“好奇心”的人类，就会有源源不断的问题提出来。波普尔认为：科学认识大多是从问题开始而不是从经验开始的。在科学领域，科学家必须首先学习已有的科学思想和科学知识，然后才能进行科学研究。至于这些知识是否可靠，倒无关紧要，因为科学追求的真理是目的而不是手段。如果这些知识导致了失败，就产生了第一批问题。这些问题导致我们投入新一轮的观察和试验。人类知识的增长始终是在先前知识的纠正和修改中得到的。有些问题可能以观察为先导，但更多的是，问题先于观察。因此，我们要想知道什么事情，首先必须正确地提出问题。最根本的问题是“真理是什么？”这个问题显然没有简单明了的答案，而且可能永远找不到答案。

一、什么是“好奇心”？

2001年诺贝尔生理学或医学奖得主努尔斯说，应该始终保持对现实世界的好奇心。缺乏好奇心，人的求知欲和从事科学的激情多半难以维持太久。诺贝尔奖得主的原始创新多半来自好奇心和学科发展的内在需求。缺乏强烈的好奇心和兴趣是不可能在科学上做出贡献的。好奇心的本性并非只是智力，它通常植根于深深的感情和人类对新事物认识的勇气。

好奇心属于人类和动物特有的具有探险、观察和学习行为的一种情感，它同时也是一种对特定新鲜事物的视觉注意、精神关注、科学探究的心理活动。好奇心虽然是一种与生俱来的天生能力，但是它可以有很多不同的表现形式，而不具备动物“行为固定模式”（fixed action pattern）的特性，因此好奇心不能归类于生物本能（如动物取食、御敌，生殖等）。

好奇心的生理学基础是条件反射。所谓反射是指动物通过神经系统对内外环境刺激的规律性应答。反射分为“非条件反射”和“条件反射”。非条件反射是先天的、本能的，属于行为固定模式；条件反射是动物出生后，在非条件反射基础上通过训练形成的。条件反射又有“经典式条件反射”和“操作式条件反射”之分。条件反射使动物更能适应环境的变化，而学习，实际是条件反射的建立过程。对动物学习过程的研究可以为人类教育提供有益的启示。好奇心是人们对未知事物积极探求的一种心理倾向。强烈的好奇心是人类进行科学研究活动的原动力之一。

科学研究除了好奇心，还需要洞察力，洞察力因人因时因地而异，也许偶尔像一道闪电突然发生、它可能在一个漫长的痛苦的思索过程中突然出现、也可能在争议中出现、也可能在观点和假设的分解或融合时出现、无论什么途径，科学家最终获得了在更高层次对自然秩序的理解。在有些情况下，洞察力是从现有层次开始的一次巨大飞跃，它提高了人类对自然界的理解与现实的接近程度。科学一直被描述成一种创造性过程，这一过程由数据收集和分析等外部行动构成，并伴随有假设形成、试验涉及、反省、综合推理和概念提出等内在行为。在这方面与艺术和人类的其他探索等创造性行为——内在与外在的融合——没有什么不同。照亮科学的顿悟时刻就是人类认识突破平庸、脱颖而出、发现真理的那一时刻，此时，研究者感觉到正朝着人类思维从未探索过的领域进发。

二、好奇心是进化的产物

人类从婴儿到老年都具有好奇心，但是好奇心不是人类独有的，其他动物种系如猿猴、猫、鱼类、爬行动物甚至昆虫都具有好奇心[4]。在生物进化的过程中，中枢神经和脑被认为是意识出现的先决条件。现代科学研究表明：心理或者意识不是实体，而是加工过程，意识和脑的活动也是加工过程[5]。原始的脊椎和两栖类动物被视为地球上所有哺乳动物的祖先，但是它们的大脑非常小，而好奇心和脑的发达程度有关系，因此即使它们有好奇心，应该和人类的也不一样。当生物进化到灵长类，大脑重量的比例超过以往任何动物，好奇心急剧增加。好奇心强的动物会到处探索四周的环境，对任何新鲜事物感兴趣，当它们最初看到某一个新的物体、事物时，会在其周围仔细观察颜色、形状、运动状态、尤其是危险性，以采取相应的行为对策，因此它们有更多的机会生存下来。强烈的好奇心可以弥补小动物各种各样的缺点。

现代神经科学的研究结果对两栖类作为好奇心出现的起点提出了质疑，那些没有神经系统的原生动物和单细胞动物难道就没有心理活动、没有“好奇心”吗？例如，对含有草履虫的水施加电压，草履虫向负极移动，这种移动可以用“电压对草履虫纤毛运动产生影响”来说明，我们能不能说，草履虫具有讨厌正极或喜欢负极的“意识”呢？如果没有好奇心，它们如何应对不断变化的环境呢？如何对环境的变化预先做出判断并做出相应的行动呢？那些处于进化早期的动物，我们仍可能发现心理活动的痕迹。探明心理活动在生物进化的哪个时期出现，对了解心理活动的本质是十分重要的。

三、人类好奇心的来源

在动物身上研究记忆和学习与突触传递的关系太复杂了。海蛞蝓（sea slug，俗名鼻涕虫，形似去壳的蜗牛）属于软体动物，它只有20 000个很大的神经细胞。通过给这种动物一定的刺激，逐渐形成并增大防御反射（属于条件反射），这种学习的记忆可以延续几天或几周。研究证明，从感觉神经细胞到肌肉组群之间的神经突触功能的变化，是学习和记忆的关键，也就是说学习和记忆发生在突触，神经突触效能的变化是记忆的基础。[6]将同样的实验应用到小鼠大脑，取得了和在海蛞蝓神经细胞上同样的结果。[7]延续几秒钟到几个小时的短期记忆也发生在突触，也是由于突触效能的变化产生的。它和蛋白磷酸化作用、离子通道的改变，钙离子大量进入神经末梢有关。对于长期记忆的产生，蛋白质的合成也是必要的，因为它可以导致神经突触形状和功能的转变。[8]这就是学习和记忆的分子机制，好奇心形成的初始。

达尔文的进化论证明了人和动物来自共同的祖先，我们当然可以认为，人的心理活动是由动物的心理活动逐渐进化来的。人类是好奇心和探究心最旺盛的生物之一，四五岁的小孩经历的“好问期”可能与进化有关，在不断的发问和回答中，孩子吸收独立生活的知识逐渐成长。然而人类“好奇心”与其他动物不同之处在于，人类能够积累知识片段，然后拼凑一个很大的知识体系，人类总想找出事物之间的关系，事情发生的原因，以及事物之间的因果关系，人类大脑从10万年前开始的思考直到今天仍然持续着。

人脑共有数千亿个神经细胞，这些神经细胞通过一个异常复杂的神经网络相互连接，由枕叶、顶叶、胼胝体、扣带回、额叶、下丘脑、垂体、丘脑、脑桥、延髓、小脑、中脑等组成。《灵枢·海论》说：“脑为髓之海”。由一个神经细胞传往另一个神经细胞的信息可以通过不同的化学传送器进行，这种信号传送在被称作“突触”的特殊接触点进行。一个神经细胞具有几千个这样的突触。多巴胺、去甲肾上腺素、5－羟色胺和一些神经肽是中枢神经递质，它们的突触传递被称为慢突触传递，意指由这种传递导致的神经细胞功能的改变能够延续几秒钟到几个小时。多巴胺与膜受体结合后，引起第二信使 cAMP 升高，激活蛋白激酶 A，从而使神经细胞内的其他一系列蛋白质磷酸化，导致膜离子通道改变，出现电冲动传输，改变神经细胞的兴奋性。[9]

四、“好奇心”与科学

人类“好奇心”与世界文明和经济发展有着密切关系的最佳例证当属哥伦布发现美洲新大陆的壮举。15 世纪末叶，意大利的航海－探险家哥伦布根据地球是一个圆形星体，凭借他的“好奇心”和探险精神希望向西航行能够到达东方国家，1522 年葡萄牙的环球航行，终于以航海路线证明地球是圆形的。

好奇心是心理或意识的表现形式之一，在科学上有成就的人（如诺贝尔物理学奖、化学奖、生理学或医学奖得主）毫无例外地都具有非常强烈的好奇心，他们不断地提出问题，然后艰苦地寻求答案，而正确答案的获得和科学共同体的承认将是他们重要的“心理收入”。

五、好奇心的研究与哲学

长期以来，人们认为心理活动是哲学和宗教的研究对象，科学家不应该研究心理活动。但随着近年神经科学的发展，科学家也探讨“心”的问题了。心理的基础——记忆、学习、认知、语言等脑的活动都与“心灵”有关。“心”其实和“精神”等同，相当于英语的“mind”。对“心”定义非常困难，一般地说，“心”的活动有知、情、意三方面，与之相关的脑功能包括知觉（知）、感情、记忆（情）、想象、意志和思维（意）等。自然科学家研究心理活动与哲学家不同，正如克里克指出的，我们应该无视没有结果的哲学论争，而专门对心理现象进行科学意义上的研究（*Nature*，1997 年 4 月 3 日），即坚持一元论的唯物主义立场，用现代科学手段和现代科学标准对心理现象进行定性或定量研究。

对待人类心理问题历来存在着唯心主义和唯物主义的争论。科学的进步使“神创论”逐渐失去市场，在西方，科学的影响使人们与传统宗教的联系日益减少，但很多人在其日常生活中，他们仍对宗教性的世界抱有很深的信仰。据美国 1997 年的调查，任意抽出数学、生物、物理和天文学领域的 1000 名科学家，有 38% “相信神的存在”，39% “相信死后世界的存在”。[10] 有些年轻时对脑科学发展做出过很大贡献的著名脑科学家，到老年后反而主张心身二元论，这一现象或许与欧美基督教社会的影响有关。

作为唯心主义与唯物主义调和的产物，笛卡儿提出的心身二元论，广泛地流行于科学家和哲学家之中。现代的脑科学和神经科学的研究成果揭示，“二元论”基本上已被脑科学的研究成果所否定。当代脑科学的现状是：从一元论特别是“突现的一元论”立场，在脑水平上不断解决包括意识与自我在内的心理现象问题。脑科学是现代科学研究最热门的领域，它的进展和成果将为我们深刻理解自身和环境提供更多的科学知识。

第三节　注意力、兴趣和创造

“好奇心→注意力→兴趣→研究→创造”是人类创造活动的一个基本过程，这个链条在科学活动中表现的尤其明显，它是人类区别于动物的理性，并贯穿了整个人类历史。而创造性是某种智力活动，是发生在某些优秀人物头脑里的创见。

一、从好奇心到注意力

好奇心是一种生物属性，当一只猫看到一个从未见到的东西时，先是凝视，注意力高度集中，在发现没有什么危险之后，走向前去嗅一嗅，如果不是食物，就漫不经心地走开了。如果在猫的面前放一个镜子，猫的第一个举动是保持警惕，然后仔细端详自己在镜子中的像，在后，围着镜子转圈寻找那只虚幻的猫，在没有发现任何其他东西时，悻悻地离开了。

人也有好奇心，与动物不同的是，人的好奇心不但最为强烈，而且随着教育程度的提高，好奇心的范围也逐渐加大，并具有了社会属性。好奇心使人类从野蛮到文明，形成了以崇拜和宗教为代表的原始文化。例如，性崇拜文化就是从好奇心开始的，原始初民不理解自身的性行为与生殖现象，弄不清是一种什么样的魔力使自己在性交过程中如此身心俱醉；也不知是一种什么魔力使女人怀孕，婴儿出生，他们对此感到神秘、敬畏。而且，至关紧要的是，因为当时生产力极端低下，人就是生产力，多育意味着生产力的提高，这更强化了人们性崇拜的心理。同样，原始初民也将一些不能解释的自然现象例如风、雨、雷、电、土地、河流等归于神力，从此，原始宗教——自然神的崇拜诞生了。宗教意识是人类最早的文化现象，它是人类主动认识、了解、解释自然界各种现象的第一次尝试，是彻底脱离动物的关键一步。

世界上任何一个民族、每一个个人都既想了解自己的过去，也想把握自己的现状，更想预知自己的未来，这种欲望和冲动驱使人们去做各种各样的研究和探索，从而使得新知识、新发现层出不穷。这些新知识不仅改变着人类自身，同样改变着、创造着整个人类社会的历史，整个人类社会是一个由创造产生的物质产品和精神产品交织在一起的极其复杂的网络。因此，我们可以说，人类对社会和自然界的探索是与生俱来、不断变化、时时刻刻都在进行着的一种全方位的、主动的活动。“与生俱来”的好奇心说的是“创造”的生物学本质；“不断变化”和“主动”说的是“创造”的社会本质。

注意力是好奇心的自然延伸，是把精力锁定在一个特定目标的状态。在人类有了符号系统（语言文字、数学、科学）以后，注意力不但锁定自然目标，而且，在特定的时间里对一种符号系统（例如音乐、物理）予以特别的关注。人们的注意力的有限性使我们无法关注人类生活的所有领域，为了实现创造，必须把更多的注意力投入一个特定的领域。

二、从注意力到兴趣

兴趣是好奇心的衍生物，也是科学探索的原动力之一。科学发现有一个特点，即很多发现并不是事先计划好的，而是偶然性事件。科学家由于长期关注某些事物而对它们产生兴趣，兴趣是人类长期关注一个事物产生的带有感情因素的、主动的行为和心理，尽管我们认为动物对某事物感兴趣（例如，狮子对羚羊感兴趣），但动物的“兴趣”是本能，而人的兴趣多来自后天教育、特定的生活经历，如工人和农民的兴趣不同，艺术家和科学家的兴趣也不同。科学发现和科学家个人的专业兴趣有很大关系：天文学家对星球感兴趣、植物学家对植物感兴趣，很多对于某专业科学家“有趣”的事物却引不起其他专业科学家的兴趣，也就是说，在一个科学共同体内的科学家对一定范畴的问题有着相同的兴趣。

研究自己感兴趣的事物是乐趣产生的根源之一。科学创造可以使科学家产生乐趣，由强烈好奇心引发的对新事物的探索、对新鲜事物破解前的苦思冥想、一种从未被人想到过的秩序的显现、多年埋头工作得到的新知识的涌现，这是从事创造性工作的科学家的乐趣所在。

科学家感兴趣的是学习新颖的东西，从他所知觉的世界中发现有规律的序。规律性的魅力不在于“实用”，而在于领悟“世界的一体性和总体性，或者说整体性，它构成被感觉为美的某种和谐”。所谓新颖是指知觉新的关系序，这种知觉仰仗对差别和相似的敏感力，体现着不同程度的创造力。凭着对差别和相似的敏感力，人们便能在客观的自然界和人类心灵之间知觉到新的结构序：“在我们关于自然规律的知识中，存在不断演化着的序与结构。演化所依据的原理在某些方面类似于自然界的序与结构原理。”[11]

从前的科学家对自己工作的功利性一般只有次要的兴趣，他们探索的最终目的是发现未知的新东西，他们所追求的是自然序中未知的规律性，这些规律性在一个广泛的现象域中展示着统一性，也就是说，他想在自己所处的实在中找到一种整体性，以及这种整体性构成被感觉为“美”的某种和谐。在这方面，科学家和艺术家、建筑师、音乐作曲家没有什么不同，他们都要在自己的作品中创造出新事物来。为了发现自然界的整体性，科学家必须创造全新的观念结构，方能表达自然界的和谐与美。[12]

三、由兴趣到创造

在人类历史的绝大多数时期，创造性是一种至高无上的特权，世界各地的宗教都有神创造万物和人类的神话。几十万年前人类开始创造火和各种工具，2500年之前的希腊和中国创造了思想和哲学，由此开始，“神创论”得到逆转，但至今并没有消失。

米哈伊·奇凯岑特米哈伊，芝加哥大学著名心理学教授，他对创造性进行了15年的研究，然后总结出创造的基本规律，他认为：

> 创造力源于一个由三要素组成的系统的相互作用：一种是包含符号规则的文化，一种是把新奇事物带进符号领域的人，一种是能够识别并证明革新性的专家圈子。要产生创造性的思想、产品或发现，这三者都不可或缺。[13]

他对创造性的定义是：

> 创造性是某种改变现存专业、或使某个现存专业转变成一个新专业的行动、观点或产品。[13]

创造性作为一种文化现象与导致生物进化的基因变化过程类似，在文化的演变中，与生物基因起类似作用的东西是文化基因，即信息群。如果文化要延续，我们就必须学习哲学信息群。语言、数字、科学理论、音乐、法律、价值观都是文化基因，每一个孩子都必须从头学习这些知识。具有创造性的人改变的就是这种文化基因，并使它变成人类文化的一部分。如果没有先前的知识，离开了促使他们思考的知识和社会网络，没有承认和传播的社会机制，科学家的发现、发明、理论只能束之高阁，最后湮灭。

四、创造产生的条件

科学使我们寻求一种关于世界的真实图像，实际上，我们根据自己的参与方式创造着世界，同时也创造着我们自己。如果我们以现存的方式进行思维，我们创造的是曾经出现过的世界；如果以另一种方式思维，则可能创造出不同的世界和不同的人。

创造不是凭空出现的，必须具备一定的条件：

1）创造的心理学根源是人类的好奇心。好奇心与遗传和后天的专业教育有很大关系。著名科学家都具有很强好奇心：牛顿对苹果落地产生好奇，最后创造了万有引力；瓦特对烧水壶冒出的蒸汽十分好奇，最后改良了蒸汽机；伽利略也是看吊灯摇晃而好奇，发现了单摆定律；爱迪生小时候看母鸡孵鸡蛋很好奇，自己也尝试孵了一天。爱因斯坦从小比较孤僻，喜欢玩罗盘，并有很强的好奇心；一个没有什么好奇心的人，不可能有什么创造，只能享受他人创造的成果。

2）创造的产生还必须具备一定的社会历史条件，原始社会的人类不可能创造出原子能、汽车、宇宙飞船、电脑等等，因此创造与社会发展、人类知识积累、传承有直接的关系。在意识形态系统，我们的语言、价值观、艺术、科学也是创造的结果，然后这些结果被传播、被学习、被认识而成为人类的共享的“符号系统”。

3）创造是一种集体行为，更是一种个体行为。创造性观点和创造性工作、产品要通过很多方面的协调作用才能产生，并非仅仅来自一个人的头脑，但是个人的作用也是巨大的。创造性和一定的个性具有比较紧密的联系，而这个个性则又和一定的生活环境、童年乃至青少年的经历、一定程度的智商有着不可分割的联系。科学家除了对新事物的好奇心，还需要洞识力，洞识包括四个过程，即想象的洞识力、理性的洞识力、想象的幻想力和理性的幻想力。洞识力是一种对于所研究事物规律性的深刻理解，这种洞识力与科学家的“直觉”有关，它可以“看到”其他人“看不到”、想不到的事物之间的联系，从而挖掘出深藏于表面现象之下的“因果关系”。

哲学研究指出：个人的知觉知识是我们全部知识的基础，我们还没有一种能在很多观察者共有的全部直觉上开始研究的方法。人类知识来源于“经验”，而经验的“个体性”使得开放、交流成为知识产生的必要捷径。[14]

4）创造总是在各种文化的交汇点——不同的信念、生活方式和知识的交汇点处出现，此处容易找出它们的差异。在同一、僵化的文化中，要获得新的思想方法必须花费更多的注意力，简而言之，在花费较小努力就能获得新思想的地方更容易产生创造性。创造性通常都需要跨越专业界限。在自然科学领域，创造往往出现在“科学革命”时期，科学家以提出新“范式”作为创造的目标。科学所提供的是“范式”，即抽象出与客观事物有关特征的“简化而典型的各种范例”，它给在观察和实验中各种实质性关系以洞识，“范式”是用于数据定向和整理、理论解释和表述的工作模型。在科学理论形成过程中，人们由于受到旧“范式”的束缚，很容易陷入保守，而遏制新范式的发展。所以，人们往往以相似的创造过程（如归纳、演绎等）在工作，然而，仅仅在相同的概念基础上反复操作是不够的，必须创作出完全新颖的概念和表述，即从根本上改变现存的“范式”。

5）创造不但需要精神，还需要一定的技法，经各国学者归纳常用的创造技法有4种：

①检核表法，根据需要解决的问题，用一览表列出各种思考项目，逐一研究讨论，以获得解决问题的关键和创造发明的启示。②缺点列举法，寻找某种产品（或某种理论）的缺点有的放矢地加以改进。③希望列举法，收集人们对某种产品（或新思想、新理论）的希望和要求，加以归纳，从中选择有生命力的希望点，提出具体的创造发明或改进方案。④形态分析法，亦称“排列组合法”，将不同产品（或思想）的形态结构、参数值列举出来，进行各种排列组合，从中选择合乎需要的有价值的方案。

第四节　脑科学对唯心主义堡垒的冲击

近代脑科学始于100多年前，高尔基（Camillo Golgi）、卡哈尔（Santiago Ramóny Cajal）等发明的神经元染色技术使人们第一次认识到，神经元是大脑工作的基本结构和功能单位。这一历史性的研究工作使他们获得了1906年诺贝尔生理学或医学奖，并由此开创了现代脑科学研究。到20世纪30年代，霍奇金（Alan Hodgkin）等应用神经元单电极记录技术，进行了一系列经典电生理学研究工作，发现了在脑科学研究上具有划时代意义的神经动作电位，并获得了1963年诺贝尔生理学或医学奖。2000年的诺贝尔生理学或医学奖授予美国的坎德尔（E. R. Kandel）、格林伽尔德（P. Greengard）和瑞典的卡尔森（A. Carlsson）三人，因为他们发现了“神经系统中信号转导”的奥秘，和神经细胞间的慢速突触（慢神经信息）传递原理。人脑共有数千亿个神经细胞，这些神经细胞通过一个异常复杂的神经网络相互连接。由一个神经细胞传往另一个神经细胞的信息可以通过不同的化学传送器进行，这种信号传送在特殊的被称作突触的接触点进行，一个神经细胞具有几千个这样的突触。这样，脑的传送信号方式可以达到10^{14}之多。

《心灵之谜多面观——脑与心理的生物物理学》是日本著名心理学家松本修文撰写的一部关于人类心理和智能问题的专著。[15]作者综述了近年来采用物理学、数学和工程技术手段研究心灵的成果，并用来破解心灵之谜。心灵的本质和功能长期以来是神学家、哲学家和心理学家的研究范畴，自然科学家不参与研究，但是，由于近年来多学科和工程技术手段对于心灵的研究，尤其是神经科学的飞速发展，自然科学已经把自己的触角深入脑与心理关系的研究，其研究成果对唯心主义的关于心灵的种种说教造成了巨大的冲击。

一、“心”的含义

对人类心灵的好奇可以追溯到远古时代，这种好奇首先由对于“梦”的迷惑开始的。用现代语言表述就是，在无意识状态下、在没有任何“实体”、“实景”作为“刺激”的情况下，人也能“看到”一个故事，这个故事有时候是混乱的，有时候逻辑非常清晰，几乎所有人都有过这种的经验。古人在交流这些经验的时候，不免产生了一个“信念”：机体内一定有一个称为“灵魂”的东西掌控着这一切。在古代，“灵魂”、“心灵”、“心理”、“心”这些概念是混为一谈的。在新石器时代以前的墓葬遗址中，有证据表明，当时已经有了脱离肉体的灵魂概念。灵魂概念也存在于数千年前的宗教里，因此心身二元论是人类史前就有的哲学思想（笛卡儿给予总结），并且成为后来的哲学和宗教的研究对象，只是到了近代，这些概念才被科学区分开。

罗素在他的《西方哲学史》中说[16]，自古以来，人们总想找到“心”在身体上的对应体，古希腊哲学家亚里士多德认为，心理活动的对应体是心脏；古以色列人认为，血液是灵魂和“心”的载体；古希腊哲学家也注意到这个问题，如阿那克西梅尼认为灵魂是气；巴门尼德认为：“能够被思维的事物与思想存在的目标是同一的；因为你绝不能发现一个思想是没有它所表达的存在物的。”后来的哲学把巴门尼德的观点演变成“实体的不可毁灭性”，而实体成为哲学、心理学、物理学和神学中的基本概念之一，并延续到今天，也就是说，“心”必然有它的“存在物”；阿那克萨哥拉认为“心”（nous）参与活体的组成，并与死的物质区分开来。他说：每一个事物都包含各种事物的一部分，只有“心”除外；但是有些事物也包含“心”。“心”有支配一切有生命事物的力量，它是无限小的，并且自己支配自己，它不和任何事物混合。除了“心”之外，每一件事物不管多么小，都包含有一切对立面的一部分，诸如热和冷、白与黑。“心”是一切运动的根源；德谟克利特是一个彻底的唯物主义者，在他看来灵魂是由原子组成的，思想也是物理的过程，宇宙没有目的，只有机械法则统御的原子；苏格拉底是一个彻底的无神论者，他深信清明的思想是正确生活最重要的条件。他认为所谓的灵魂并非来自上帝，而是自己身体的一部分，他认为，死就是灵魂与身体的分离，希腊哲学家中最有影响的柏拉图的二元论，事实上就是这个观点的翻版。他的哲学包括 5 部分：政治上的最早的乌托邦；理念论，即解决迄今仍未解决的共相问题；灵魂不死论；宇宙起源论；知识观，即把知识看成是回忆而不是知觉。柏拉图认为，实在与想象、理念与感觉对象、理智与感官知觉、灵魂与肉体是独立存在的，是对立的、相互联系的。"心"和物之间的区别有一种宗教的根源，并且是从灵魂与身体的区别开始的，奥尔弗斯教徒就宣称，自己是大地和星天的儿女，人类从大地得到了身体而从天上得到灵魂，柏拉图只不过用哲学语言表述了这样一种思想。伊壁鸠鲁和希波克拉底提出了"心""身"一元论的思想，这些人采取了唯物论的世界观。伊壁鸠鲁认为，灵魂是物质的，是由呼吸与热那类的微粒组成，灵魂原子布满整个身体。感觉是由于身体所投射出去的薄膜触到灵魂原子产生的。这些薄膜在身体失去意识之后，仍然可以继续存在，这就解释了做梦的原因。人死后，灵魂就消散了而继续存在的原子就不能再有感觉了，因为它们不再与身体联系在一起了。因此，他说，死与我们无关，因为凡是消散了的都没有感觉，而凡是无感觉的都与我们无干。[17]亚里士多德区别了"灵魂"和"心灵"，他把"心灵"提得比"灵魂"更高，更不受身体的束缚。他说：

> "心灵的情况是不同的；它似乎是植根于身体之内的一种独立的实质，并且是不可能被毁灭的。"又说："我们还没有关于心灵或者思维能力的证据；它似乎是一种大不相同的灵魂，有如永恒的东西之不同于可消逝的东西一样……"[18]

心灵是我们身体的一部分，它能理解数学与哲学，它的对象是没有时间性的，所以它本身也就被看成是没有时间性的。然而受到当时柏拉图强大的"心""身"二元论哲学体系和采用该体系的基督教的影响，一元论思想没有得到传播。所有这些哲学家提出的命题既有唯心的也有唯物的，因此，形成了对于"心"研究的两个对立的阵营，这种争论一直延续至现代，成为很多哲学家、心理学家和自然科学家讨论的内容。

文艺复兴以后，笛卡儿在《论灵魂的激情》一书中提出了调和二元论的心身相互作用原型。他主张"心"与脑不同，是没有物质实体的，笛卡儿所说的"心"是指"灵魂"。他认为，动物是完全受物理定律支配、缺乏情感和意识的自动机，而人则不同，人有灵魂；灵魂或"心"蕴藏在松果体内，并通过松果体控制脑，包括脑在内的身体不过是一架机器。肉体可以消亡，而灵魂是非物质的、不死的。灵魂可以和肉体相互作用，并改变"生命精气"的运动方向，因而间接地改变肉体其他各部分的运动方向。笛卡儿认为，灵魂可以作为神学和哲学的研究对象，却不能作为科学的研究对象。该理论在科学与信仰之间起到了调和作用，因而流行于科学家和哲学家之中。这就是有名的笛卡儿的"心身二元论”。

今天人们普遍认为，“心理”（psychology）和“心灵”（soul）是一回事，它们都有“心”（mentality）的含义，而心理活动与脑的功能有密切联系，但这种关联的细节和机理目前还不很清晰。中文的“心”字包含着诸多含义，它不但指物质实体心脏，而且一般地说，“心”指与之有关的脑功能，包括知觉（知）、感情、记忆（情）、想象、意志和思维（意）等。

二、自然科学参与“心”的研究

1. 19世纪末、20世纪初对于“心”的研究

自然科学在20世纪初开始向“心”的研究进军。对于“心”的研究可以从各个不同角度（机械的、化学的或生理的）加以考察，并且把研究的题材分解为简单的概念，如细胞、原子、电子及其相互间的关系。但现代生物学证明，每一个生物都是一个有机的整体，科学所处理的关系，可以由观察者加以验证，但是，由于每个人的心理只有本人方能完全达到，因此心理学的结论可能缺乏“普适性”。在19世纪末和20世纪初，在生理学与实验心理学中，曾经假定动物受制于物理学和化学的定律，并可以用这些定律去解释，至于人则必须假设他是一架机器。“人是一架机器”虽然与某些事实相符合，却与另一套事实相违背；由这个结论可以引申出的一个结论就是：在生理实验室中把人视为机器，在日常事务上把人视为具有自由意志与责任的个人，而在教堂礼拜，则把人视为一个不朽的灵魂。这个结论在19世纪及其后来的许多科学与哲学问题上表现出来。持这种态度的人看来，这个观点或许是不合逻辑的，但仍不失为真正科学的态度。

亚力山大·贝恩（Benn，1818～1903年）是首先使用现代科学知识，以“内省法”对心理过程进行经验研究的科学家之一。他遵循洛克的理论，认为心理现象可以追溯到感觉，同时又采取从休谟到詹姆斯·穆勒所主张的“联想心理学”的理论，认为比较高级的和比较复杂的观念是简单元素靠联想所组成的。贝恩从生理学拿来证据，用以证明这些原理。与此同时，法国人关于变态心理的研究以及变态心理对正常心理理论所产生的影响，使人明白遗传与环境两种不同的因素对心理都有影响。总地说来，20世纪早期自然科学对于“心”的研究还处于比较幼稚的阶段。

随着近年来神经科学的快速发展，已经出现了把脑与心理作为自然科学研究对象的趋势，并且已经取得了瞩目的成果。脑科学的发展将给人类社会带来多种惊人的变化：首先在基础研究上，可以揭开学习、记忆、思维、意识等自然之谜；其次在卫生健康上，有可能对困扰人类的多种脑疾病进行治疗。同时，脑科

学还将会对心理学、教育学、人类潜能开发、促进社会综合发展等方面产生深远影响。由于脑科学在当今社会的巨大辐射力，因此，世界各国对脑科学的研究极为重视。美国率先推出了“脑的十年计划”，这一举动引起了强烈反响，欧洲和日本也分别出台了“欧洲脑十年”及“脑科学十年时代计划”。由于大脑结构和功能的复杂性，必须从多个方面展开脑功能的研究。因此，我们预测脑科学的发展将越来越多地依赖现有的数学、物理学、化学、计算机、信息科学、电子机械及自动化控制等多领域的交叉渗透，或者依赖新的科学原理；反之，大脑工作原理的揭示也将为我们研发新型机器、智能电脑、智能通信网络带来革命性的突破。[19]

2. 心理的生物进化研究、脑研究和个体发育研究

到目前为止，很多哲学家和心理学家对脑如何产生心理的问题进行了研究。然而在心理学界，行为主义一直占优势。该学派主张，应该只讨论可观察的现象，也就是只将输入和输出作为讨论的对象，而对脑内发生的现象，也就是说对心理问题却避而不谈。由于近年来脑的结构和功能逐渐被探明，为神经科学家研究心理活动创造了有利条件。

谈到人的“心理”，不得不谈到它的基础——意识。意识有三种状态：觉醒、知觉和自我意识。觉醒是意识的最低状态，指不在睡眠中并准备接受外界刺激的状态，或心理和神经系统处于一种唤起和准备状态；知觉（awareness）指看或听的知觉状态和运动状态；自我意识（self consciousness）是意识的最高状态，指我们知道自己正在思考着什么的状态。第二种状态（知觉）作为研究心脑关系的突破点备受瞩目，诺贝尔奖得主克里克认为，可以通过视觉研究来探讨意识的本质。他的想法大致如下：视觉的意识是指知道自己所看到物体的含义，脑通过与过去的体验相比较来了解这些含义，因而视觉意识中至少不能没有“短时记忆”和“注意”机制。视觉意识所对应的脑器官可能是视丘，并通过神经元发射冲动实现。不过，在观看某一物体时，并不是所有活动着的神经元都反映视觉意识，某些细胞只用于处理来自视网膜的信息而进行运算，然后这些计算结果被抽象化成为“意识”，意识就是神经活动本身，而意识的表达则是另外一些细胞的事。

从生物进化的历史看，越是原始的动物，其心理活动量越小。那么，心里活动是在物种进化的什么阶段产生的呢？脑的结构在进化过程中是不连续的，所以某个物种在进化以后可能突然开始有心理活动。例如，有人认为，动物是在有了大脑皮层之后才出现心理活动的，但是有很多例子表明，即使没有大脑皮层的动物，例如昆虫，也可以被理解有类似的心理活动。灵长类动物有着高度的智能和

情感，可以想象它们有着与人差不多的心理活动，事实上，有实验支持这种想法。

如果假定心理活动的内容和质量依赖于脑容量的大小，那么同种动物的每个个体都有同样的心理活动吗？通过很多动物行为的观察发现，好像不同个体具有不同的心理活动。另外，如果同意“意识就是脑内神经活动的集合”这一观点[20]，至少可以认为，具备中枢神经的动物具有与信息加工复杂程度相应的意识。而不具备中枢神经系统的动物，因为也要通过神经系统处理行为协调的信息，它们或许也有心理活动，尽管比较简单。

考察心理活动的个体发育，对探明心理活动的奥秘同样是非常重要的。皮亚杰（Jean Piaget）通过研究儿童认知行为如何随成长而变化，并作了发生学的考察，证明人具有与自身年龄相应的心理活动。刚出生的婴儿已经有了心理活动的迹象，人在出生时基本完成了脑细胞的构建，出生后因学习和记忆使细胞间的连接得到修饰和加强，心理发育正是随着神经单元的修饰过程发生的。如果把受精卵作为个体心理活动的起点，则可以认为心理活动设计图的秘密是埋藏在构成受精卵基因的卵核和精核的 DNA 分子中。虽然这个想法还不能用今天的科学来验证，但从个体发育和物种进化两方面来考察心理现象是探求“心”的本质的重要手段。

3. 心智的人工模拟研究——计算机方法

心智的人工模拟研究是指利用计算机的原理和手段研究人的心理活动，计算机（诺依曼计算机）是在完成了一个操作之后才开始下一个操作的。这与脑的运行模式是不同的，脑的运行具有高度的并行性，作为脑的基本元件的神经元与计算机元件相比，运行速度是很慢的，并行性除了可以补偿运算速度慢的缺憾之外，还有一个好处：即使失去神经回路中的几个单元，脑的功能也不至于极端恶化。图灵（Alan Turing）尝试把小型计算机并联起来进行信息加工，以便把计算机与脑的功能进行比较，这就是有名的“图灵机”。20 世纪 30 年代，图灵把图灵机作为脑模型的假想，随后，他提出智能可以用机器表达，以及判断智能否得以实现的“图灵实验”。图灵是英国数学家和逻辑学家，他第一个主张“思考，不论是脑细胞进行，还是大规模集成电路或其他什么进行，都是思考”。他提出的“测试计算机是否真正在思考的基本标准”，被称为图灵试验：把智能机器和人分别放在观察者看不见的幕后，观察者与上述两者通过键盘和显示器互相传达意图，当观察者不能区分当前的对手是机器还是人时，即可断言“那台机器有智能”。

约翰逊赖德（Johnson-Laird）认为：脑内也有和计算机操作系统同样的操作

系统，那就是意识。意识使很多程序被并列执行，就像交响乐队的指挥一样。操作系统保证加工过程不至于变成无序而逐个监控各个程序。为了达到“宏观”操控的目的，脑的操作系统不能控制程序的细节，只能知道各程序的结果。这好比指挥者可以指示演奏者奏出他所希望的声音，而演奏方法由演奏者自己决定，但如果演奏者奏出的声音有问题，指挥者会加以指导。由此可以设想：“脑的活动并不都直接与意识有关，意识是个能动的过程，人的意识与其说是运算本身，不如说是运算的结果”。

三、哲学思考

1. 唯心主义对“脑”的基本观点

唯心主义主张精神是世界的本原，是第一性的；物质是精神的产物，是第二性的。唯心主义分为主观唯心主义和客观唯心主义。

主观唯心主义把人的主观精神（如“感觉”、“心”、“意志”等）当成是第一性的，而把客观事物说成是这种主观精神的产物。

客观唯心主义认为在自然界、社会与人的意识之外，独立存在着某种客观精神是世界的本原，世界上的一切事物都是它的产物。

物质这个词是指那些可以感觉，或者可以进行测量的东西，也就是科学家所研究的世界。这个世界事实上比我们看到的要微妙得多，但是一种思想如果用物质的术语来表达话，它是一种以物质为基础的过程，但是它本身并不是物质。物质和精神并不是完全分离的，二元论是没有根据的。但是很明显，由脑、肉体和社会的物理规则创造的王国中，意识创造了“意义”，意义对于我们描述世界以及科学极端重要。正是神经系统和肉体极端复杂的结构产生了动态的精神，同时也产生了“意义”，我们并不需要什么假设，即不需要彼岸、灵魂，也不需要像量子力学那样还没有深入研究过的“力”。[21]

2. 哲学的一元论和二元论之争

有关“心”与“身”、“心”与脑之间关系的讨论，已有数千年的历史，争论的结果五花八门，却大致可以分为“二元论”和“一元论”。二元论认为，“心”与脑是不同的实体和加工过程，但它们之间又相互作用；“一元论”则认为，“心理就是脑的活动和加工过程本身”，这样的哲学争论至今仍在继续。即使在脑科学研究者中也有持二元论者。但是，当代脑科学的现状是，在脑水平上正在不断解决包括意识和心理现象的问题，这使一元论有了科学依据，而二元论基本上已被现在的脑科学研究结果否定。

彻底的唯物主义、彻底的客观唯心主义和彻底的主观唯心主义都是一元论哲学，认为这个世界只有一个东西是起终极决定作用的。而二元论哲学否认物质决定意识，也否认意识决定物质，但它既否认对意识起终极决定作用的是物质，那么它同样属于唯心主义的范畴。“一元论”是主张世界只有一个本原的哲学学说，它分为唯物主义一元论和唯心主义一元论。“二元论”是主张世界存在物质和精神两种性质不同、互不依赖、彼此平行本原的哲学学说，它企图调和唯物主义和唯心主义，但最终倒向唯心主义。

第五节　科学组织中的团队和个人

科学活动（科学研究、科学论坛、科学出版物、科学政策、科学管理等等）是现代社会重要的社会活动之一，所有这些活动毫无例外地要在某一个科学组织中进行。科学活动离不开团队和个人，从人类知识产生途径分析两者关系，个人的知觉知识是我们全部知识的基础，人类知识来源于“经验”，而经验的“个体性”使得开放、交流成为知识产生的捷径。

一、人类知识产生途径

人类知识是一个整体，是一个非常繁杂的体系，其中包括所谓的“科学知识”，科学知识的目的在于去掉一切个人的因素，说出人类集体智慧的发现。[22]从“信息论”的角度分析，感觉是人类取得“知觉经验”、获得科学知识，即摄取信息，进而形成理性思维的生理基础。感觉包括五种，即视觉、听觉、味觉、嗅觉和触觉。视觉、听觉摄取自然界的物理信息（光、声）；味觉、嗅觉摄取自然界的化学信息（味觉分子、嗅觉分子）；触觉既摄取自然界的物理信息（热刺激、机械刺激），又摄取自然界的化学信息（化学刺激）。人类感觉是在地球条件下长期进化的结果，长期以来，生理学家、医学家、化学家、哲学家一直想搞清楚，人类的只有1600克重的大脑如何从现象、到感知、到认识、到知识，然后产生人类特有的记忆、思维、想象、情绪、感情、意志和个性思维等高级神经活动。但到目前为止，对这些问题还无法给出令人满意的答案。

人类科学活动有两个目的：一是满足好奇心的非功利目的，它企图给出对于自然现象和社会现象的某种“合理”的解释，由此产生称为“知识”的“理论”体系，这个体系的主要内容属于“意识形态”的范畴，它是人类特有的“世界观”、“价值观”的基础，这些“观”最后体现为指导行为、认识世界的一种“模块化”操作程序——“范式”，这些“范式”有助于我们对客观事物的分类、认识和研究。事实上，人类大部分行为都是有意识的，是基于对我们头脑里的各种“范式”的检验和思考。二是功利目的，即把理论体系中的科学原理转化为“技术”，并利用这些技术改造自然、生产产品以满足人类越来越高的物质生活需求，因此，技术本身就是生产力的一个组成部分。当前，人们越来越重视第二个目的。无论哪个目的，它们的基础都是个人知觉的产物——知识。

首先，有一件事是公认的，即只有在原来的知觉材料确实可信的条件下，才有理由相信以它为基础的推论出来的理论大厦的真实性。

其次，个人的知觉知识是我们全部知识的基础，我们还没有一种能在很多观察者共有的全部直觉上开始研究的方法。[23]

最后，在人类知识中，“概念”是整个知识的基石。知识的产生只能来源于个体，而不是群体。但个体的知识要得到群体的认可，就必须接受群体经验的检验。这种检验可以是逻辑的、数学的，最重要的是经验（实践）的检验，通过检验的知识才是科学知识，并作为人类的共同“财产”，即对客观事物的正确认识一代一代地传递下去。

二、人类知识的特点

1. 语言

语言（包括文字）是我们表达、传播科学知识的唯一工具，在其起源和主要功能方面，基本上是社会性的。语言的主要目的是传达思想，为了达到这个目的，语言必须是大家共用的语言，而不是说话人独创的一套自家语言。但在把思想翻译成语言的过程中，每个人经验中最具个人特点的东西几乎都失掉了。此外，语言共通性本身在很大程度上也是一种错觉，一句话通常被适当的听者认为对或错，其意义对所有听者并不相同。结果使我们认为个人世界与公众世界非常相似，事实上，这种相似远远超出了实际情况。[24]

教育力求把语言变成不带个人因素的东西，并且获得了某种程度的成功，一个人所受的教育程度越高，文字世界和感官世界的距离也越大。相反，我们越是接近逻辑上的感官抽象，不同的人在理解一个词的意义上所出现的差别也越小。纯粹数学自始至终在使用能够为大家公认、不带一点个人因素的概念。这是因为数学概念中没有从感官得来的东西，而感官乃是形成个人世界的门户。人体是一件反应灵敏的纪录器，不断接受来自外界的信息，传到一个人的信息决不会和传到另一个人的同一个信息完全一样。在物理学中，我们特别强调知觉知识的重要，这种知识最抽象、最接近逻辑和数学。这样做的目的是让“概念”成为大家共同理解的东西，把可以传达的都传达出来。[25]

2. 人类的知识具有共同属性

一是实用性。因为知识产品的有用，而知识产品创造的不易、稀缺，又使其成为无法衡量其价值的无价之宝。二是无形。人类知识是不具有物理形态的、不占有特定空间的、可以脱离拥有者而独立存在的信息，可以在同一时间被许多人利用而其本身不会发生有形损耗。相反，它被利用的结果，能使人类的智力资源的总量得到扩张。科学知识一旦被创造出来，应当让更多的人知悉、了解，以便使它有更多的应用机会，在此基础上产生的新技术、新产品，或者成为一些学科发展的理论基础。可见，知识必须普及、扩散，那些不发表、不公开的知识是没有任何价值的，而这些成果一旦公开，因为其无形的属性，就等于彻底暴露在世人面前，成为任何人都可自由使用的“公共财产”，而且无论多少人使用它，都不会产生如有形财产那样的有形损耗。

3. 人类知识的有限性和局限性

无论在时间上还是在空间上，自然界和人类社会的多样性和复杂性，超出了个人认识能力的极限。因为客观世界是丰富多彩的，人们不可能观察、研究、处理全部事务，只能有选择地关心与我们目标有关联的事物。

一套分析架构使我们“看到”的现象，其他的分析架构却不能“看到”。认知意向对客观世界的这种“照明”作用，就好比在暗室中用一盏灯照亮堆满的杂物，灯所到之处的事物将被我们感知到，这就是DNA双螺旋结构发现者之一的克里克提出的关于人类认识的“探照灯”机理。正因为这样，任何照明作用都不能够、也不可能同时“看到”事物展现出来的所有轮廓。这是我们人类认识客观事物局限性：对于客观事物的认识就像“瞎子摸象”，我们只能“摸到”局部，而从一个局部得到的知识不能用于另一个局部，更不能用于整体。因此，人类知识系统不是一个“完美系统”，而是一个永远有待改善的系统。[26]

三、人类知识的积累

17世纪，由于望远镜、牛顿力学、万有引力、微积分等一系列的发明，科学的世界观取得了胜利，人们不仅把科学看成探索纯粹知识的一把钥匙，而且把它当做推动经济进步的有力工具。从这时起，人们才认识到，科学并不只是关系到个人，而且关系到整个社会。科学是人类知识的一部分，人类知识借助教育一代一代地传递下去，每一代的新经验又为知识宝库增添新的内容，知识总量是人类社会文明程度的标志，也是人类价值观和世界观的组成部分，这种“积累效应”使我们的世界观永远处于一种变化的过程中。例如，由“还原论”世界观到“整体论”世界观，由“决定论”世界观到“非决定论”世界观。

经过几千年的知识积累，人们发现：科学知识作为社会意识形态的一种，具有统一性和普遍性，也具有连续性和更新性。科学知识可以分解成众多的元素，但就全体看，它们是互相整合而统一的，即科学知识具有共同的价值系统和方法论规则，这就是科学的统一性；科学知识的普遍性是指科学揭示的规律，在该规律的条件下呈现的重现性，它不因科学家的个人因素而改变；科学又是变迁和积累的产物，尽管科学传统的更新很困难，但却是不断发展的。科学知识具有创新能力，这种创新常常通过由量变到质变的积累，逐渐引发科学和科学传统的革命；科学知识也是一个连续体，在人类历史的长河中，它从没中断，因此，改变传统或使某些传统让位也是很困难的。

四、个人和团队

知识产生和知识运用是两个不同的概念，上面已经论述了，就知识产生的主体而言完全是个体性的而不是群体性的。在人类进入文明社会的几千年至今，可以说每个人都在学习前人的经验，也在“创造”自己的经验，而把这些“经验”梳理成“知识”的是那些被群体检验后认为是“正确”的部分，那么“正确”的标准是什么呢？是实践检验。在工业社会之前，这种“检验”是分散的、无意识的、缓慢的，因此，知识积累的速度也很低；在科学技术发达的今天，群体检验变成一种社会性的、有组织、有计划的科学活动，知识积累的速度大大加快(呈指数增长)，使人类近几十年取得的新知识超过以前几千年知识的总合。

知识可以分成科学、文学、艺术几大块，其总量对个人而言是一个天文数字，但和物质世界的客观规律相比，人类的知识仍然是有限的。我们一生通过教育学习到的只是某一领域、某一专业知识中的一小部分，它们本质上是前人经验的积累。

1. 个人的作用和重要性

在科学技术发展过程中，科学家尤其是卓越科学家的作用是最重要的，因为个人的作用是产生新知识，增加人类知识库的容量，这些新知识不仅为人类提供了强大的认识、利用自然和社会的工具，而且成为我们世界观的基础。当前，科学研究已经成为一种职业，一种社会活动，而科学家也成为创造新知识的重要成员，哈肯说：

> 科学家认为：存在着普遍的更高层次的必然性，它们导致新的结构

和新的模式。……寻找到准确无误的解答，往往是完全不可能的。……甚至在无生命物质中，新的、井然有序的结构也会从混沌中产生出来，并随着恒定的能量供应而得以维持。[27]

哈肯这里所说的“科学家”，显然是指科学家个体而不是科学家群体，因为“直觉”、“科学经验”、“机缘”完全是一种“个体经验”。当然，个体之间通过“交流”、“沟通”可以共享对方的“个体经验”，在此基础上，几个科学家以一种“经验共同体”的形式投入科学研究，当然科学成果也由大家分享。这种方法越来越成为现代社会知识产生的主要途径，然而本质上，“知识生产”仍然是以个体经验为基石的。

2. 团队的作用和重要性

科学团队的作用是检验知识，运用知识或者用个体经验的总合产生新知识。当一个新成果发表以后，立即会有众多的科学家投入检验这个结果的活动，如果通过了检验，这个成果就进入了人类知识库；当然还有一些科学家和工程师马上研究如何把它转化为“技术”和“产品”。

当前的科学研究越来越强调团队的作用，从研究规模和研究主体讲，20 世纪几个大的研究项目：原子弹的研发、阿波罗登月计划、人类基因组测序都有来自不同国家的几万人参加，即产生了“工作团队”。这种团队和科学家的“经验共同体”是不同的，因为他们的工作结果不能直接产生新的知识，而是生产某种“产品”或者间接地产生新知识。例如，阿波罗登月计划的成功使我们增加了关于月球的新知识；人类基因组测序的成功可能使我们对于人的生理、病理有新的认识。这种新的知识产生方式是把相同的信息同时提供给很多个体，个体再根据自己掌握的知识和经验，给出问题的答案，再经过群体检验得到新知识。然而，从根本上讲，群体产生知识的基础仍然是个体的，群体的作用不过是加快了知识产生的进程。

第六节 “积木块”与创新

一、什么是科学中的积木块?

“积木”是一种儿童玩具，儿童使用“积木块”搭建成不同形状的建筑物模型，换句话说，“积木块”是一个模型的组成元素。

在我们头脑中存在着很多“积木块”，使用头脑中的积木块是人类认识事物，尤其是新事物的最基本、最重要的形式。在快速直接的扫视中，使用积木块比盲目搜索具有很大的优越性，因为要抓住事物的特征和次序绝对是一件耗时费力的工作，不可能在瞬间完成。幸好，我们追求的解决方案不是“最佳”，而是“改进”和可以“接受”。一个正常的人在遇到不熟悉的场景时，可以轻易地、短时间内把它分解为熟悉的物体，这是人类认识复杂事物的一种有效的方法，长期以来它已经成为我们的一种世界观和方法论。这项看似容易的能力，实际上是一项非常复杂的任务，到目前为止还不能用计算机模拟。很清楚，不论哪一种复杂事物，我们都能用少量的积木块来重新构建。例如，单词是表达思想、观点和感情的语言和文章的积木块，和弦是音乐的积木块，齿轮、螺钉、曲轴、活塞、文丘里吸气器、伽伐尼点火装置是内燃机的积木块，电阻、电容器、粒子计数器、阴极射线管等是计算机的积木块，砖块、梁、柱、门、窗等是建筑物的积木块，氨基酸是蛋白质的积木块，脱氧核糖核酸是 DNA 的积木块，等等。

所有的积木块都可以拆分成更小的积木块。例如，单词可以拆分为“音阶”，音阶可以拆分成“元音”和“辅音”等等，并因此形成了事物不同的“层次”。人类就生活在由不同层次的积木块所构建的“建筑”里，事实上，人本身也是积木块按照一定顺序、一定规则“搭建”成的。

在大多数人类活动中，重要积木块的发现，往往导致一场“革命”或开辟一个新领域。艺术中的透视画法、技术中的晶体管和科学中的引力概念就是很好的例子，它们分别导致了绘画、无线电技术以及人们思想的革命。那些在人类文明进化过程中延续下来的主要积木块（如数字和游戏），必须同感性认识的积木块（如点、线、面、体、形状、颜色、运动状态）以及在科学技术发展过程中不断产生的新的积木块（如化学键、分子）遵循相同的标准，即它们必须能够进行多种方式的组合。每一种新的组合都会给我们带来一种新结构，新结构的形成是世界变化和复杂化的根源。一个人头脑中的积木块是经验、教育、实践中逐渐积累起来的，对大多数人来说，他们所掌握的积木块是经过实践检验和筛选的。从人类的原始时期至今日，头脑中积木块的数量越来越多。头脑中积木块的多少是一个人的知识量、聪明智慧的标志，积木块多的人在分析问题、解决问题时将有更多的工具、方法和手段。没有受过专业训练的人头脑中缺乏某些专业积木块，不同专业的人的头脑中的积木块也不尽相同。

二、创新和积木块

积木块可以分为不同的层次，同一层次的积木块遵循着相同的规律。例如，化学中分子间的相互作用具有自己特定的规律，与物理学中基本粒子的运动规律无关。较高层次的规律要受较低层次规律的制约。例如，化学规律受物理规律制约，生物学规律受化学规律制约，等等。

人类创新的两种形式都与积木块有关。

第一种创新是对现存积木块的重新组合，以产生新结构。因为发现新的积木块是很少发生的事情，所以多数创新都是利用现存的各种构件，对其进行重新组合。例如，由语言中的单词和音乐中的主旋律提供的标准积木块，总是会产生永无止境的创新；内燃机和计算机出现时，组成它们的积木块已经存在好多年了。

第二种创新是发现新的积木块。科学史上有重要贡献的科学家都有超越已知积木块的能力——发现新的积木块，这种发现往往导致科学革命。如何发现新积木块呢？

1）熟练地掌握、运用本学科已有的积木块，如果我们学习物理就需要掌握运动、力、物质、能量和它们之间的关系，同时还要学习相关的工具，比如微积分。只有对模型的细节熟练到根本不必思索就能运用自如，才能进入创新阶段。广阔的眼界、在多个可能中做出有效的选择，都必须建立在对事物的每一个细节运用自如的基础上，对局部细节的不熟悉可能妨碍对整体的认识。因为新现象和旧现象是相关联的，对新现象的研究也许会引发对旧模型的重新认识，这个反复和交互认识的过程进一步加速了知识的积累。

2）跨学科研究是创造新积木块的主要方法。进入 20 世纪 80 年代，跨学科交叉研究蓬勃发展，杂交整体化趋势更加强劲，传统的学科的边界日益模糊，这为新积木块的产生创造了条件。自然科学交叉主要体现在研究方法的移植、模仿和渗透，研究主题或对象领域的交叉、重合或融合，概念、假定和理论的相互借用等方式。当作为目标的问题在已存在的本学科的理论无法解释时，熟悉一些相近学科的知识，非常有助于问题的理解。DNA 双螺旋模型是一个生物学中的新积木块，它就是物理学、化学、生物学交叉研究的结果。

3）直觉和洞察力，哈肯说：

> 科学家，尤其是杰出科学家具有一种特别的直觉，知道什么是重要的、恰当的、可完成的和可操作的。让缺乏洞察力，甚至对科学一窍不通的人不断吩咐科学家应该发现什么，那是一件十分糟糕的事。由于做出发现的能力要在那些前途有望的领域内去探索，这除了别的条件之外，还需要丰富的科学经验、机缘和直觉。[28]

洞察力是“找到现象背后隐藏的机制”的一种理性思维，而在创新过程中“直觉”起着决定性作用，直觉包括一些用语言难以表达的东西，这种只可意会不可言传的感觉，只能通过长时间的训练才能获得。但如何使直觉飞跃到创新，至今还是个谜，由于缺少关于创新的模型，所以使得创新的所有过程只能处在臆想的黑幕中，不为人知。

三、新积木块的寻找

积木块的思想起源于古希腊的“物质由几种基本元素组成”的理念。这种朴素的唯物主义思想后来一直激励着人们去追求组成宇宙的“基本砖块”，似乎认识、理解了这些基本积木块，就可以掌握地球、宇宙一切运动的规律，这就是所谓的“还原论”的世界观。用现代语言表达就是“将系统分解为部分，当理解部分之后，也就理解了整个系统”，这就是我们常说的“整体等于各部分之和”。然而，20世纪后半期以后，人们对于复杂系统的研究使这种世界观受到冲击。首先，人们逐渐认识到，“复杂源于简单”这一道理，组成一个复杂系统的积木块可能并不“复杂”，但它们之间的相互作用，尤其是非线性相互作用，使系统出现了复杂的行为。因此，人们开始把视线由关心系统的组成转移到元素间的相互作用方式的研究；其次，对于一个复杂系统，系统论认为的“整体大于部分之和”，这句话的含义不是指系统的组成，而是指系统的功能，它也可以理解为复杂系统具有“整体涌现”的特点，即系统的功能大于各部分功能之和，“整体涌现”是复杂系统最主要的特征。

那么，如何研究这种整体涌现性呢？“还原论”的研究方法都是以“线性相互作用”为基础的，这种方法对于简单系统的研究是可行的、有效的，并且取得了巨大的成功。然而，对于复杂系统，“还原”的方法是无能为力的。例如，对于单个蚂蚁所有能力的了解，并不能使我们了解整个蚁群的行为；对于计算机程序一部分指令的分析，并不能揭示整个程序具备的全部能力；人类DNA测序成功使我们知道了全部基因的编码，但我们远远没有了解基因所控制的程序，这种程序使一个受精卵变成千亿个细胞组成的成熟的个体；对于生态系统，我们很难了解系统中各个要素的相互作用和涌现现象；几百亿个神经元细胞组成的网络如何控制几千亿个细胞组成的个体的行为；心理学要素；等等。事实上，对于具有涌现现象的系统的研究，不能简单地将其还原为对系统各个独立组成部分的研究，“整体涌现”到目前还没有一个普遍的、成熟的方法进行研究和处理。但是，这并不意味着我们不能了解这样的系统，霍兰建议使用“层次”，取代“元素”的概念[29]，也就是使用较大的积木块代替较小的积木块。这种方法虽然比“还原论”的方法前进了一步，但是距离认识像神经网络、生态这样的复杂系统仍然没有太大的帮助，它的本质仍然是“还原”的，只不过所用的积木块比较大而已。在科学递阶的层次结构中，高一级层次要满足低的层次对它的约束条件，但高一级层次又涌现出新的规则，这些规则只能通过该层次内的积木块所表现出来的规律来理解，就像新单词一旦收录到词典当中，就要遵循词典中所有其他词汇遵循的相同规则（如按字母顺序排列）。

对复杂系统以及它的涌现现象的研究是当前科学界面临的一个非常具有挑战性的问题，它考验着人类的认识能力和解决问题的能力，也考验着人类的智慧和洞察力。从20世纪80年代以来对于复杂性的研究已经成为全球科学界的热门课题，人们苦苦寻找新的积木块，以期在一种全新的理论框架下认识和解决“复杂性问题”和“涌现现象”，而新积木块找到之日，可能就是下一次的科学革命爆发之时，人类将在这种全新的世界观的影响下找到新的经济增长点和对宇宙认识的突破。

第七节　科学家和哲学家

一、科学和哲学的分离

在近代以前，自然科学所研究的内容都属于哲学和宗教的范畴，哲学家和科学家没有明确的专业分工。文艺复兴后，科学逐渐从哲学中脱离出来，并形成了各种独立的学科，研究对象逐渐分化、细化的结果，使科学离哲学越来越远，但仍然和哲学仍有千丝万缕的联系，尤其是科学研究方法仍属于哲学的方法论范畴。

与这一形势关联的是哲学家和科学家的角色变化，哲学家逐渐脱离科学研究，而科学家也逐渐脱离哲学研究。到了近代、现代，哲学家和科学家都以研究本专业为职业，以在本专业取得成就并得到专业共同体的承认为追求目标，哲学家和科学家拉开了距离。

哲学，尤其是科学哲学，以其高度的概括性、稳定性、滞后性形成了特有的和自然科学既相互斗争又相互促进的发展道路。在近代自然科学发端之前的时代，思辨、逻辑、理性是自然科学研究的主要手段，并取得了巨大的成就，它提出的很多科学命题（如物质结构、宇宙起源）至今仍闪烁着光芒，但它的世界图像是概括性的、粗线条的，人们无法看清图像中的每一个细节。以观察、实验的经验主义为主要手段的近代科学发端以后，从事具体研究的自然科学逐渐从哲学中分离出来，自然科学的研究成果为我们提供了世界图像的细节。19世纪是第一次科学大分化时期，以“进化论”、“能量守恒”和“细胞学说”为代表的科学成就标志着物理学、化学和生物学已经“成熟”。哲学企图囊括所有的自然科学成就，并提出更一般的、更普遍的哲学命题，这就是唯物主义哲学产生的背景。

然而，科学是活跃的，科学家面对的是日新月异的科学发现、技术发明和科学理论，科学理论又是不稳定的，它不断面临新事实的冲击，不断的修正自己。而哲学家却不可能随时提出新的概念适应形势的变化，因为哲学概念是相对稳定的，并滞后于自然科学的发展。此时，科学和哲学的对立出现了，裂痕逐渐加大，科学家和哲学的关系疏远了。

二、科学家的探索逻辑

科学家是在一个具有传统理论以及工具、数学和语言技巧的复杂总体中受到训练的亚文化群体，他们在科学研究中有着自己的探索逻辑，解决问题的概念，这些都同专业训练所提供的内容紧密相关。简而言之，科学家是从他们特殊专业的文化环境中分离出来的，他们接受的科学训练（包括定律、理论、应用及仪器的设计、制作、操作等要素）是特定的、连贯的，并因此形成了特有的、被库恩称为“范式”的科学传统。科学史的研究表明：与近代自然科学同时兴起的是各种科学模型的建立。事实上，科学家心中存在着各种各样的模型，这些模型来源于他们的观察经验，所谓“观察经验”是指科学家从实验室的操作和测量中得到的知识。库恩认为：操作和测量是由“范式”决定的。科学家头脑中的“范式”是教育和科学训练的结果，是他们从事科学研究的“规范”、广义的“模型”和思考问题的出发点，当然，也可能成为认识新事物的阻力。

事实上，科学家很少追随哲学家为他们规定的科学方法。他们是用自己的经验、知识和直觉进行科学研究。科学家常常对某种现象有一种坚定的信念，这种信念成为指导他们科学研究的操作方法。

三、哲学家和科学家的对立

通常，科学家对于哲学是敬而远之的。面对新知识爆炸式的增长，哲学家不甘寂寞，但如此巨量的新知识使哲学家感到茫然，此时，他们对待自然科学成就的态度也发生了微妙的转变：由一个自然科学的同盟军变成了审判者。在哲学家眼里，科学只是一个平凡的事物，和其他任何文化形式没有什么不同。哲学家把自己装扮成为学术的卫道士，认为自己可以凌驾于科学家之上，并对科学家指手画脚，而事实上他们根本不懂科学和科学家的工作。[30]更有甚者，哲学家喜欢对最新出现的科学成就说三道四，给科学家的研究方法和研究成果贴标签。例如，哲学家称霍普金斯（因维生素和酶方面的工作而获诺贝尔生理学或医学奖）为“还原论者”，称霍金为“工具主义者”，等等。[31]这种态度引起了科学家的不满，双方的矛盾加深，科学家开始用自己的方式对某些哲学家进行反击，其中霍金和考夫曼对待哲学家的观点最具有代表性。霍金指出：

> 研究这类问题①是哲学家的天职，可惜他们多半不具备足够的数学背景……还有一种哲学家是失败的物理学家，他们知道自己没能力发展新理论，所以转业写作“物理学哲学”，他们仍然为本世纪初的科学理论如相对论和量子力学喋喋不休。他们实际和物理学研究的当代前沿脱节。”“也许我对哲学家过于苛刻，但他们对我也不友善，我的方法被描述成天真和头脑简单，我在不同场合曾被称为唯名主义者、工具主义者、实证主义者、实在主义者以及其他好几种主义者。其手段似乎是借助诬蔑来证伪：只要对我的研究方法贴上标签就可以了，不必指出何处出错。

一般来说，科学家对哲学家的批评不与理睬，也不认同哲学家和科学史家为他们发明指定的范畴。霍金接着说：

> 我敢断定，爱因斯坦、海森伯和狄拉克对于他们是否为实在主义者或者工具主义者根本不在乎，他们只关心现存理论的发展和相互协调的问题。[32]

美国圣菲研究所成员、“细胞化学信息学”创始人之一考夫曼说：

> “这并不是说我不再热爱哲学了，我不相信的是哲学中的某种轻浮性。当代哲学家们，起码是五十年代和六十年代的哲学家们，总认为自己是在检验概念和概念的意义，而不是检验这个世界的现实，所以他可以发现你的论点是否中肯、是否恰当、是否连贯等等，但无法发现你是否正确，这最终引起了我的不满。”……“科学家希望做深入现实的探索，希望洞察造物主的奥秘。”……“如果可以选择，我情愿成为爱因斯坦，而不成为威特根斯坦②。”[33]

2003年诺贝尔物理学奖得主、美国伊利诺伊大学物理系教授莱格特（Anthony S. Legget）说：

> 我忽然意识到，我真正向往的生活并不是像哲学家那样。审慎分析之后发现，哲学并非是最吸引我的学科，原因是：至少就我在牛津大学期间所接触的哲学而言，那一行所看重的似乎更多地在于风格之差异、词句之斟酌，但却很难说存在着决定效力的客观外在标准。而我感到自

---

① 指“大一统”理论——作者注

② Ludwig Wittgenstein，奥地利著名哲学家——作者注

己骨子里有一种追求客观标准的强烈企求。投身数学研究或许是一种选择，但不喜欢数学中“错误便意味着愚蠢”的感觉。我需要一种允许犯错误而又不显得自己愚蠢的学科，物理学似乎能够提供了这种机会。[34]

自20世纪50年代以后，科学家和哲学家在科学成果的哲学研究方面的对立越演越烈。

四、科学家另起炉灶

1. 科学家对自己的科学成果进行哲学提升

哲学讲求思辨，科学讲求证实。在它们的发展过程中，形成了自己独有专业术语和独特的研究方法，尤其自然科学的飞速发展带来的新知识、新概念，这些术语的内涵和外延只有本专业的人才能理解，这是科学和哲学之间产生鸿沟的根本原因之一。通常，科学家不在乎哲学家，而哲学家对科学发现、科学理论的具体内容缺乏了解，硬生生地给科学家扣“帽子”，更加深了这个鸿沟。此时，一部分科学家自己动手，对他们科学成果进行哲学的总结。“一般系统论”的创始人贝塔朗菲承认马克思的辩证法对一般系统论的理论观念的发展做出了自己的贡献。[35]运筹学创始人丘其曼（C. W. Churchman）预言未来的系统分析其“主旨概念将是辩证法的学习过程”。[36]普里高津主张，“我们需要一种更加辩证的自然观”。[37]哈肯在谈到协同学的“哲学方面”时，明确应用了对立统一、质变量变等辩证法规律。[38]我国科学泰斗钱学森更是不遗余力地宣传系统科学必须以马克思主义哲学为指导，自觉地应用辩证法于系统研究。[39]现在，哲学研究已经成为科学家（尤其是诺贝尔奖得主）成功之后的新专业或一项业余爱好。例如，邦格（Bunge）最初是学物理的，在担任理论物理学教授之后，转任哲学教授。弗尔默（Follmer）也一样，在研究哲学之前是核物理学家。本书第二至四章介绍的就是，很多诺贝尔奖得主在获奖之后，把注意力转向了哲学研究，并取得相应成果。

大多数科学家认为，与其像哲学家那样说东道西，还不如把时间用在科学研究上，具体的、有说服力的科学成果远胜于哲学的说教。

2. 自然科学研究领域的延伸——进入哲学研究领域

自然科学的进步已经使它具备了以前只有神学和哲学课题的研究能力。精神和物质的关系向来就是神学和哲学的领地，自人类诞生以来，心理现象在各个时代的宗教、哲学体系中被讨论过，但是问题并没有解决，20 世纪后期“心理学”研究进入自然科学的视线，科学家和哲学家的争论也日益激烈，但正如 DNA 双螺旋结构发现者克里克指出的：

> 我们应该无视没有结果的哲学论争，而专门对心理现象进行科学意义上的研究。

克里克 1977 年到加利福尼亚圣迭戈索尔克生物研究所，开始神经科学研究，并于 1994 年出版了一本脑科学家不敢涉及的、难能可贵的书——《惊人的假说》。在该书中，他大胆地将哲学和心理学作为“过去的学问”统统抛开，明确提出：“意识是脑的活动。”他说，“哲学家在过去两千年的漫长岁月里几乎没有留下任何成果”，或者“有关意识的问题，哲学家使用了错误的语言，神经元才是从现在起要使用的语言”。[40] 在该书中，克里克用了很多篇幅对二元论的哲学观点进行了批判。很多其他的诺贝尔奖得主也在获奖后进入哲学研究领域，他们虽然没有像哲学家那样给出一个完整的哲学体系，但在很多领域都做出了突破性的进展，这使得科学哲学与科学家的距离更加接近，科学家对哲学的贡献也更加具体。

五、哲学对科学的指导作用

1. 科学革命时期哲学对科学家的指导

尽管科学家和哲学家在不断地争论（这种争论和矛盾在中国科学界和哲学界不明显），但哲学对科学家的影响是不言而喻的。在科学发展的平稳期，哲学对科学家自觉或不自觉的影响是潜在的，也是显著的。在探索中，一方面是大量涌现的新事实，另一方面是对它们分门别类，发现其意义、它们与普遍规律的一致性。这二者之间的竞逐永无止境。

自然科学脱胎于哲学，就像母亲生下一个儿子，儿子一天天长大，最后长成一个很有成就的独立的个体，此时，在很多问题上，儿子和母亲开始有不同的看法，有时候争论，甚至争吵。然而，当母子静下心来认真考虑对方意见的时候，儿子认为母亲的教导还是有道理的，而母亲也从儿子的问题中吸收了大量的新的科学信息。毕竟，儿子和母亲是有血缘关系的。自然科学和哲学就在这种既相互影响、又相互斗争中发展。[41]

2. 哲学家的作用不可替代

前面我们提到科学家另起炉灶研究哲学问题，然而，我们不得不说，科学家的哲学研究应该称为“科学哲学”，这种哲学带有强烈的专业色彩，其结论可能是本专业普遍规律的总结，但没有涵盖社会现象，事实上，哲学原理的普适性应该涵盖自然现象和社会现象。

20世纪出现的三个著名科学哲学家：波普尔（Karl Popper）、库恩（Thomas Kuhn）和默顿（Robert K. Merton），他们提出相应的哲学原理对自然科学发展的指导作用是非常巨大的，对社会科学的指导作用也同样重要。

1）波普尔1934年出版了《科学发现的逻辑》（*The Logic of Scientific Discovery*）[42]。在该书中，波普尔认为：一个科学理论不管怎么好，它永远只是一种推测。它可能已经经历过很多严格和精密的检验（证实），但只要一个反证（证伪）就可以使人们拒绝它，因为自然科学定律不允许存在例外，而不能被“证伪”的科学假设应该被排除于科学之外，即“所有科学的假设是必须可以证伪的”。因此，科学家的任务不但要寻求支持科学假设的证据，更应该寻求反驳科学假设的反证，在没有得到反证之前，暂且认为这个科学假设为“理论”，这就是波普尔强调的证伪主义的标准。最有名的例子是牛顿定律，这个定律曾经千百次地被检验，但爱因斯坦的一个反证，就指出了它的局限性。波普尔开始相信，证伪才是检验“真理”的最有效的手段，他根据“证伪”所解决的科学划界问题也为其他基本问题提供了解答，波普尔的这个理论被称为“证伪主义方法论”，并成为现代所有科学发展的基本哲学原理。

2）库恩的成名作《科学革命的结构》是从事科学史与科学哲学研究的学者们不可不读的基本文献。不仅如此，库恩的影响还涉及历史和哲学以外的学科，在社会学、心理学、美学、文学、语言学乃至自然科学的当代著作中，频频出现“范式”、“不可通约性”、“学术共同体”、“常态科学”、“危机”之类的库恩式术语，他是“二战之后最具影响力的一位哲学家”（Richard Rorty 语）。

“科学革命”和“范式”是库恩提出的两个最重要的哲学概念。

“科学革命”是库恩研究科学史以后得出的结论。科学发展表明：在科学发展道路上随处可见被遗弃的错误的“科学理论”，这些“理论”曾经是人们世界观形成的基础或世界观的一部分。在科学发展史上，三次革命来自天文学和物理学：哥白尼的“日心说”、牛顿的“万有引力学说”和爱因斯坦的“相对论”。这三次革命不但是科学“范式”的转变，而且是人们世界观的转变。什么是“范式”呢？“范式”是库恩科学革命理论中的一个核心概念，指科学家群体共同接受的科学研究范例（包括定律、理论、应用及仪器的设计、制作、操作等要素），是特定的、连贯的科学研究传统的模型。也就是说，“范式”是一种广义的模型，既可以是自然科学的模型（如“日心说”模型、DNA模型），也可以是社会科学的理念或传统。更广泛的“范式”概念是指一套科学研究的程序。库恩认为：科学家在实验室的操作和测量是由“范式”决定的。

库恩使用的“范式”具有21种不同含义，可概括为三种类型：

第一，作为一种信念、一种形而上学思辨，它是“哲学范式”或“元范式”；

第二，作为一种科学习惯、一种学术传统、一个具体的科学成就，它是“社会学范式”；

第三，作为一种成功示范的工具、一个解决疑难问题的方法、一个用来类比的图像，即“人工范式”或“构造范式”。[43]

虽然范式的首要含义在哲学方面，但是，库恩的创见和独到之处则在于范式的社会学含义和构造功能。与一般科学哲学思维的抽象性相反，库恩特别强调科学的具体性，并把具体性看做是科学的基本特性，因为他认为，一套实际的科学习惯和科学传统对于有效的科学工作是非常必要和非常重要的，它不仅是一个“科学共同体”团结一致、协同探索的纽带，而且是其进一步研究和开拓的基础；不仅能赋予任何一门新学科以自己的特色，而且决定着它的未来和发展。这样一来，库恩也就把具体性作为自己哲学思想的核心，使自己的思想与其他科学哲学区别开来。库恩的“构造范式”就是这种实际的“图像”和“模型”，它不仅成为开启新学科的契机和手段，而且在应用模型和形而上学之间建立起一种新的相互关系，解决了从一般哲学理论转向实际科学理论的途径问题。我们通常讨论和运用的是范式的后面两种含义，即“社会学范式”和“构造范式”。对于把具体性看做是科学基本特性的观点，自然科学家最容易理解和接受，因为他们每天面对的不是抽象的概念，而是具体的事实，他们的工作也需要哲学灯塔的指引。

对于科学发现，库恩认为：一个通常是不为现有的概念框架所预期的、难以解释的例外的事实有可能成为一个科学发现。库恩在《科学革命的结构》中写道：

> 发现源于对例外的意识，就是说，源于对那些多少违反常态科学统摄下先导预期的性质的认识。

科学发现作为一个复杂的过程推动范式转换，在旧范式中的“例外”，在新范式里就不再是例外。科学不是静止的，而是出于不断的演化中。人类认识科学有一个过程，这个过程有时与科学发展规律一致，有时却不一致。库恩把在旧范式中运行的科学定义为“常态科学”。“常态科学”是科学群体共同分享的一系列模式和假设，通常在严谨的逻辑框架下运行，如果没有大胆的探索精神是不能打破这些框架的。而处于“常态”下的科学家们习惯于用旧范式考虑问题，持守“正统”的理论，倾向于在现有的架构内寻找问题的答案，因此可能失去了观察的客观性。

库恩认为，科学革命是由新概念驱动的，这一科学发展模式可表示为：

前科学—常态科学—危机—革命—常态科学。

当观察的事实与既定的范式产生不可调和的矛盾时，引发了科学革命。科学革命作为人类认识客观事物的一部分，与社会革命有很大的不同，科学革命的结果是一种新范式的诞生。新范式与旧范式不是简单地继承和发展的关系，两个范式有的是部分兼容的（如牛顿运动定律是爱因斯坦相对论在远低于光速的特例），有的是不兼容的（如关于燃烧本质的“燃素”理论和“氧化”理论）。科学革命通常不采用暴力形式。

3）默顿是“科学社会学”的创始人，这个学科研究社会因素如经济、文化背景、宗教信仰和科学发展的相互关系，此前，这种研究一片空白。

默顿最突出研究成就主要有以下三个方面：第一，创立“科学社会学”。从20世纪30～40年代起，默顿就倡导把科学作为一个重要的社会制度而加以研究，并确立了“科学社会学”的基本研究问题。直到今天，默顿开创的研究传统仍然是科学社会学中的主要“范式”。第二，建立社会学理论与方法论。他强调了功能主义的经验性，确立了功能分析的“经验范式”。默顿研究的另一重点就是社会结构分析，他强调“结构因素”对人的行为的强制作用，总结出了社会学结构分析的基本程序，开创了社会学研究多个新的领域。第三，对“应用社会学”研究的推动。默顿一贯强调理论研究与经验研究结合的重要性，默顿及其合作者开展了一系列有广泛影响的应用研究，他们的研究不但开拓了社会学的应用研究领域，而且发展了一系列有效的研究方法。

1942年默顿首次提出“科学规范”的概念，他指出有4种“科学规范”构成了科学的精神气质，即普遍性、公有性、无私利性和有条件的怀疑主义：

- 普遍性要求研究者的种族、性别、年龄、宗教、民族、国家、阶级、个人品质或其他社会属性都不应在研究成果的评价中予以考虑。
- 公有性要求科学家公开科学成果，并且在公开后其发明者不宣称个人拥有这一新思想、新信息或新理论。
- 无私利性要求科学家为“科学的目的”从事科学研究，要求科学家不把从事研究视为荣誉、地位、声望和金钱的敲门砖，谴责运用不正当手段在科学竞争中抬高自己，压制对手。做出独立性发现的科学家把知识共献给科学是他自己不占有研究成果，他所有的唯一“科学财产”是获得同行的承认。
- 有条件的怀疑主义提供一种怀疑精神，他要求对所有知识，无论其来源如何，在其成为确证无误的知识之前，必须借助经验和逻辑的标准进行仔细的考察。[44]

默顿特别强调经验研究在社会学理论发展中的作用，他指出，经验研究已经超出了证明和检验理论这一被动的角色，它不只肯定或否定假设，而是可以担当更积极的角色。经验研究在推动理论发展上至少具有四种功能，即激发理论、重塑理论、修正理论和澄清理论。如何实现经验研究和理论研究的结合呢？默顿指出了两条基本途径，即明确导向（formal derivation）和梳理（condification）。所谓“明确导向”强调的是经验研究中要有一定的理论方向，明确的理论方向为研究的连续性和积累性铺平了道路，从而避免了那样无目的的、零散的研究。“梳理”的目的是从不同的研究领域提出系统的经验概括或理论，使研究程序和重要发现条理化、严密化。他通过引入“范式”使“梳理”程序具体化或可操作化，使自然科学研究也有了程序和方向。

六、科学家和哲学家的交流

如果我们把科学家“创立”的哲学概念与哲学家“创立”的哲学概念进行比较，会发现，科学家给出的哲学概念是他们自然科学成果的延伸：爱因斯坦对于时间和空间的哲学总结是他的广义相对论的自然延伸，普里高津的“耗散结构”理论是他的非平衡热力学研究成果的自然延伸，克里克对于二元论哲学观点的批判是他对于脑科学研究成果的延伸。这些知识属于“科学哲学”的范畴，它们对于自然科学的意义和对于唯物主义的贡献是不言而喻的，然而，在社会科学里则显示了它们的局限。因为自然科学的研究结论没有包括人类的价值观、思想等因素，正如英国哲学家席勒主张的：

> 人文社会科学应当既立足于观察，同时又超越现实，其研究过程应该是一个感情与理性互动的过程，他强调，在人文社会科学领域内，人们诚然也要用事实、原因、规律性等概念，但更多的则应用价值、理想、情感、人性、善恶、美丑等概念，只有这样，才能更合理、更深刻地理解和体验人类的精神生活、宗教信仰以及文化世界。[45]

如果哲学是人类关于自然界和人类社会运动规律的总结，那么，哲学概念应该涵盖我们的全部知识，在这方面，哲学家的作用是自然科学家无法替代的。波普尔的“证伪主义”、库恩的“科学革命”、“范式”和默顿的“科学社会学”在比自然科学更高的层次上反映了事物的发展规律。他们的成果使人们混乱的思想得到梳理，使人们站在更高、更宽的视野从事科学研究，包括自然科学研究，也包括社会科学研究。

问题的关键在于去除成见、偏见和傲慢，认真研究对方的成果、相关的论据，加强交流，并形成一个新的“科学联盟”——“哲学家科学家共同体”，用一种新的科学道德标准和科学规范进行科学活动。一种冷静而非情绪化的、理性而非感情的态度对于任何科学研究都是必要的。

七、两种文化的对立与结合

两种文化是指社会科学和自然科学形成的各自的文化体系。两种文化的冲突是指，社会科学家（以哲学家为代表）和自然科学家（以物理学家为代表）的冲突，表现为人文文化和科学文化这两种文化的对立。

科学不仅是技术，也不仅是方法，科学也是一种文化。属于这种文化的科学家——从物理学家到生理学家——之间的性别、种族、阶级、政治观点、宗教信仰各不相同，但总地说来，他们具有共同的科学价值标准和科学行为准则。人文社会科学家也有自己的文化，尽管结构比较松散，但相对于自然科学家来说，其内部的共同性更大。

斯诺（Charles Percy Snow）在《两种文化及再谈两种文化》的讲演中指出，两种文化之间存在着一个相互不理解的鸿沟，彼此都有歪曲了的刻板印象：

> 人文学者往往习惯于用克制压抑的语气讲话，他们对他们的前辈诚惶诚恐，自愧弗如；他们还特别看不惯科学家那种近乎狂妄的坦率，他们看到科学家们经常兴致勃勃地否定前人的结论和得意洋洋地宣传自己作出什么新发现的样子，总感到不舒服。在他们看来，科学家是些粗俗不堪、浅薄狂妄的家伙，根本没有教养，意识不到人类的处境是多么的令人绝望和悲惨。而科学家往往觉得人文学者软弱迂腐，无病呻吟，并且不关心同胞的实际生活。[46]

哲学家和科学家都是社会上智力最高的人群，他们之间的对立和冲突造成了重大的社会损失。斯诺指出：

> 文化的分裂会使受过高等教育的人无法在同一水平上共同就任何重大的社会问题开展认真的讨论。由于大多数知识分子只了解一种文化，因而会使我们对现代社会做出错误的解释，对过去进行不适当的描述，对未来做出错误的估计。[47]

结　语

前4章我们阐述了诺贝尔奖得主的方方面面，本章我们进一步分析这些现象背后的原因及其规律：诺贝尔奖得主作为科技精英对于科学技术都有深刻的论述，从他们的论述中，我们发现他们具有强烈的好奇心——对自然界法则进行探索的动力。在他们的研究过程中，注意力、兴趣和创造是取得成果的关键因素。

在自然科学的历史上，唯心主义和唯物主义的斗争从来没有停止过，近年来，脑科学的研究成果不断冲击着唯心主义和神学的堡垒，使自然科学领域中本来影响就比较小的唯心主义地盘更加缩小。

现代科学研究离不开团队，正确认识和处理团队和个人的关系，深刻认识知识产生的途径可能使团队建设更有针对性。

人类创新的基本结构就像“积木块”一样，深刻理解和灵活运用现有的积木块，甚至创造新的“积木块”是科学家工作的重点。

最后，我们讨论了哲学家和科学家的争论，这个问题在中国表现得不很强烈，但在西方，这种争论成为科学进步的原因之一。本章是前 4 章的总结和深化。

参考文献

[1] 陈方正. 在科学与人文之间——理性的成功、限度与蜕变. 科学文化评论，2004，1（1）：35-36

[2] 同 [1]：44

[3] 米哈伊·奇凯岑特米哈伊. 创造性——发现和发明的心理学. 夏镇平译. 上海：上海译文出版社，2001：55-72

[4] http：//en. wikipedia. org

[5] 松本修文. 心灵之谜多面观——脑与心理的生物物理学. 宋文杰，王钢，程康，等译. 上海：上海科学技术出版社，2007：45

[6] Reik L，Petzold G L，Higgins J A，et al. *Hormone-sensitive adenyl cyclase：cytochemical localization in rat liver.* Science，1970，168（929）：382-384

Castellucci V，Pinsker H，Kupferman I，et al. *Neuronal mechanisms of habituation and dishabituation of the gill-withdrawal reflex in Aplysia.* Science，1970，167（926）：1745-1748

[7] Kandel E R，Hawkins R D. The biological basis of learning and individuality. Sci Am，1992，267（3）：78-86

[8] 克里克 F. 惊人的假说. 汪云九，等译. 长沙：湖南科学技术出版社，2007：21

[9] Miyamoto E，Kuo J F，Greengard P. Cyclic nucleotide-dependent protein kinases. 3. Purification and properties of adenosine 3′，5′-monophosphate-dependent protein kinase from bovine brain. J Biol Chem，1969，244（23）：6395-6402

[10] http：//en. wikipedia. org/wiki/List_ of_ Nobel_ laureates

http：//nobelprize. org/nobel_ prizes/lists/all/index. html.

[11] 戴维·玻姆. 论创造力. 洪定国译. 上海：上海科学技术出版社，2001：40

[12] 同 [11]：25
[13] 米哈伊·奇凯岑特米哈伊．创造性——发现和发明的心理学．夏镇平译．上海：上海译文出版社，2001：2
[14] 罗素．人类的知识．长春：吉林大学出版社，2005：4
[15] 松本修文．心灵之谜多面观——脑与心理的生物物理学．宋文杰，王钢，程康，等译．上海：上海科学技术出版社，2007
[16] 伯兰特·罗素．西方哲学史．何兆武，李约瑟译．北京：商务印书馆，2006：15-133
[17] 同 [16]：157
[18] 同 [16]：108
[19] 钱卓，胡应和．脑功能基因组学．科学文化评论，2004，1（4）：68-69
[20] クリツヶF（中原英臣·佐川峻汉）．DNAに魂はあるか——驚異の扳说：講談社，1995
[21] 同 [20]：267
[22] 罗素．人类的知识．长春：吉林大学出版社，2005：1
[23] 同 [22]：4
[24] 同 [22]：2
[25] 同 [22]：3
[26] 孙隆基．中国文化的深层结构．桂林：广西师范大学出版社，2004：78-80
[27] 赫尔曼·哈肯．协同学——大自然构成的奥秘．凌复华译．上海：上海译文出版社，2005：184
[28] 同 [27]：184-185
[29] 约翰·霍兰．涌现——从混沌到有序．陈禹，等译．上海：上海科学技术出版社，2006：251
[30] 马克斯·F. 佩鲁茨．真该早些惹怒你．张春美译．上海：上海科学技术出版社，2004：168
[31] 同 [30]：230
[32] 史蒂芬·霍金．霍金讲演录：黑洞、婴儿宇宙及其他．杜欣欣，吴忠超译．长沙：湖南科学技术出版社，2001：30-31
[33] 米歇尔·沃尔德罗普．复杂：诞生于秩序与混沌边缘的科学．陈玲译．北京：生活·读书·新知三联书店，1997：139
[34] 阿卜杜斯·萨拉姆国际理论物理中心．成为科学家的100个理由——庆祝阿卜杜斯·萨拉姆国际理论物理中心成立40周年．赵乐静译．上海：上海科学技术出版社，2006：175
[35] Von Bertalanffy. The history and status of general system theory //Klir G J. Trends in General System Theory. John Wiley & Son, Inc.，1972：21-41
[36] [美] 迈尔斯 R F. 系统思想．杨志信，等译．成都：四川人民出版社，1986：350
[37] 普利高津 I. 确定性的终结．湛敏译．上海：上海科技教育出版社，1998：145
[38] 哈肯 H. 协同学．杨炳奕译．北京：中国科学技术出版社，1990：11

[39] 钱学森．人体科学与当代科技发展纵横观．北京：人民出版社，1996：335
[40] 克里克 F. 惊人的假说．汪云九，等译．长沙：湖南科学技术出版，2007：44
[41] 陈洪．科学的沉思和沉思的科学：论科学研究、科学热点、科学方法．上海：上海科学技术出版社，2008：2
[42] 波珀．科学发现的逻辑．查汝强，邱仁宗译．北京：科学出版社，1986
[43] 玛格丽特·玛斯特曼．范式的本质//拉卡托斯 I，马斯格雷夫 A. 批判与知识的增长．周寄中译．北京：华夏出版社，1987
[44] 杰里·加斯顿．科学的社会运行——英美科学界的奖励系统．顾昕，柯里文，朱锐译．北京：光明日报出版社，1988：2
[45] 林聚任，刘玉安，泥安儒．社会科学研究方法．济南：山东人民出版社，2008：25
[46] 斯诺．对科学的傲慢与偏见．陈恒六，刘兵译．成都：四川人民出版社，1987："译者序"，3-4
[47] 同［46］：5-6

第六章　科学与复杂、科学与宗教、科学与艺术

在研究诺贝尔奖的过程中，我们发现，很多诺贝尔奖得主都有宗教信仰。在他们身上，“科学、理智、信仰”完美地统一起来。宗教正像哲学一样，是人类认识自然界、社会和自我的各种问题的一种答案。如果我们要讨论诺贝尔奖得主的哲学思想，宗教问题是回避不了的，当然这是一个非常复杂的问题。

科学发现、技术发明与艺术创作有着相同的机制。大自然无时无刻不在创造，世界万物都是这种创造的“产品”，而人类是这些产品中的“精品”。人类诞生以后，自然界的创造性被继承下来，大致分为两种形态：带有强烈实用性的创造、满足好奇心以及精神享受的创造。艺术和科学都属于后者。很多诺贝尔奖得主对这种观点深表赞同，他们认为，科学和艺术都在于揭露大自然的一种“序”——“和谐序”，这种“序”在科学上表现为自然定律，在艺术上表现为“美”。因此，从人类创造来看，科学和艺术是一件事。

20 世纪后期，“复杂性”研究成为“科学热点”。自然科学、社会科学、人文科学的每个学科都有自己的复杂性问题。当然，社会科学、人文科学的复杂性和自然科学问题的复杂性有质的差别。这是因为在前两者的研究中，人即作为“认识主体”又作为“认识客体”，恩格斯充分注意到了自然现象与社会历史现象之间的区别。他指出，在自然界中起作用的是不自觉、盲目的动力……社会科学在本质上与自然科学一样，就是要发现这些规律。所以，复杂性研究是一种囊括所有科学的、把复杂性规律提炼出来的课题，遗憾的是，到目前为止，还没有取得突破性的成果。

本章讨论的这些问题既区别于哲学研究，又与哲学研究有联系。

第一节　科学与复杂

“复杂”研究将成为 21 世纪的科学热点。复杂问题和非线性问题是相关的，很多学科中都存在着大量的非线性问题，20 世纪中叶以前，人们把它们在一定范围内和一定条件下近似成线性问题进行处理。20 世纪下半叶，由于对复杂现象认识的深入和电子计算机技术的飞速发展，使人们感觉到，“复杂”是一个带

有普遍性的、人们尚未了解的新问题，自然科学的各个学科、社会科学和人文科学中都包含大量的“复杂问题”。然而，当人们企图解决这个问题时却发现，其难度超出想象。

然而，复杂的概念有两点大家比较一致：首先，某个东西复杂，它必须由很多部分组成，这些部分以不同的方式相互作用；其次，完全随机的东西和完全规则的东西都不复杂。例如，理想气体和完美无缺的晶体都不复杂（复杂度为零或很低），只有那些看起来既有规则又没有规则，既可变又不变，既恒定又多变，既稳定又不稳定的系统才称得上复杂。也就是说，复杂和不确定性是相关联的。因此，从细胞到有机体以至于生物系统、社会系统才是复杂组织的典型范例。

一、复杂现象的度量

如果我们把事物的复杂程度和不确定性作为两个独立的变量，采用“模式辨认”（Pattern Recognition）的数学方法，对现有的学科和现象（包括自然现象和社会现象）进行分类，得到图 6-1。

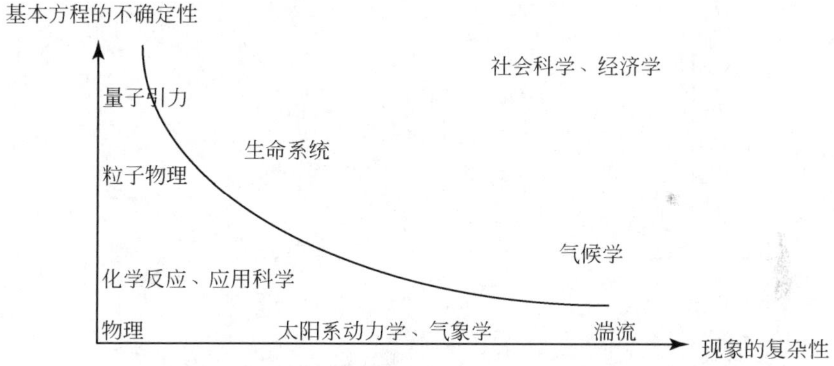

图 6-1　各种现象的数学方程的不确定程度与现象内在复杂性之间的关系[1]

横坐标为现象的复杂性，越往右，现象的内在复杂性越强；纵坐标为现象的不确定性，越往上，现象的不确定越强，越往下，现象的不确定性越弱或确定性越强。现象的复杂性和确定性有一定的关联，但具体的函数尚属未知。曲线粗略地将所有学科分为两类：曲线之下的学科为我们目前了解较多，即知道其规律性较多的学科；曲线之上的学科为我们目前尚未完全清楚认识的学科。例如，宇宙永不停息地形成秩序和结构，银河、云、雪花等突现的结构仅仅是物理的，其复杂性较低，确定性较高；而对于像生命和心智这些进化晚期出现的现象，其复杂性和不确定性都较高，对这些现象，我们目前知之较少。社会现象比自然现象复杂得多，不确定性也大得多，对其运行规律的认识目前还很不清晰，因此也无法完全定量研究。对于复杂性和不确定性都很高的现象，正成为新兴的“混沌”理论 —更广泛地被称为“动力系统理论”的研究对象。

如果我们把图 6-1 中的生命系统（位于中间位置）分解为某些生物（鲸、象、人、老鼠、蜜蜂）和生物大分子（如病毒 DNA、细菌 DNA、人类 DNA 等）和感觉系统（如人类视觉系统等），用信息存储量和计算能力作为两个独立变量，再次采用模式辨认，并把某些人造物放在其中（这些人造物位于图 6-1 中的应用科学），得到图 6-2，它反映的是这些事物的结构复杂性。

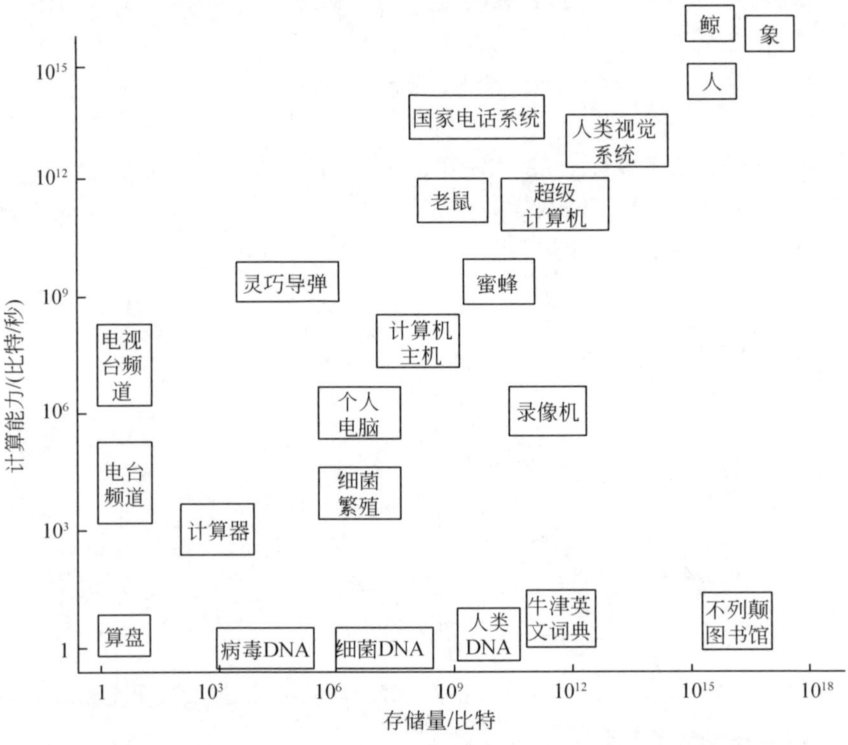

图 6-2　结构的两种表示：结构信息存储量（比特）和处理能力（比特/秒）

既有大的信息存储量又有快速处理能力的物体是目前已知的最复杂结构，都位于图的右上角[2]

图 6-2 中的所有结构都是物质性的，并不包括精神和心智。对于精神和心智，我们目前还没有一种结构表达方式，或者说精神和心智根本就没有“结构”。复杂除了像社会、经济、生物体、脑、细胞、基因组这样一些显然很难认识，更难对其进行预测的复杂对象以外，很少能精确地说明我们研究的某个对象是不是复杂的。

二、复杂性的来源

如果我们考察宇宙、地球的发展史就会发现，在宇宙大爆炸的初期（137亿年前），宇宙中除了基本粒子没有其他物质，那时的宇宙是简单的。随着宇宙的演化，星云、恒星、行星产生，但那仍然是一个比较简单的世界。我们探求的复杂性问题基本上是以地球演化的历史，包括生物、人类的出现和进化为背景的。我们讨论的最复杂系统是我们自身，到35亿年前，高度复杂的DNA分子已经出现。DNA的复制可能出现误差，这种误差或突变不是坏事，它将增加DNA存活和繁殖的机会，这就是DNA中的信息逐渐演化并且变得更复杂的过程。

因为生物演化基本上是所有遗传的随机漫游，所以非常缓慢，在最初的20亿年左右，其复杂性的增加率应该是每百年1个比特的数量级，以后的几百万年里逐渐上升到每年1比特左右，但是到了距今6000～8000年，发生了一个重大的新变化——人类发展了书写语言。这意味着信息向下一代的传递不必等待非常缓慢的随机突变和自然选择把它们编码到DNA的序列当中，其结果是复杂性的量级被极大地增加了。

高度复杂性来源于复杂性很高的外界环境和脑之间的连续不断的相互作用。成年人的脑除了神经元之间的种种动态关系还与适应外部世界的长期发育、选择和细化有关。在一个给定的时刻，脑中绝大多数的神经元群，主要受脑的其他部分信息的影响（内部信息）之外，还受到环境所提供的随时间变化信息的贡献。一般情况，在刺激和神经系统之间只要少量的外在信息，就会产生神经系统内部单元子集之间的内在信息的巨大变化。这种变化可以用一个叫做神经复杂性的匹配量 C_M 来度量。刺激的主要作用并不是加上大量需要处理的外在信息，而是增强内在信息，这些内在信息是对环境的记忆所选取下来的神经相互作用产生的。这一性质和神经元群“选择理论”完全一致：脑是一个选择性系统，并且以复杂多变的方式发生匹配。此外，每个选择性事件都会在系统内部引起新的变异。这一分析说明，外部输入影响内在信号的程度取决于脑对很多有关刺激的经验。换句话说，复杂性匹配程度高就表明“调适内部－外部关系”的程度高。同样一个刺激，如一个中文单词对一个会说中文的人是有意义的，而对一个只会说英文的人毫无意义。因此高度复杂性来源于外界环境和脑之间的连续不断的相互作用。环境越复杂，具有高匹配值的系统就越复杂。脑的再进入回路基于自然选择、发育选择和神经选择的原理之上，正是这些对于丰富多彩的环境适应选择导致了复杂性的产生。

三、对复杂性的研究

上面我们讨论了复杂性的产生以及对人脑进化的影响，然而复杂性作为一种客观事物的性质还必须加以研究。

要研究复杂性，必须首先界定复杂性的概念，必须严格区分复杂性和简单性。因为复杂性涉及自然科学和社会科学的所有学科，要给出一个涵盖所有学科的复杂性的定义，的确是很困难的。据统计，西方学者已提出45种复杂性定义[3]，其中大多数与信息（如香农信息、共有信息等）的定量描述有关。但至今仍然没有给出一个令大多数人满意、所有学科都适用的定义，足见复杂性研究是非常困难的。在这些定义中有几个对复杂性的探索具有重要的启发作用。这些概念的提出者都是诺贝尔奖得主。

- 分层复杂性概念：这个概念是1962年西蒙提出的[4]。他把等级层次结构与复杂性联系起来，从4个方面给复杂性以系统论述，指出等级层次结构是复杂性的重要来源。
- 自组织复杂性概念：这个概念是“耗散结构理论”创始人普里高津和“协同学”创始人哈肯提出的，他们用演化、自组织观点解释复杂性，认为平衡态、线性关系、可逆过程只能产生简单性，远离平衡态、非线性关系、不可逆过程是产生复杂性的根源。因为平衡态只有一种，而非平衡态可以有很多种。
- 有效复杂性概念：20世纪90年代由盖尔曼提出[5]，他主张把复杂性研究和复杂适应系统研究联系起来，反对从概念到概念的研究方法。他指出，我们通常捕获的不是生产某些序列（或观察，或实体）的最短程序（或理论，或分析），而更多的是生成序列的“规律性”的最短程序。有效复杂性与我们如下的信念是一致的：既表现有序性又表现随机性的序列有最高的含义内容，因而有最大的有效复杂性。

法国哲学家莫兰用“有序—无序—相互作用—组织”来表达复杂性与复杂思维的基本特征。他认为，人们在认识复杂性的过程中有两个相互联系的核心：一个经验的核心和一个逻辑的核心。经验的核心一方面包含着无序性和随机性，另一方面包含着错综性、层次性和要素的激增。逻辑的核心一方面包含着我们必然面对的矛盾，另一方面包含着逻辑学内在的不可判定性。

对于复杂性的研究在20世纪80年代以后形成一个热潮，然而，时至今日仍然没有突破性的进展，这门涉及物理、化学、生物、社会学、心理学等的综合性学科，至今无人知道的它的边界在哪里，事实上，当前各门学科都根据自己的学科特点从不同角度对复杂性进行了研究。我们认为，对它的研究不但要重视各个学科的具体成果，还要在哲学层面上寻找一种方法，对所有学科的成果进行归纳和综合：首先提出一个各个学科都能接受的概念；其次提出一个方法论的具体纲领；最后对复杂现象进行哲学研究，并从这种研究中寻找突破。

第二节　科学与宗教

科学和宗教代表了人类思想的两大体系。宗教对大多数人的影响是精神、心智层面上的，科学则通过发现和技术影响人们的生活。近年来，科学技术的飞速发展、天文学的伟大发现（宇宙背景辐射、宇宙膨胀、宇宙大爆炸理论等）使人们重新思考科学和宗教的关系。在西方，科学的进步使人们与传统宗教的联系日益减少，但很多人在其日常生活中，仍对宗教性的世界抱有很深的信仰。任何一位科学家都会证实，即使宗教已被逐出人们的意识领域，也不能说宗教空出的地盘肯定被理性的科学思想所占领。也就是说，科学和宗教在当今世界上是和平共处，甚至是互补的。

一、西方几大宗教的根源——闪族宗教

世界宗教大体上可以分为西方宗教和东方宗教两大体系。西方宗教大体包括基督教、天主教、伊斯兰教，统称闪族宗教，它们都发源于古以色列的“一神教”；东方宗教大体包括佛教、道教、儒教等。

构成一个宗教，必须包括三个要素：教义、仪式和崇拜对象。以基督教为例，其教义为《圣经》，仪式为“做礼拜”和“团契”，崇拜对象为“耶稣基督”。任何宗教，最根本的、影响最深远的并对人们宇宙观、世界观起决定性作用的是“教义”，因为教义中有人类最关心问题的答案。人类历史的大部分时间，人们之所以皈依宗教，并不只是为了道德依归，也为了寻求我们最关心的基本问题的答案。这些问题以前是宗教的、玄学的问题，但近年来，科学已发展到可以认真解决以前属于宗教问题的程度了（尽管还有很多困难）。

近代科学产生在信仰闪族宗教的区域，很多学者认为，这与基督教有很大关系。英国坎特伯雷大主教威廉·坦普尔（William Temple，1942～1944年任主教）说，犹太教及其后来的基督教乃是世界上最物质主义的宗教，主张生命的物质层面是重要的，人是尘土和神性的混合体。犹太人对人性的写实主义着重强调了对肉体局限的认识：软弱、对痛苦的感受性、生命的短暂性。神利用犹太人把所有人都需要的却被安逸和自满所蒙蔽的苦难引进历史，神通过犹太人的受苦，燃烧起影响人类对自由和公正追求的热情。犹太人在他们的苦难中找到救世主的信

仰，他们相信生命能够得到改善，历史得以前进，这种西方普遍存在的思想来源于以色列一神教。如果再把伊斯兰教加上去，可以说源自闪族的宗教具有与其他宗教不同的特色，它主张人既是身体的，又是灵魂的。

犹太一神论用两点颠倒了当时人的观念：第一，犹太的神是希伯来人对于“万物神创”信仰的基础，这个神是独一的（相对于希腊、罗马的多神），是创造者，包括人和其他物质都是被造物；第二，这个神是正义的神，它的爱心与仁慈直到永远，他的温柔和怜悯表现在他的一切作为中。犹太教肯定，世界的善是通过由神创造世界的假定所得出的结论。“太初，神创造了诸天和地。”（《创世记》（一：一））其意志是善的，并且不能被阻挠，即神这个字就是力量和价值的体现，在这一意义下，肯定“存在”是神创造的，就是确定其无可怀疑的价值。

犹太教认为，如果物质完全是偶然的，神就不会把人创造成物质的形式存在。犹太人把人的生命与自然秩序牵扯在一起，却又不将他们限制在那些秩序之中。把神和自然区别开来的意义是重大的，因为它意味着神的意志超越现实，那些不接受历史教训的人注定要重复同样的错误。犹太人接受圣灵的作用超过自然，认为圣灵是一种力量，它可以影响事件的自然进程。

二、人类思想的两大体系

科学和宗教是现今人类的两大思想体系，这些思想又以不同的文化形式表现出来。今天，不同的文化群体从未完全彼此分离，而是共享很多共同的价值观和思想。因此，宗教或科学两者中任何一方的重大变化都可能迫使另一方作出改变。

文艺复兴时期，基督教知识分子的思想发生了根本转变，从注重对上帝造物的沉思冥想转到注重基督徒关爱同胞手足的责任。许多基督徒的理想，已变为服务人类的积极人生，而非思考上帝的特性和功业。作为崭新的对积极人生关注的结果，文艺复兴知识分子抛弃了当时占统治地位的亚里士多德科学观，并用一种新的自然知识观代替了这一认识。例如，培根等哲学家认为自然知识之所以重要，主要是因为其赋予人类改造自然和提高生活质量的能力，近代科学因而显示出功利色彩，而且，这种功利色彩在以后变得越来越严重，这至少从部分意义上可以说是宗教变化所产生的一种结果。

科学和宗教的主张在体制、实践、观念和态度方面所存在的激烈而常常又是互有增益的相互斗争中发展，并不断改变着自己的形式（由于科学的巨大成就，主要是宗教不断改变自己的形式）。

西方科学和宗教的源头是相通的乃至相同的。科学和宗教在历史上曾经有非常密切、微妙、不断变化的复杂关系。其后，科学在伊斯兰文明以及中古欧洲的发展，也同样与宗教有千丝万缕的关系。近代、现代科学在其萌芽、酝酿时期的发展动力主要来自超越性、理想性的追求，而不是实用的追求。在这种传统影响下的西方科学家，其思想深处都有一些宗教情结，牛顿花费大量精力研究神学、爱因斯坦具有深厚的宗教情怀，决不是偶然的。

在西方，超越世界的探究导致了科学和宗教的基本冲突：科学发展的结果是通过理性对自然规律的发现，动摇、然后否定宗教的基本信仰，例如人格化的宇宙主宰、灵魂不灭、拯救和永生等。然而对绝大多数人，包括西方科学最发达国家的人，宗教观念并非多余、不必要：在下意识甚至模模糊糊地在观念上，还是不同程度上受到这些信仰的影响。

1986 年的美国在一份与审查路易斯安娜州法律要求将“创世科学”与“进化论”一起教学的与最高法院判例有关的法律意见书中，72 名诺贝尔奖得主、17 个州的科学院和其他 7 个科学组织声称，科学的目的是明确描述和检验对自然现象的自然解释：

> 科学是这么一种过程，它需要系统收集与记录物质世界的资料，进而分类并研究所收集到的资料，以判断出能最好地解释所观察到的现象的自然原理。科学并不具有评价我们所观察到的自然现象的作用。科学不评判自然解释之是与非，而是将其留待宗教信仰领域去考量。[6]

三、科学和宗教的斗争

迄今为止，人类创立的所有科学可以分为两个领域：一是研究自然的，也就是回答：自然是什么？宇宙是什么？客体是什么？……二是研究人本身和人组成的社会，即人是什么？人是怎么生活的？人从哪里来，到哪里去？主体是什么？对前一个问题的探讨构成自然科学，对后一个问题的探讨构成人文科学、社会科学。把这两个问题一起作解答的是哲学和宗教，千百年来，人们构造了各种意识形态，归根结蒂，是为了回答这两个问题。

对前一个问题，我们似乎了解了很多，但就整体而言，仍然所知甚少。对后一个问题的研究，由于系统庞大，影响因素众多，研究视角的差异，出现了各种学科和理论。首先出现的是“伦理学”和“历史学”。前者研究人类行为的规范，即善恶、正义和幸福的问题；后者记述和探讨人类社会现象，目的是从人类的历史行为中，探讨社会发展规律、历史进程合理性等问题。到近代，又出现了研究人类生理结构和心理结构的“人类学”、“心理学”以及研究社会制度和社会行为的“社会学”。现在，人们越来越意识到，如果仅从单一的心理方面、社会方面、政治方面、经济方面以及哲学思想方面研究人类行为，都有一定的局限性和片面性。因此，提出了从整体和系统的角度，观察整个人类的活动和社会现象，研究文化形态的“文化科学”就这样产生了。[7]

科学是人类在研究自然现象和社会现象过程中，所构造的一系列理论体系，因此属于意识形态和精神文化。也就是说，科学除了影响人们的生活，还有自己独立的文化价值。既然科学在影响人们世界观、价值观方面与宗教重叠，双方的斗争从来没有停止过。如果考察它们斗争的历史，我们发现，过去属于宗教研究范畴的课题（如心灵等），科学现在也把它们作为自己的研究对象。宗教的领地不断被科学“占领”，然而，宗教的存在仍然有其合理性，因为即使宗教意识全部从人类的大脑中驱逐出去，所留下的空间也不会完全被科学充满。

“宗教”作为客观存在的事实，无论从实践的绵延或空间的广袤来看，都是人类现象的首要特征，它是人类生活的核心本质。要了解一个民族，不能不认识其信仰。简而言之，宗教的价值就是促使人性趋于完美的力量。

人类智慧的一部分被写成在学校可以传授的知识，但知识不是智慧的全部。人类智慧包括宗教、法律、习惯与科学。人类成就中最伟大的东西大部分都含有某种沉醉的成分，清醒的文明大体上与科学是同义语。但是毫不掺杂其他事物的科学是不能让人满足的，人也需要热情、艺术和宗教。科学可以给知识确定一个界限，但不能给想象（艺术和宗教）确定一个界限。

四、科学和宗教可能融合吗？

更值得深思的是：有哪些旧的宗教观念将会被吸收到新的科学观念中继续生存呢？在我们看来，这种可能性不但存在，而且非常广泛。例如，基因组的解码、高等动物的克隆、生物和医学科技的进步，已经强有力地刺激了延长和改造生命的期盼；又例如，数十年来，电脑能力以几何级数的速度增长，量子电脑出现的可能已经一再引起电脑和人脑是否有本质差别的讨论，以及电脑是否可以有自我意识乃至灵魂的问题。当前，对这些问题的争论非常激烈，而且很多著名科学家也都持否定态度，但正如20世纪30～40年代原子能发展的速度远远超乎当时科学家的估计，同样，在数十年或数百年之后，电脑的发展是否完全改变我们对人、对生命的观念，现在是无法想象和预见的。最后，互联网全球化的趋势使个人和这种网络的关系成为主要问题，这些问题，特别是人与上帝观念的关系，变得使人们不得不思考宗教向度。因此，科学的不断进步很可能正在消解它与宗教之间的张力，并使两者重新融合起来。[8]

科学和宗教之间的确有很多相似之处，然而，即使撇开内部义理，仅就其外部表现而言，它们仍然有三点基本区别：

第一，科学家群体超越国家文化界限，它不必借助“强制理论”仍然可以维持相当一致的理念、观点，不至于出现异端、分裂、战争。

第二，就科学和宗教所发挥的物质力量而言，科学显然比宗教强大和全面得多。

第三，最重要的是：教会的基本教义不容改变；科学则没有这种限制，因而可以不断进步。换言之，科学有本质上的普世性、工具性以及发展可能性，这是宗教所不能比拟的。科学革命之所以能够导致启蒙运动，并赋予启蒙后的巨大力量，都是基于这种特点。[9]

五、宗教是人类智慧的一部分

文艺复兴以前，人们认为宗教的产生是受到神的启示，是人类智慧的根源，同时宗教也展现了真实世界的终极本性。16～17 世纪，自然科学的发展开始对宗教这项假定产生怀疑：因为所有宗教的经文都断言（不用经过证明），它们揭示了宇宙的真理。科学兴起以后，认为不存在一种方法对这些断言进行证明，而科学则可以通过人为设计的实验证实或证伪科学假设。经过 3 个世纪的争论，现在人们认识到，科学实验的证明仅仅对经验世界成立，至于经验世界的价值、意义和目的是科学实验无法知道的。宗教在这些方面可以给我们一些“解答”。然而，宗教智慧的所有内容也并非是永恒的。例如，现代科学否定了宗教的宇宙论，并且宗教所界定的社会习俗——性别关系、阶级结构等必须随时代改变重新加以评估。但如果我们用一个滤网，把世界各宗教对于宇宙真实的认识以及宗教教导的人类应该如何生活的准则过滤出来，这些看起来倒像人类而非上帝的智慧。

这些智慧是什么呢？

在伦理学领域，《圣经》十诫所说的戒律几乎是跨文化的，这些最低限度的道德准则如果被普遍地执行，这个世界比现在不知要好多少。

在品德方面，所有宗教都认为谦虚、仁爱和诚实是人类相处的最重要的原则。谦虚不是自贬，而是提倡在与他人相处中，不认为比别人高出一等的精神（平等精神）；

仁爱是人类智慧的表现，仁爱提倡爱人如己。诚实不只是说真话，而是要达到崇高的客观性，完全如实地观察事物、反应事物，并使生命顺应事物发展的规律。

关于真实性问题，现代天文学的结论是，宇宙比人类感官所能揭示的大得多，智慧传统的结论则比我们感官能分辨的多得多。人属于世界，而世界却不属于人类。虽然，人类处于世界的崇高地位，但宗教所揭示的人类自我膨胀是可怕的。当科学不断揭示世界真实的时候却发现，我们懂得的越多，不了解的却更多。事实上，我们所知的“真实”与我们未知同时增长，知识的岛屿越大，未知的海岸线也越长。正如量子力学和现代宇宙学所揭示的，我们越是要了解它的形式结构，这个世界就越变得越陌生。

20世纪影响最广的宗教图书之一是詹姆斯（William James）撰写的《宗教经验之种种》，他说：

> 从最广义上看，宗教认为宇宙有一种看不见的秩序，而人类最高的善，在于跟这种秩序的正当关系。[10]

直到最近，现代科学技术似乎还在怀疑那些看不见存在的真实性，但是依爱丁顿（Eddington）的观察，世界像是一个心灵而不是一部机器。并且天文学物理学家的报告说，宇宙中的90%的物质是看不见的（暗物质），即它对仪器不会产生任何冲击，这样，科学上的怀疑论才逐渐平息下来。[11]如果科学不再忽视那些看不见的真实，也许对于宗教的态度会有所转变。

六、科学和宗教的互补性

由于科学技术的进步和功利主义，现代人对人类和地球的命运产生了一种恐慌心理。由于工业化社会的生活使人类和自然之间产生了断裂，并由于对这种断裂所产生技术进步的恶果逐渐了解，现代人渴望一种返璞归真的生活方式。然而，这只是一种天真的愿望，现代人对于电脑、网络、各种电器、汽车的依赖已经没办法消除，但我们仍然相信科学技术能够解决地球变暖、资源枯竭等这些危机。

世界日渐缩小，理解、和平、协调、合作是我们处理问题唯一正确的方法。21世纪的科学进步要求人类与自然的关系必须有相当的进步，人类必须与自然规律匹配。一种建筑在了解和互相关怀上的和平，可能是所有宗教都倡导的。了解带来尊重，尊重带来关爱。爱是唯一能熄灭恐惧、疑心和偏见的力量，也是地球上的人们可以和平相处的方法。

因此，我们说，宗教和科学不是对立的而是互补的。

第三节 科学家与宗教

16世纪，欧洲开始“文艺复兴”，这个新的人文环境产生了“经验主义”的治学方法。从培根到洛克，科学研究中的分析方法、归纳方法逐渐形成。这些方法与数学方法、实验方法结合，构成了近代科学研究的基本手段，人们开始站在纯自然的立场进行科学研究，不注重或淡化了自然定律的终极原因。那时的科学研究着重描述自然规律，唯物主义和自然主义（人文主义）重新兴起。唯物主义认为一切事物皆由物质组成，提倡物质的永恒性，否定其被造性；强调真理的可经验性，摒弃时空之外的任何客观实体；高举人的理性大旗，相信人能主宰自己的命运；认为宇宙乃随机巧合的产物，否定超然的造物主的存在。从那时开始，科学和宗教开始了长期的冲突。

一、科学家与宗教

科学的目标在于追求“真”—— 科学知识。科学知识的来源有两条途径：观察（经验）和猜想（理性），这两种方法缺一不可。在人类知识特别是科学知识问题上，“理性”表现为一些基本前提、方法论规则、推理规则、评价规则等，科学合理性在于依据这些前提（如自然划一原理）、符合这些规则（如逻辑）、满足这些标准，以达到科学研究的目的。所用的手段是观察、科学实验、逻辑推理，统称为“证实”，因此，通往科学的道路是“经验”和“理性”的，除此之外，不需要宗教的任何假设。

宗教的目标是在于追求“善”，并把“善”作为通向“彼岸”的先决条件。在古代，对于自然的敬畏之心促使我们的祖先发展出一种超自然的想象——神的形象出现了，这种想象不需要“证实”，只需要敬畏和虔诚，只需要严守神提出的“戒律”，做到的人就可以通向神。基督徒认为，基督教的神——耶稣基督的话道出了人类的罪行，也带来光明、生命和盼望。神的话能医治人、照亮人、指引人，也能赐予人智慧、劝化人心。神的话还是人喜乐的来源、品德的标准、灵性的粮食。也就是说，神的话使人得到自由、智慧和快乐，是人们行为的规范，神的话也可以帮助人认识真理。通往基督的道路只需要承认三件事：上帝是世界唯一的真神；耶稣基督是上帝的儿子；耶稣基督为拯救人类“道成肉身”，并且死而复活。由此看来，基督教给人们开出了一张廉价的进入“天国”的门票。然而，“虔诚”并非这么简单。“一个人如果只崇拜某个神，还算不上有虔诚的信仰，只有当他把自己的一切思想资源、一切自愿的服务行为、发自肺腑的幻想热情全部献给一项事业或一个人，并将信仰当成自己全部思想和行为的目标和准绳时，才能够说他是一个虔诚的人。”[12]

宗教传统深深植根于西方科学家（包括诺贝尔奖得主）的心中，很多诺贝尔奖得主（尤其是20世纪以前的科学家）的研究动机并不是金钱和名声，相反，他们被一种公众利益的责任所驱动，这是一种与传统的宗教价值观相接近的感情，这种情感进一步升华，形成了一种超越任何宗教教义的对自然秩序和美的崇拜。

二、科学信仰和宗教信仰

科学家的信仰实际上包括两种，其一，宗教信仰，其二，对于充满最终意义的宇宙的信仰。这两种信仰在历史的演变中常常交织在一起。信仰是对一种无法通过传统的“证实”或“证伪”方法证明的“事实”的毫不怀疑地确信，并且对这些“事实”充满敬畏和尊重。有时候，人们又把精神活动与信仰混淆起来。20世纪美国著名儿科专家和教育家本杰明·斯波克（B. Spock）就把宗教列为“精神性”的，并非完全物质性的范畴。科学信仰和宗教信仰是一个有区别又有关联的问题，人们谈到信仰往往与宗教联系在一起，事实上，科学信仰和宗教信仰不是一回事。

与科学信仰相比，宗教信仰是建立在启示和公认的智慧的基础上。宗教教义包括了不可更改的宗教教条，不可做出修正以适应正在变化着的世界的观念。真正的信徒必须坚持自己的信仰，不管有什么明显的反证，因为这种“真理”是神通过《圣经》直接传达给信徒的。天启“真理”的麻烦之处在于，即使这样的“真理”是错的，基督徒也必须相信，而不能改正。而科学信仰是通过科学家群体经过调查、验证、筛选、提炼形成的，对其中的错误必须予以剔除。

三、科学信仰和宗教信仰是否矛盾

在西方，科学信仰和宗教信仰常常同时出现在同一位科学家身上。有些科学家虽然不相信上帝的存在，但在西方的浓重的宗教文化氛围中，他们的价值观、处事原则仍然受到宗教的强烈影响。

发明脊髓灰质炎治疗疫苗的索尔克（Jonas Salk）是一个俄罗斯犹太移民的后代，尽管他不信犹太教，但犹太《圣经》中对于本民族苦难的描写对他产生了强烈的冲击，并形成了对人类苦难的拯救感和责任感，即便他后来当了医生，他的目的也不是只给病人看病，而是要把科学带进医学，从而“使它对人类具有更大的价值”。

德国数学家克莱因（Christian F. Klein）有一个信仰东正教的祖母，祖母的影响使他形成生命神圣不可侵犯的价值观，以及做一个杰出人物的期望。尽管他本人不相信上帝的存在，但他却保持着对生命的敬畏，也把揭开生命的奥秘当成自己的使命。

如果剥去宗教教义中那些不可“证实”的成分可以发现，在世界很多伟大宗教的教义中都有对于宇宙的认识、整体思维、环境保护等宝贵的思想。整体思想是产生“系统论”的基础：几乎所有的宗教将宇宙看做一个整体，事物之间存在着必然的联系和多种多样的因果关系，大自然是上帝的恩赐，其中每一个事物必须得到保护。东方佛教因果报应的信念也包含了整体和系统的观念；环保思想也出现在很多教义中，在犹太教、基督教教义中，上帝告诉我们：上帝创造了包括人类的宇宙万物，人类作为地球的一分子不能破坏自然界。古代拜火教的教义说，把水弄脏的人要祈求水的原谅、把烟弄到空气的人要祈求空气的原谅，打扰了地球的人要祈求地球的原谅。然而，随着过去几百年科学的发展，这种从宗教中得来的因果联系的直觉被斥为“迷信”。而技术的发展使人类错误地相信自己是全能的，其行为能够超越自然法则。

四、诺贝尔奖得主的宗教信仰

基督徒曾经是发展现代科学的中坚力量。在现代科学发展的初期（17世纪），英国的基督徒约占总人口的20%。在英国早期皇家学会中，基督徒的比例竟高达90%。一大批虔诚的基督徒以极大的热忱献身于自然科学研究，并取得举世瞩目的成就，成为各个现代学科的奠基人。著名的基督徒科学家有牛顿、哥白尼、法拉第、开尔文、玻意耳、巴斯德、爱迪生、侯顿、爱因斯坦、赫歇尔父子等。

基督教提倡的非功利主义的治学精神和治学目的，使当时的科学家摆脱了各种世俗的引诱。他们认为，科学研究目的仅是信仰——为了彰显造物主的智慧和伟大，很少功利主义的考虑，这使早期的基督徒科学家以宗教般的热情全身心地投入科学研究，并取得了丰硕的成果，这正是科学研究所需要的精神和品格。

诺贝尔奖得主的信仰问题是一个宏观的、与历史、文化、传统有关的问题，也是一个与“科学、理智、信仰”有关的问题。人们常常会问，作为唯物主义者的科学家为什么会信仰唯心的甚至“迷信”的宗教？首先，科学和信仰并不是不相容的两回事。信仰是指坚信那些没有被证实的事件的真实性（如天堂、地狱），信仰有其坚定性；科学是在不断继承和扬弃中发展的。其次，信仰是心灵的，目前无法用所谓的“科学方法”证实，而科学则需要实验去验证。事实上，大部分西方科学家把科学作为一种信仰，但在他们的心灵深处，往往又同某种宗教有着不可分割的联系，因为宗教信仰是他们文化、历史、环境的一部分。基督教虚构了一个庞大的宇宙框架，向外超越的精神和执着的信仰鼓励人们探索这个框架，而这个框架一旦被证实或证伪，科学就向前发展了。[13]

1. 诺贝尔奖得主宗教信仰的定量研究

我们统计了1958～2008年部分诺贝尔奖得主的宗教信仰，见表6-1。

表6-1　1958～2008年诺贝尔奖得主的宗教信仰比例

诺贝尔奖得主	物理学奖得主	化学奖得主	生理学或医学奖得主	备注
宗教信仰比例	63%	16%	21%	都为西方宗教

资料来源：http：//en. wikipedia. org/wiki/List_ of_ Nobel_ laureates；http：//nobelprize. org/nobel_ prizes/lists/all/index. html

需要指出，表6-1的统计资料来源于诺贝尔奖得主的自传、传略和简历，有些得主谈到自己的宗教信仰，有些没有，但不等于说他们没有宗教信仰。因此，上表的数据是一个不完全统计，实际的比例可能比表中的数据大，甚至大得多。

诺贝尔奖得主信仰犹太教和犹太教派生的基督教、伊斯兰教，其比例见表6-2。

表6-2　诺贝尔奖得主信仰的宗教

宗教	犹太教	天主教	基督教	伊斯兰教
比例	65%	7%	27%	< 1% *

*萨拉姆是诺贝尔奖得主中极少数的伊斯兰教信徒

表6-2显示，犹太教是诺贝尔奖得主信仰的主要宗教，有人估计过，西方宗教中有1/3带有犹太祖先的印记：孩子的名字Adam Smith（亚当·史密斯）、Noah Webster（诺亚·韦伯斯特）、Abraham Lincoln（亚伯拉罕·林肯）、Issac Newton（艾萨克·牛顿）、Rebecca West（丽贝卡·韦斯特）、Sarah Teasdale（萨拉·蒂斯代尔）、Grandma Moses（摩西祖母）都在圣经出现过。米开朗基罗在为西斯廷教堂顶绘画和雕刻大卫塑像时感觉到了主耶稣；但丁写作《神曲》、密尔顿写作《失乐园》的时候也一样。在美国人的生活中也带有磨灭不掉的犹太遗产的印记：在独立宣言中有“由他们的创造者”；在自由钟上有“向全国宣告自由”等均来自《圣经》。不过，犹太教深远的影响是使西方文明接受了它们对生命提出的最深刻问题—生命起源和人类起源所采取的视角。

2. 闪族宗教对科学研究的影响

犹太教和基督教是世界上最物质主义的宗教，如果再把伊斯兰教加上去，可以说源自闪族的宗教具有与其他宗教不同的特色，就是主张人既是身体的又是灵魂的，从这一基本前提出发可以有三项推论：

- 生命的物质层面是重要的（所以西方强调人道主义和社会服务）；
- 物质得以参与拯救过程（由“耶稣”身体复活的教义而确立）；
- 自然能够款待神（神的国度会来到“地上”，基督教在其上又加上“道成肉身”的教义）。西方宗教长期发展的历史，使它的思想观念、方法论等不可否认地渗透到“文艺复兴”以后的科学研究中，并成为一种传统，深深地影响着科学家。主要表现在：

第一，科学研究有一个大前提：相信宇宙万物是按一定规律运动的。科学家把自然现象看做是一种自然秩序的表现，总是带着事先接受的观点或模式观察自然，这些观点中最基本的叫做“自然秩序理想”或“自然划一原理”。这种“自然秩序”是不随时间、地点和研究者的不同而改变的。“自然秩序”从何而来？为什么会有这样的“自然秩序”？“自然秩序的理想”形成科学家关于自然现象的预想，而“自然秩序的理想”实际上是一个关于“事件的自然进展”的模型。

“自然划一原理”直接来自基督教的一神世界观。如果承认上帝只有一个，则必须承认他所揭示的真理的唯一性：即放之四海而皆准，行之百代而不易；与之相反的理论不可能是真理。并且，这个真理体系具有统一性：各个真理之间不能自相矛盾、自相否定。无神论和多神论都演绎不出这一原理。在欧美占支配地位的基督教信仰，为近代科学的产生提供了大前提和正确有效的方法论，使现代科学孕育于西方成为历史的必然。

第二，科学研究需要理性。“理性”不但是一种方法论，还表现为一种信仰。猜想变成科学知识不但需要科学实验，更需要坚定的信仰，于是，宗教和科学发生了联系。基督教的世界观认为，人是按照神的形象创造的，人用神所赋予的理性认识万物（即理性主义）；文艺复兴至近代，“经验主义”和“理性经验主义”开始掘起，“理性经验主义”认为，人可以从观察大自然开始（经验），通过归纳和演绎（理性）提出假设，然后用实验来证实修正或推翻这个假设，这一过程称为“理性经验主义”。很明显，当今“实验科学”尤其是“理论科学”所采用的方法，包含在基督教所倡导的“理性主义”之中。

第三，基督教的神是外在于人的，而一旦神等同于真理的时候，追求与神沟通和向外追求真理、探索自然就统一起来了。因此，科学技术的发达需要对超自然力的浓厚兴趣，需要不着边际的想象，需要向外开拓的精神，需要执著的信仰，这些文化倾向都是基督教具备的。圣奥古斯汀对“时间”苦思不解的时候，就祈祷上帝开导他；牛顿把自己的科学成果说成是他证明了宇宙是上帝智慧的杰作。18 世纪中叶，著名物理学家莫佩尔蒂（Pierre Louis M. de Maupertuis）提出了最小作用原理，他坚信，物质运动的各种规律，必须显示出与上帝创造物相称的完美性，而最小作用原理能满足这条标准，因为这个原理表明自然界是“经济的”。因此他宣称这条原理不仅是自然界的普遍规律，而且还是上帝存在的第一个科学证明，因为这是“一条如此具有智慧的原理，它只能属于至高无上的上帝”。虽然他在“最小作用原理”的归因上有问题，但客观上，他揭示了物质运动的规律。[14]

20世纪70年代以来，“认知科学”的重大发现受到一些科学哲学家的高度重视。认知科学的发现表明，“理性”和“实在”都与我们的身体、身体与环境的相互作用有着无法逃避的联系，也就是说，理性和实在都是“涉身”的。而传统的理性和实在概念不仅完全超越历史，而且完全脱离身体，因此是不恰当的。从“认知科学”引申出来的哲学并不否认理性和实在，却要求对传统的理性和实在概念做根本的修改。这种修改使人又想起了牛顿对于运动原因的解释——上帝的“第一推动”以及宗教的教诲——上帝创造了宇宙的一切，包括物质实在和人的理性。

第四节　科学与艺术

人类存在三种基本精神：科学的、艺术的和宗教的。它们既有相同点又有不同点。科学精神一个最实质的特点是承认事实，这意味着把人的意愿和喜欢与否排斥在外。在日常生活中，这是一种不寻常的态度，科学家是经过了几百年的艰巨努力才确立了这种精神，这就是科学精神，而艺术精神和宗教精神似乎也具有同样的要求。[15]

科学精神、艺术精神和宗教精神三者的共同点是思想，我们根据自己的思想看待实在。所以说，思想不断参与塑造和形成我们自己和整个实在，对于科学来讲，这就是库恩所说的“范式”。我们必须认识到：思想是实在的一部分，我们不只是思考实在，而且还在思想实在。

科学精神和艺术精神有共同之处。科学家不仅要了解事实，而且要理解这些事实怎样恰当地结合在一起并形成一个整体。在科学家实验之后处理数据、提出结论的时候，他们甚至采用“美”和“对称性”之类的判据来帮助确定自己选择哪种理论。科学家不可能捕获思想中的整个宇宙，但在他的思想中造就了一个微宇宙，然后把它看作真实宇宙的一个类比，这样，我们就这样对宇宙整体获得了某种感受。[16]

一、科学革命和艺术变革的同时性

在古代，艺术因其各种功能和社会紧密地捆绑在一起，如出于宗教目的的绘画、建筑、环境美化、各种装饰、雕刻等等，但到19世纪末，所有这一切都改变了，艺术与社会的联系变得不那么重要，艺术家开始探索新的表现形式。

科学变革和艺术变革几乎开始于同一时期，即19世纪末至20世纪初。艺术的第一个变革是印象派的出现。印象派的画的整个内容在颜色的斑点之中，当你靠近的时候，画面并不意味着什么，但当你后退一定距离，油彩斑点的含义就展现出来了，整个画面被卷入斑点之中，一个整体世界出现了，这就是“隐缠序”。

新的艺术表现有赖于技术改进。文艺复兴最重要的技术突破之一是发现透视法的秘密。这是15世纪、后来成为佛罗伦萨大教堂总设计师的布鲁内莱斯的工作。他在镜子表面，按照影像描绘大教堂前面的洗礼堂，然后逐步分析线条，通过仔细研究，掌握了透视法的规律，并为15世纪一大批画家、雕塑家，如巴切奥里、达·芬奇、丢勒、米开朗基罗、拉斐尔打下了牢固的基础。然而，艺术创作所需要的自由和冲动，毕竟和科学研究所需要的客观和冷静心态不一样，两者表面目标相同，方法却有区别。

19世纪末，一个与影像有密切关系的科学发明—摄影开始对绘画产生深刻的影响。到20世纪初，立体派艺术兴起，毕加索的“阿维农少女”是其奠基作品。立体派的共同点是：力求摆脱从视觉所得到的自然形象，寻求表现事物的其他形式，特别是由多个平面组成的纯几何形式。他们称这种由科学新发现和新观念所激发的运动为“反实证主义”。21世纪初，伦敦大学的米勒（Arthur I. Miller）研究指出，立体派的形成有11个因素。其中，4个是科技因素，包括：①摄影技巧对构图的帮助；②电影所提供的动态形象；③四维空间理论，特别是抽象数学指出的如何把四维形象“投影”到二维平面；④X射线和其他射线影像对表面现象的冲击以及由此产生的知识相对性。

现代抽象艺术的出现和第二次科学革命恰恰重合。这样，经过了从文艺复兴到20世纪的500年，科学和艺术再次产生接触。而这次接触和文艺复兴时代的合作不同：它是短暂、暧昧和单向的，成果难以称为丰硕，更不能说是辉煌。第二次接触的基本问题是科学虽然可以提供数不尽的新“视角”或者灵感，却无法为艺术提供表达自然的原则。说到底，绘画的空间结构不能离开视像元素而独立存在，纯粹空间结构只能求之于数学，而不能成为艺术。[17]

二、艺术家和科学家

艺术家和科学家有一个很重要的不同：科学家主要在一个十分抽象的世界工作，他感知世界主要以仪器为媒介；艺术家则凭感官致力于创造可直接知觉的具体客体。然而，当人们接近最广泛的科学领域时，会发现“真”与“美”密切相关。艺术家的创作必须“真”，科学理论也必须“真”，所以科学家和艺术家都不满足把“美”视为“挑逗人幻想的东西”。艺术和科学都好像有意无意地采用“真于它们自己”来评价各种结构，并据此给以采纳或拒绝，不论人们喜欢与否。由此看来，艺术家需要对自己的工作抱“科学态度”，正如科学家对自己的工作抱“艺术态度”一样。

20世纪以前，科学和艺术大体借助表象、表征、符号等概念进行工作，并普遍认为，在科学中，理论及仪器观测是对客观世界简单如实的反映，后来人们逐渐看清，简单的反映过程不足以完全揭示真相。每一个理论和每一种仪器都只选择了在质和量上均为无限的总体世界的某一个侧面。按照现代物理学（尤其是量子理论），当人们深入原子和亚原子水平时，观测仪器和被观测对象在原则上是不能彼此分离的，仪器只能以一种不可化约的方式“干扰”被观测的系统。事实上，仪器在创造被观测的对象并赋予它形式。人们可以将此情况与心理学的观察相比，心理能干扰被研究的人，从而参与了所要研究的过程，“创造”和塑造可被观察的某些现象。物理学家一直有这样的感觉：科学理论不可能是自然界纯粹的反映。库恩指出，它们更像是一些“范式”，即简化了的典型范例。通过揭示在观察和实验中各种有意义的实质性关系来研究范式，为我们阐释了作为一个整体的自然界。同样，物理学家的仪器在原子水平上进入自然过程的“范式关系”，这些关系以一种简化但典型的方式揭示了自身的基本结构和序。一旦理解了各种范式关系，我们就能重新审视自然界及其复杂性，并从一系列更广阔也更具针对性的问题出发看待自然界。[18]

科学是不是在意识水平上把所有的有意义的关联都作为科学研究的对象？回答是否定的。例如诗的交流（还有艺术如绘画、音乐、文学等），他们目前还不适于作为科学研究的对象，因为它们的表述和意义强烈地依赖于独特的历史背景，依赖于多种讲不清楚的参照系，要领会诗的意义，需要独特的感知经验，也需要每个参与者的历史文化背景。然而诗可以使我们体验到高级意识。必须承认，某些对象并不适合作为科学研究的主题。

三、科学家和艺术家相互学习

科学家的思维必须依据抽象的公理概念和仪器测得的数据，而与艺术家赖以工作的空间、光纤、颜色及形式等基本知觉结构不同。科学和艺术在久远的过去曾有共同的起源，后来，两者逐渐分离而变得非常不同，但两者以互补的方式与世界接触。事实上，真正让科学家感兴趣的是拓展一种理解力，为同化自然界开辟蹊径。科学家应该向艺术家学习什么？首先是艺术精神，其中美与丑实际上被当做真与假的指示物。结构是科学和艺术两个领域真正核心的问题，空间、时间及物质等科学观念，很大程度上植根于对知觉经验（主要为视觉和触觉）的抽象。艺术的演化有助于开拓科学家的眼界，使他们以各种新方式看待结构。对科学家来说，艺术的价值不在于所表现的具体观念，而在于从经验的知觉水平上，对结构进行重新理解，以便形成有关空间、时间和物质新的抽象概念。

艺术家应该向科学家学习什么呢？艺术作品不可能简单地被翻译成科学或数学的理论，相反，艺术家从科学家那里学到的是远比理论微妙的东西。艺术家学习科学家客观地看待结构的科学精神，这种精神要求结构与事实的一致性，不论人们喜欢与否。科学真理和艺术美是不可分离的，从更广义上看，“艺术美”和“科学真”也是不可分离的。

结　　语

本章对前五章内容进行更深入的讨论。科学、宗教、艺术是人类对于世界整体（物质的和精神的）的不同部分以自己独特视角的认识和表达。宇宙和地球处于一个和谐的环境中，和谐是在理解美、真、序、结构、创造的真实含义所涉及的问题，它们产生于同样深刻的根源，人类的活动就是将一切经验同化于生动的、创造的、和谐的宇宙总体之中，而人的身心健康、生活乐趣，或许人类生命在地球上的延续，都有赖于这个同化过程。

我们不是生活在混乱无序之中，我们的世界具有在任何时间、任何地方普适的严格规律：从最小的结构（“基本”粒子）到宇宙的边境。寻求这种规律（“真”）是科学的任务，而寻求世界之美是艺术的任务，我们时代的文化应该为科学、艺术的成就敞开大门。

参考文献

[1] 约翰·巴罗．不论—科学的极限与极限的科学．李新洲，徐建军，翟向华译．上海：上海科学技术出版社，2005：100
[2] 同［1］：191
[3] 霍根 J. 科学的终结．孙雍君，等译．呼和浩特：远方出版社，1997：329
[4] 西蒙 H. 人工科学．武夷山译．北京：商务印书馆，1987：166-197
[5] 盖尔曼 M. 夸克与美洲豹．杨建邺译．长沙：湖南科学技术出版社，1997：55
[6] 爱德华·格兰特．科学与宗教——从亚里士多德到哥白尼（400B. C. ~ A. D. 1500）．常春兰，安乐译．济南：山东人民出版社，2009：总序，5
[7] 何新．论中国历史与国民意识．北京：时事出版社，2002：137
[8] 陈方正．在科学与宗教之间——超越的追求．科学文化评论，2005，2（1）：56-58

[9] 陈方正. 在科学与人文之间——理性的成功、限度与蜕变. 科学文化评论, 2004, 1 (1): 63-64
[10] 休斯顿·史密斯. 人的宗教. 修订版. 刘安云译. 海口: 海南出版社, 2006: 333
[11] 同 [9]: 333
[12] 古斯塔夫·勒庞. 乌合之众: 大众心理研究. 冯克利译. 北京: 中央编译出版社, 2005: 53
[13] 克莱因 M. 西方文化中的数学. 张祖贵译. 上海: 复旦大学出版社, 2005: 228
[14] 陈洪. 科学的沉思和沉思的科学: 论科学研究、科学热点、科学方法. 上海: 上海科学技术出版社, 2008: 190
[15] 戴维·玻姆. 论创造力. 洪定国译. 上海: 上海科学技术出版社, 2001: 117
[16] 同 [14]: 116
[17] 同 [8]: 46-49
[18] 同 [14]: 72-74